广东劳动体制改革四十年丛书

广东企业工资制度改革探索与创新

陈斯毅 主编

中山大学出版社
SUN YAT-SEN UNIVERSITY PRESS
·广州·

版权所有　翻印必究

图书在版编目（CIP）数据

广东企业工资制度改革探索与创新/陈斯毅主编. —广州：中山大学出版社，2019.12

（广东劳动体制改革四十年丛书）

ISBN 978-7-306-06751-7

Ⅰ.①广… Ⅱ.①陈… Ⅲ.①企业管理—工资制度—体制改革—研究—广东 Ⅳ.①F279.276.5

中国版本图书馆 CIP 数据核字（2019）第 237454 号

出 版 人：	王天琪
策划编辑：	吕肖剑
责任编辑：	周明恩
封面设计：	刘　犇
责任校对：	潘惠虹
责任技编：	何雅涛
出版发行：	中山大学出版社
电　　话：	编辑部 020-84110771，84113349，84111997，84110779
	发行部 020-84111998，84111981，84111160
地　　址：	广州市新港西路135号
邮　　编：	510275　　传　真：020-84036565
网　　址：	http://www.zsup.com.cn　E-mail：zdcbs@mail.sysu.edu.cn
印 刷 者：	广州一龙印刷有限公司
规　　格：	787mm×1092mm　1/16　19 印张　349 千字
版次印次：	2019 年 12 月第 1 版　2019 年 12 月第 1 次印刷
定　　价：	52.00 元

如发现本书因印装质量影响阅读，请与出版社发行部联系调换

—— 谨以此书 ——

向中华人民共和国成立七十周年献礼!

丛书总序

张小建

光阴如箭，斗转星移。改革开放40年，中国社会面貌发生了历史性的根本变化。习近平总书记在2018年新年贺词中强调"改革开放是当代中国发展进步的必由之路，是实现中国梦的必由之路。""幸福都是奋斗出来的"。聆听总书记新年贺词，我们心潮澎湃，感慨万千。作为一名一直奋斗在劳动保障体制改革第一线的工作者，我们深深体会到，改革开放的历程是艰苦奋斗的历程，人们自主择业、安居乐业的幸福生活是改革开放的重要成果。这里面有着劳动保障战线几代人的不懈努力，他们兢兢业业、奋力拼搏在改革第一线，从理论政策研究和业务工作实践上为劳动者实现比较充分的就业做出了积极贡献。陈斯毅同志就是他们中的一位。斯毅同志工作在改革开放的一线，结合实际，潜心学习，认真思考，努力实践，撰写了一些记录当时改革开放进展情况的文章和调研报告，并应中山大学出版社之约，以亲历者角度，把多年来撰写的文章结集出版，定名为"广东劳动体制改革四十年"丛书（以下简称"丛书"）。现在摆在我面前的这套丛书，是他多年来辛勤耕耘的结果，体现了他在工作中刻苦钻研、积极探索的创新精神。

我国劳动体制改革40年来的发展历程，是一段艰辛而辉煌的历程，是各级党政领导和社会各界、各有关部门人士共同努力、积极推进的发展过程，所取得的成就举世瞩目。在体制改革过程中，面对中国人口众多、体制转轨、就业压力巨大的情况，劳动保障部门一直承担着保民生、保稳定、促发展的重要任务和使命。从改革开放初期解决知青回城就业，实行"三结合"就业方针，建立劳动服务公司，到培育发展劳动力市场，调整就业结构，实施再就业工程，实现比较充分的就业；从改革国企招工用人制度，实行劳动合同制，到不断深化改革，推进城乡统筹就业，实行全员劳动合同制，建立和谐劳动关系；从恢复发展职业教育培训，到大力发展职业教育培训事业，加快培养高技能人才；从改革高度集中统一的劳动工资管理体制，到破"三铁"（所谓"三铁"是指"铁饭碗""铁工资"和"铁交椅"），改革平均主义工资分配制度，到深化企业工资分配制度改革等。在这个不断发展的过程中，全国各地、各部门按照党中央、国务院的统一部署，积极探索，创造了许多有益的实践经验。特别是作为沿海开放省份的广东省人力资源和社会保障部门，承担着许多改革试点任务，如率先开放劳务市场、改革企业用工和工资分配制度、发展技工教育和职业培训、实施再就业工程、推进城乡统筹就业、探索建立市场就业机制等，为全国的改革发展发挥了先行先试和示范带头作用，提供了许多宝贵经验。

陈斯毅同志在广东省劳动厅（后改为人力资源和社会保障厅）工作30多年，先后在计划劳动力处、厅办公室、综合规划处、培训就业处、劳动工资处、职业能力建设处等多个部门工作，后来被任命为副巡视员，分管培训就业工作。退休后在广东省就业促进会任副会长，并被聘为中国就业促进会专家委员会副主任。他长期坚持把做好劳动保障工作作为己任，积极研究和探索解决工作中遇到的问题，曾被中国就业促进会评为中国就业改革发展30年做出重要贡献的工作者。他所撰写的"广东劳动体制改革四十年"丛书，包括劳动就业、职业教育培训、劳动用工、工资分配、社会保障等方面的内容，既反映了他亲身参加劳动保障制度改革的经历，也体现了他在改革过程中的深入思考和努力实践，从客观角度记述了40年来广东劳动保障领域改革开放过程、重要事件以及改革开放取得的成就和经验等，作为纪念改革开放40周年的史料，编辑成册，让广大读者能够多层面、多视角回顾和了解广东劳动保障领域在这一时期不平凡的改革发展历程和所取得的重要成果。其精神难能可贵。

陈斯毅同志在劳动保障部门工作期间，得到领导和同事们的信任和支持，先后在多个岗位工作和历练，有较多的机会接触到国家和省级领导，聆听上级领导的改革思路；有机会接触到基层和企业广大职工群众，听取老百姓对改革开放的呼声；在多个岗位工作，接触政策业务面较广，因而视野较开阔。他在工作岗位上，能够始终坚持从人民利益出发，坚持依据党的方针政策，结合实际情况，创造性地参与制定具体政策并加以贯彻执行。在实际工作中注意及时深入调研，了解政策贯彻执行情况，总结经验，写成文章，因而留下了一批宝贵的文稿。这套丛书就是他从多年保存的文稿中筛选出来的。丛书内容按照劳动就业、职业培训、劳动用工、工资分配、社会保障等五个方面，分为五册：

一是《广东劳动就业体制改革与创新》，聚焦改革开放40年来广东就业体制改革与创新历程，紧紧围绕促进充分就业这一目标，以培育发展劳动力市场为主线，梳理了广东省劳动力市场发轫、发展、调整、深化、创新五个阶段的发展历程，展示了广东在改革就业管理体制、培育发展劳动力市场、实施再就业工程、制定积极就业政策、推进城乡统筹就业、创新就业机制等重点、难点问题上所采取的政策措施，探索实践以及取得的成果和经验。

二是《广东技能人才供给侧改革与模式创新》，集中反映了广东在40年的改革开放过程中，率先提出技能人才的概念，并围绕加快培养适应市场经济发展需要的，具有创新意识、实干精神、实操能力的技能人才这条主线，不断深化技工教育和职业培训体制改革，推进技能人才供给侧改革和模式创新的过程，按照写作时间顺序和重点内容，从九个不同的侧面，反映了广东所采取的政策措施、取得的成就与经验。

三是《广东劳动制度的深刻变革》，集中反映了广东企业劳动用工制度改革、发展变化、巩固完善的全过程。客观描述了广东为了适应改革开放，吸引外资和发展非公有制企业的需要，率先取消指令性劳动工资计划，实行劳动合同制的情况；反映了从实行劳动合同制、搞活固定工制度到全面实行全员劳动合同制的改革全过程，以及率先创建劳动监察制度、完善劳动合同制度、加强劳动用工宏观调控的做法与经验。

四是《广东企业工资制度改革探索与创新》，收集了作者本人负责劳动制度综合改革和劳动工资处工作时所撰写的文章。主要反映了广东率先取消指令性劳动工资计划，探索建立企业工资分配与经济效益挂钩办法，下放企业工资分配自主权的改革进展情况；特别是积极探索建立新型的企业工资分配制度和工资正常增长机制，提出实行积极工资政策、实施工资倍增计划和保障分配公平等政策建议，从理论和实践上探索了工资分配制度改革之路。

五是《广东社会保障制度改革40年》，全面介绍了广东养老保险、医疗保险、工伤保险、失业保险和生育保险，以及社会救济制度40年的政策演变情况、改革进程等主要内容及其成就与经验。

综览"丛书"，我发现有以下几个鲜明特点：

一是总体上看，这些文稿基本上保持了原文的风貌，能够客观地记录不同阶段各项制度改革的进程、所采取的政策措施和取得的成就。这是本套丛书的基本特色，反映了作者坚持以人为本的改革理念和刻苦钻研、勇于创新的精神。

二是坚持从实践中来，到实践中去。注重理论联系实际，坚持以科学理论为指导，在研究解决实际问题上下功夫，所提出的一些观点，都是从实际出发，着眼于解决工作一线遇到的问题；所提炼出来的经验，都是对实际工作的总结。

三是注重依据和把握中央的政策方针和总体要求，紧密结合本省省情和地方实际，研究提出具体对策建议；并且具有较强的操作性和创新性。

四是观点鲜明，内容丰富，资料翔实，文笔流畅，一些认识具有前瞻性、指导性。

五是"丛书"的编排主要按照时间顺序，以改革为主线，根据每个阶段改革创新的重点内容划分章节，每一章都有一个比较集中的主题，能让读者通过阅读改革重点事件，了解广东省在改革开放进程中勇于探索、先走一步而创造出来的特色和业绩，从而窥见广东劳动保障制度改革开放发展的全貌。

改革未有穷期，创新永无止境。劳动保障工作作为全社会普遍关注的重大民生问题，多年来，不少专家和实际工作者撰写了许多著作和文章，从不同角度探索其发展规律，研究改革创新的路子。本"丛书"作者能够站在全局高度，结合实际，把劳动保障领域理论研究融入改革开放的实践过程中，针对劳动保障领域改革发展不同阶段的重点、难点问题，积极探索研究，客观、系统地反映了劳动保障领域一些重大政策制度演变过程和发展趋势，不断总结和提出一些具有开创性、可操作性的意见和建议，供各级决策者参考，其求真务实的精神难能可贵，值得学习和发扬光大。

由于本书内容涉及时间跨度长，在文字表述和引用数据方面有待进一步改进。但瑕不掩瑜，我相信，该"丛书"的出版，将使更多的人关注劳动保障问题，将为今后进一步深化改革提供宝贵经验，贡献可资借鉴的研究成果，可以帮助从事劳动保障工作的同志了解劳动保障领域改革的历史进程，也适合从事劳动保障领域专业研究人员、各类院校师生作为学习资料，系统了解劳动保障制度改革的背景和制度政策演变过程。愿这套"丛书"的出版，能够为广大读者了解和研究改革开放40年来劳动保障领域各项改革提供有益的借鉴和帮助，共同为将改革进行到底，实现中华民族伟大复兴做出贡献！

张小建
（国家人力资源和社会保障部原副部长
中国就业促进会会长）
2018年5月

序

　　收入分配是民生之源，此领域的改革始终是改革开放以来我国经济体制改革的重要内容，其政策性强、敏感度高、涉及面广，而且十分复杂，因而需要各级领导高度关注，广大政策制定与组织实施者、业内专家学者以及薪酬管理实际工作者等共同出谋划策，集思广益。今天，我们进入中国特色社会主义新时代，收入分配改革正随着"五位一体"改革深入推进。值此之际，我的老同事、老朋友陈斯毅同志以他个人以往发表的文章、论文等为基础，重新修改补充编写了《广东企业工资制度改革探索与创新》一书，可谓适逢其时，正有其用。

　　我与斯毅同为劳动保障战线老兵，相识相交20多年。他在广东省劳动和社会保障厅多个处室工作过，早就听广东省劳动和社会保障厅的同志评价他勤于学习、勤于钻研、勤于思考、勤于笔耕；在他转为从事劳动工资业务管理部门工作后，我与他因业务工作相同，联系明显增加。在每年召开的全国劳动工资会议上，在多次前往广东由他陪同深入基层调研中，在日常工作电话联系里，均经常一起分析劳动工资工作面临的形势，剖析其中存在的问题，探讨应对措施。在这一共同工作过程中，虽偶有争论，但共识居多，因而成为好友。在钻研业务、撰写发表文章阐述个人观点等方面更是志趣相投。随着相识相知，也深感劳动保障战线的同志对他"四勤"的评价非常准确到位。这次他退休后重新编写出版的五本关于劳动保障领域主要业务的新书，《广东企业工资制度改革探索与创新》是其中之一，这正是他"四勤"的具体体现。

　　阅读斯毅所编写的这本新书，感慨良多。本书基本上按照时间顺序和改革进程编排，既回顾了广东企业工资制度改革40年历程，介绍了当年广东率先改革高度集中统一的劳动工资计划管理体制，较早实行工效挂钩、扩大企业工资分配自主权等做法和经验，也记录了作者本人当时深入思考深化初次分配制度改革问题，提出要坚持贯彻按劳分配原则、保障劳动所得的观点。书中还整理编录了作者关于如何建立工资正常增长机制与工资决定机制创新的思考，特别是提出要实行积极的工资政策，着力提高低收入职工的收入水平，创建工资集体协商制度，完善最低工资保障制度和工资支付保障制度等政策建议，其探索精神难能可贵。相比较而言，我更喜欢看本书后五章的内容。这五章内容，记录了他本人在改革过程中的所思所想，方便我们今天历史地验证当时所提出的观点和政策建议是否科学合理与现实可行，是否可为当时及今后的工资制度改革提供参考和借鉴。现在回过头来看，我们不仅能够从中看到作者的家国情怀、关注民生的意识和拳拳报国之心，而且体会到当时广东劳动保障系统以及作者本人的改革探索精神。对此，我感同身受，我在整理自己几十年工作期间主要是退休前5年来所发表的文章、著作，汇总编写《收入分配之我见》一书时也是这么做的。其目的在于既总结自己在职时所做的研究探索工作及其成果，又为收入分配和工资制度改革再尽个人绵薄之力。在这方面，斯毅同志与我可谓人同此心，心同此理，我二人所思所想相通相同。我为斯毅同志退休后不辞辛劳编写成此书，由衷高兴，也为我国收入分配和工资制度改革研究探索大书库再添新书而感到万分欣喜。

我期望并相信，《广东企业工资制度改革探索与创新》一书的出版，是改革开放40年来工资分配领域重要的研究成果，将为人力资源和社会保障系统与企业继续全面深化工资制度改革提供有益参考，为劳动工资科研机构、学校和企业深入了解工资分配制度改革历史进程提供一份可资借鉴的史料。它将为深化新时代工资分配制度带来新的助力。

苏海南
人力资源和社会保障部劳动工资研究所原所长、研究员
2019年4月15日

自　序

　　2019年春天，南粤大地春光明媚。我们刚刚送走改革开放40周年，又迎来中华人民共和国成立70周年华诞。新年伊始，笔者刚刚完成了《广东劳动制度的深刻变革》一书的审订付样，又着手编辑《广东企业工资制度改革探索与创新》一书。一年多来，在参加社会活动的同时，连续编写多年积存下来的文稿，虽然感觉有点累，但还是感到由衷的高兴。"幸福都是奋斗出来的"。习近平总书记2018年的新年贺词仍在耳边回响，感受深刻，备受鼓舞。

　　站在新时代全面深化改革的新起点上，翻阅本人历年来撰写的文稿，是一种耐人寻味的享受。40年来，中国的改革开放取得了辉煌成就，伟大的社会主义祖国发生了翻天覆地的历史性巨变，改写了贫穷落后的历史，迎来了从站起来、富起来到强起来的历史性飞跃。广东是中国改革开放的排头兵、先行地、实验区，在改革开放和现代化建设的伟大进程中，始终走在全国前列，取得了举世瞩目的成就。这40年，广东劳动和社会保障领域改革开放的历程浮现眼前，令人感慨万千。广东的劳动工资和社会保障制度改革，从党的十一届三中全会开始起步，抓住改革开放、建设经济特区的历史机遇，首先从改革高度集中统一的劳动工资计划管理体制方面取得重大突破，接着紧紧围绕推进国企改革和经济结构调整，对企业招工、用工、工资分配和社会保险制度进行综合配套改革，率先建立劳动力市场和人才市场，运用市场机制促进劳动力资源在全社会实现优化配置，为促进经济发展和社会稳定做出了重要贡献。在改革过程中，虽然遇到了一些困难和问题，但我们始终坚持党的领导和改革开放的方针，逢山开路，遇水搭桥，勇为人先，攻克了一个个难点，迎来了劳动工资体制前所未有的历史性大变革。特别是党的十八大以来,以习近平同志为核心的党中央迎难而上,革故鼎新,励精图治,以巨大的政治勇气和强烈的责任担当,提出了一系列新理念新思想新战略,推出了一系列重大战略举措,进行了许多具有新的历史特点的伟大斗争,解决了许多长期想解决而没有解决的难题,办成了许多过去想办而没有办成的大事,推动了党和国家事业发生了历史性变革。全国各级人力资源和社会保障部门认真贯彻党中央、国务院的决策部署,坚持以人民为中心的发展思想,围绕民生为本、人才优先的工作主线,全面深化劳动工资和社会保障制度改革,在新形势面前,取得了新的成就。在全面深化收入分配制度改革方面,广东按照中央关于促进收入分配更合理、更有序的部署,鼓励勤劳守法致富。扩大中等收入群体,增加低收入者收入,调节过高收入,取缔非法收入,积极推动实现"两个同步"(即坚持在经济增长的同时实现居民收入同步增长,在劳动生产率提高的同时实现劳动报酬同步提高),取得了新的成果。

  收入分配是民生之源,是改善民生、实现发展成果由人民共享的最重要最直接的方式。笔者在劳动保障战线工作30多年,作为这场社会变革的亲历者,几乎参与了改革开放全过程,参与了企业招工、劳动用工、劳动就业、职业培训、工资分配和社会保险等一些重大改革的研究和组织实施工作,亲力亲为,历历在目。在改革实践过程中,深刻体会到,人力资源是经济社会发展的第一资源,不论是解决就业问题,还是促进经济社会发展,都必须千方百计实现人力资源的优化配置,调动每一位劳动者的积极性和创造性,着力提高劳动者整体素质,才能解放和发展生产力,推动经济社会乃至人类历史的发展;深刻体会到工资分配是一把"双刃剑",做好工资分配工作,建立合理有序的收入分配格局,对于保障和改善民生、激发人的积极性,促进经济发展和社会稳定,将产生巨大的作用,如果处理不好,将会带来许多负面影响。基于这样的认识,本人在实际工作中,满怀着对社会劳动者的关切,倾注着对劳动工资制度改革的满腔热情,撰写了一些关于改革劳动工资制度的文章和调研报告,阐述了自己的一些看法和观点。这些保存了40年的文稿,虽然有些地方文字比较粗糙,但它毕竟能够从改革亲历者的角度,勾勒出广东改革开放过程中劳动工资制度改革创新的发展进程和脉络,反映了广东逐步推进和深化劳动工资制度改革的做法和经验,反映了劳动部门在改革方面所做出的努力和所取得的成就。这些文稿虽然只是改革大潮中的一朵浪花,但弥足珍贵。如能把它梳理定格,编辑成书,作为改革开放历程的见证,为后人提供一些可资借鉴的史料,并带给读者一些有益的启迪,我将感到十分欣慰。

即将付梓的《广东企业工资制度改革探索与创新》这本书,基本上按照时间顺序和改革进程编排。全书共分为九章,第一章概述改革开放40年广东企业工资制度改革的进展情况;第二章介绍广东率先改革高度集中统一的劳动工资计划管理体制的历史背景、做法和经验,是广东率先改革的重要见证;第三章反映广东改革开放初期,率先坚持市场导向的企业工资制度改革,实行工效挂钩,逐步下放企业工资分配自主权所采取的政策措施;第四章阐述深化初次分配制度改革问题,提出要坚持贯彻按劳分配原则、保障劳动所得的观点;第五章对如何建立企业工资正常增长机制问题进行了一些新的思考,提出推进工资正常增长机制与工资决定机制创新问题;第六章针对经济快速发展过程中,企业生产一线职工工资增长过慢,差距拉大的情况,提出要探索实行积极工资政策,着力提高低收入职工的收入水平的政策建议;第七章根据省委、省政府的部署,提出实施工资倍增计划的设想,认为在新的形势下,实施工资倍增计划,着力提高低收入职工收入水平,有助于消除贫困、扩大消费,促进经济转型升级;第八章提出创建工资集体协商制度、完善最低工资保障制度和工资支付保障制度等政策和建议,进一步规范收入分配秩序,保障分配公平;第九章着重依据《中华人民共和国劳动合同法》的有关规定,阐述依法深化工资制度改革,贯彻按劳分配原则,维护劳动关系双方合法权益,构建和谐劳动关系的主张。全书围绕建立合理、有序的工资分配新格局这条主线来编排内容结构，反映了广东积极探索企业工资制度改革的一些做法和经验。总之，经过40年的改革发展，广东企业工资制度改革迈出了重要的一步，人民生活显著改善，人们对美好生活的向往更加强烈。我们要牢牢把握人民群众对美好生活的向往，坚持以人民为中心的发展思想，继续全面深化收入分配制度改革，使改革开放成果更多更公平地惠及广大人民群众，使人民群众不断增强获得感和幸福感。值此本书付梓之际，谨以此向改革开放40周年、向中华人民共和国成立70周年奉献一份心礼！

40年来，笔者在工作过程中撰写的这些文稿，反映了笔者坚持以人为本的改革理念和创新实践。其中，有些文稿得到了历届劳动和社会保障部领导、厅领导的指导和帮助，有些文稿吸收了同事们的工作思路和想法，因而受益匪浅。借此书正式出版的机会，谨向劳动和社会保障领域各位领导和同事们、朋友们致以诚挚的感谢！由于涉及人数众多，恕不一一致谢。本书的编辑出版得到了人力资源和社会保障部中国劳动和社会保障科学研究院、中国就业促进会、中国劳动学会、广东省新时代职业开发研究院、广东省体制改革研究会、广东省职业能力建设协会、广东省营销师协会等有关单位和同仁们的大力支持，特别是得到了中山大学出版社的领导和各位编辑同志的大力支持，在此一并表示衷心感谢！

由于编撰时间仓促和水平有限，难免有错漏之处。本人真诚期待得到广大读者的赐教。期望本书的出版，能够为广大读者了解和研究改革开放40年来广东企业工资制度改革提供有益的帮助和借鉴！能够为顺利实现"两个一百年"的奋斗目标，贡献自己的绵薄之力！

陈斯毅
广东省新时代职业开发研究院院长
2019年3月28日写于海南文昌市清澜半岛酒店
2019年6月8日于广州金沙洲恒大御景半岛审定

目　录

第一章　广东企业工资制度改革 40 年回顾与展望 …………… 1
 第一节　启动企业工资制度改革的历史背景………………… 1
 第二节　改革进程和主要措施………………………………… 2
 第三节　重要突破与制度创新………………………………… 6
 第四节　改革成效和基本经验………………………………… 8
 第五节　存在的主要问题 …………………………………… 11
 第六节　未来深化企业工资制度改革的展望 ……………… 13

第二章　率先改革劳动工资计划管理体制 ……………………… 18
 第一节　传统的劳动工资管理体制非改不可 ……………… 18
 第二节　广东企业工资制度改革的探索实践 ……………… 24
 第三节　建立市场导向劳动工资管理体制初探 …………… 52
 第四节　深化企业劳动工资制度改革的思考 ……………… 62
 第五节　江门市改革工资计划管理体制，为增强企业活力服务 …… 71

第三章　坚持市场导向的企业工资制度改革 …………………… 81
 第一节　企业劳动工资制度市场化改革问题初探 ………… 81
 第二节　云浮县全面改革企业劳动工资制度的调查报告 … 90
 第三节　转换工资决定机制是当前企业工资改革的主攻方向 …… 94

第四章　深化初次分配制度改革的探索 ……………………… 102
 第一节　落实企业分配自主权，深化劳动工资制度改革… 102
 第二节　以改善民生为重点，深化初次分配制度改革…… 114
 第三节　从《劳动合同法》看企业工资制度改革的主攻方向 … 121
 第四节　进一步解放思想，着力深化初次分配制度改革… 123
 第五节　梅州市全民所有制单位工资分配状况的调查与思考… 127

第五章　探索建立企业工资正常增长机制 …………………… 132
 第一节　建立健全企业职工工资正常增长机制的调研报告… 132
 第二节　建立企业职工工资正常增长机制的思考………… 142

第三节　全面推进工资集体协商，探索建立企业工资决定机制…… 145
　　第四节　依法推进企业工资分配决定机制创新…………………… 151

第六章　探索实行积极工资政策………………………………………… 154
　　第一节　我国应当实行积极的工资政策…………………………… 154
　　第二节　以科学发展观为指导，做好企业工资分配工作………… 159
　　第三节　实行积极的工资政策势在必行…………………………… 162

第七章　实施工资倍增计划……………………………………………… 166
　　第一节　收入分配领域要来一次大的思想解放…………………… 167
　　第二节　坚持以人为本，积极实施企业职工工资倍增计划……… 172
　　第三节　工资倍增计划是可以实现的……………………………… 175
　　第四节　关于实施工资倍增计划的几个热点问题解答…………… 178

第八章　规范收入分配秩序，保障分配公平…………………………… 185
　　第一节　加强制度建设，保障分配公平…………………………… 185
　　第二节　以邓小平理论为指导，建立与现代企业相适应的
　　　　　　收入分配制度………………………………………………… 189
　　第三节　劳动报酬是劳动关系的核心内容………………………… 203
　　第四节　收入分配制度改革"五策"………………………………… 214
　　第五节　当前企业工资分配制度改革的着力点…………………… 217

第九章　努力推进企业分配制度创新…………………………………… 220
　　第一节　正确理解《劳动合同法》，积极推进薪酬制度创新…… 220
　　第二节　后危机时期广东企业工资增长机制与政策创新………… 235
　　第三节　新时期我国企业工资政策取向与执行中应注意的问题… 238
　　第四节　企业工资分配政策与规章制度设计……………………… 260
　　第五节　赢在协商…………………………………………………… 268

参考文献…………………………………………………………………… 280

后　　记…………………………………………………………………… 282

第一章 广东企业工资制度改革 40 年回顾与展望

【内容提要】企业工资制度改革是企业改革的重要内容,也是建立社会主义市场经济体制的重要环节。改革开放前,我国企业工资分配制度存在不少弊端,分配上的平均主义"大锅饭",严重压抑了劳动者的劳动生产积极性,抑制了企业的活力。改革开放后,广东从恢复计件工资开始起步,逐步深化企业工资制度改革,经过 40 年的积极探索,在企业工资分配方面实现了一系列重大突破,取得了历史性巨大成就。站在新时代新起点上认真回顾 40 年改革开放走过的历程,认真总结经验教训,对于指导今后进一步全面深化企业工资制度改革具有十分重要的意义。

第一节 启动企业工资制度改革的历史背景

企业工资分配制度,是整个经济体制的重要组成部分。1956 年,我国基本上完成了生产资料所有制的社会主义改造,形成了比较单一的公有制经济体制。在高度集中统一的计划经济体制条件下,广东与全国一样实行了高度集中统一的工资管理体制,工资分配大权集中在中央。国家通过下达指令性工资计划和实行严格的工资等级制度,剥夺了企业的工资分配自主权。在改革开放前 20 多年中,我国经济社会各方面都发生了很大变化,但是企业工资制度没有得到及时调整和改革,特别是在"文革"期间,企业没有建立正常的工资升级制度,职工工资多年几乎没有调整,因而存在不少弊端。集中表现为:"平、低、乱、死"。

第一,所谓"平",就是分配上的极端平均主义。不论是国有企业之间还是企业内部职工之间,工资分配上都存在着严重的平均主义,工资分配与职工工作责任、职务(岗位)、技能、贡献严重脱节,不能体现劳动贡献、能力大小的差别,不能正确贯彻按劳分配的原则,结果造成严重的平均主义,职工干多干少一个样,干好干坏一个样。对此,人们称为"大锅饭"。

第二,工资水平低。在计划经济条件下,为了解决就业问题,我国长期实行"低工资、高就业"政策,致使职工工资长期处于较低的水平。据统计，1953—1977年间，全国全民所有制单位职工平均货币工资仅增长35%，平均每年只增长1.2%，扣除物价因素，实际平均工资年增长率仅为0.3%。1977年全国职工平均工资为602元，比1965年还低50元。广东的情况大体如此。

第三，工资标准繁多杂乱。据统计，在改革开放前，全国统一制定或中央授权地方制定的工资标准达300多种，加上每个标准中都有不同的地区系数，使整个工资关系十分复杂。在实际工作中集中表现为一个"乱"字，企业内部工资关系无法理顺，职工同工不同酬，有的职工干一样的工作，只因为从重工业调到轻工业，或从南方调到北方，工资待遇就不一样，企业也无权调整理顺，极大地挫伤了职工的生产积极性。

第四，工资管理集中过多，管得太死。在高度集中统一的计划经济体制下，企业何时增加工资、发放奖金，增加多少，都由中央统一规定。要升大家都"齐步走"，不然就长期不动。不管企业经营效益好坏、职工贡献大小，地方和企业都没有工资分配权。这种高度集中的体制，使工资分配日益僵化，无法调动和激发劳动者的生产经营积极性。

总之，企业工资分配上的平均主义"大锅饭"与劳动体制上统包统配的"铁饭碗"结合在一起，加上国家实行高度集中统一的劳动工资计划管理体制，使企业工资分配制度日趋僵化，企业工资分配严重背离按劳分配原则，严重压抑了广大劳动者的生产积极性，严重阻碍了社会生产力的发展，改革势在必行。

第二节 改革进程和主要措施

广东企业工资制度改革是从建立经济特区恢复计件工资制开始起步的。改革开放40年来，在党中央、国务院一系列方针政策指导下，广东企业工资制度改革经历了从改革高度集中统一的劳动工资管理体制，"杀出一条血路"，到下放企业工资分配自主权、增强企业活力，从放权改革到制度创新，从国有企业扩大到各类企业、从微观企业工资分配制度机制改革到宏观调控体系建设的渐次推进、逐步深化的过程。到目前为止，基本实现了改革目标，建立起适应市场经济发展需要的企业工资分配体制机制，形成合理有序的分配格局。总体说来，改革经历了以下四个阶段。

一、1978—1985 年

这一阶段是广东企业工资改革起步阶段,重点是解放思想,恢复和实行计件工资制和奖金制度,确立按劳分配原则,调整理顺分配关系,为推进改革打下基础。1978 年 3 月,邓小平同国务院政策研究室负责人谈话时指出:我们一定要坚持按劳分配的社会主义原则。同年 9 月,中共中央发出《关于做好改革工资制度调查研究工作的通知》,决定成立全国工资改革委员会,把工资工作提到重要议事日程。1979 年 7 月,中央在批转广东、福建两省关于对外经济活动实行特殊政策和灵活措施的报告中,批准广东在劳动工资方面实行如下特殊政策:一是允许广东在劳动工资计划管理体制上实行特殊政策,灵活措施,有权根据实际情况,自行安排劳动力,不受国家计划指标限制。二是在国家统一工资标准和调整幅度范围内,具体调整工资的办法,由广东自定。奖金的提成比例,可略高于全国水平。特区的工资,可高于全国和广东的平均水平。三是允许广东逐步改变低工资、多补贴办法。企业工资可以分为基本工资和浮动工资两部分。

根据中央给予的特殊政策、灵活措施,为了逐步解决多年来企业工资分配中积累的问题,广东大胆解放思想,采取积极措施,理顺分配关系。一是在经济特区新成立的外商投资企业,允许在计划外自行安排工资,不受国家指令性工资计划限制。二是分期分批调整职工工资,分别于 1977 年、1978 年、1979 年、1983 年、1985 年在企业进行了五次工资调整,使广东职工工资年平均水平从 1978 年的 629 元增加到 1985 年的 1348 元,增长了 114.3%,较好地解决了地市部分职工长期没有涨工资、工资水平偏低问题,理顺了企业内部分配关系。三是恢复计件工资和奖金制度,党的十一届三中全会后,为了适应逐步放权,搞活企业的需要,广东认真贯彻国务院 1978 年 5 月发出的《关于实行奖励和计件工资制度的通知》,要求各地区、各部门逐步恢复已停止 10 多年的企业计件和奖金制度,有条件的企业先后实行了各种形式的计件工资制和奖金制度,有力地改变了工资激励功能长期被禁锢的状态,增强了工资分配的弹性激励机制。据统计,在刚恢复上述制度的 1978 年,全民所有制单位职工工资总额中,标准工资占 85% 以上,奖励工资(含奖金、计件超额工资和附加工资)占 6%,至 1985 年,奖励工资所占比重上升至 39.9%。奖励制度的恢复,对于贯彻按劳分配原则,打破平均主义"大锅饭",调动职工生产积极性,起到了十分重要的作用。

二、1985—1992 年

这一阶段是广东企业工资改革开始迈出实质性步伐的启动阶段，也是广东工资改革最活跃的时期。重点是按照政企分开原则，推进企业工资制度改革，探索理顺国家与企业的工资分配关系，逐步扩大企业内部工资分配自主权。

从 1985 年开始，以党的十二届三中全会《中共中央关于经济体制改革的决定》为标志，我国经济体制改革进入以企业改革为中心的新阶段。党中央、国务院决定分别对企业和党政机关、事业单位工资制度进行改革。国务院于 1985 年 1 月 5 日发出《关于国营企业工资改革问题的通知》，同月广东省政府予以转发，明确提出改革的指导思想是：改革不合理的工资制度，逐步消除工资分配中的平均主义积弊，国家对企业的工资实行分级管理体制，企业与国家机关、事业单位工资制度脱钩，企业职工工资的增长依靠企业经济效益的提高。国家不再统一安排企业职工工资的改革和调整。企业内部工资分配，通过实行工效挂钩办法控制工资总额前提下自行确定。

按照上述指导思想，这一阶段广东企业工资制度改革实际上是围绕增强企业活力从三个方面推进的。一是通过实行企业工资套改，实现企业与机关事业单位工资制度脱钩。1985 年 11 月，广东省政府发出《国营企业内部工资改革实施方案》，要求全省国营企业全面实行工资套改。这次套改的最大特点是，所需资金依靠企业提高经济效益来增加工资，改变了企业增加工资依赖国家的观念。同时实现了企业工资制度与机关事业单位脱钩，简化、统一了企业职工新的工资标准。二是在企业工资分配方面实行指令性计划与指导性计划相结合的办法。1985 年 3 月，广东省政府批转省劳动局《关于改革劳动工资管理体制的意见》，决定下放管理权限，实行分级管理，企业新增工资总额与经济效益挂钩办法。在此基础上，广东于 1988 年率先取消指令性劳动工资计划。实行适应商品经济发展需要的弹性工资计划，国有企业通过全面实行工效挂钩办法决定工资总额。至 1990 年年末，全省实行各种形式工效挂钩企业达 2820 户，涉及职工 81.8 万人，分别占同口径企业数的 43.2% 和职工人数的 53.9%。三是在宏观上做好企业工资总额宏观调控的前提下，逐步下放和扩大企业内部分配自主权，允许企业采取各种适合本企业生产经营特点的工资分配形式，搞活内部分配，从而增强了企业活力。

三、1992—2002 年

这一阶段是广东企业工资体制进入全面改革与转轨的新阶段。主要标志是在党的十四大后，各地以探索建立适应社会主义是市场经济发展需要的企业工资分配制度和管理模式为重点，确立了"市场机制决定、企业自主分配、职工民主参与、政府监督调控"的企业工资改革目标与管理模式。按此目标要求，广东在 1988 年取消指令性工资计划基础上，继续推进行以下改革：①探索建立工资基金手册管理制度，防止工资总额过快增长；② 1994 年《中华人民共和国劳动法》颁布后，积极探索创建最低工资保障制度；③建立劳动力市场工资价位和工资指导线制度；④开始实行企业工资集体协商制度等。这一阶段的显著特征是开始全面按照市场经济要求，把各类企业工资分配纳入改革与管理的视野，一方面从微观上构建企业内部工资分配新机制，另一方面从宏观上探索建立国家间接管理企业工资分配的宏观调控方式。

四、2002—2012 年

这一阶段是广东继续大力推进与深化企业工资分配制度改革与创新的新阶段。主要标志是按照党的十六大和十七大关于"大力推进收入分配制度改革""完善各种生产要素按贡献参与分配"和"处理好效率与公平的关系"的部署要求和《中华人民共和国劳动合同法》的有关规定，进一步重点完善最低工资保障、市场工资价位、工资指导线、工资集体协商、工资支付等制度，加强工资立法，出台了《广东省工资支付条例》，进一步规范企业工资支付行为，探索建立企业工资决定机制、正常增长机制和宏观调控机制，注重处理好企业工资分配中的效益与公平的关系。上述改革与制度创新还处于不断深化、逐步完善的过程之中，各项制度和机制建设有待进一步完善。

五、2012 年至今

这一阶段企业工资分配制度改革的着力点是努力形成合理有序的收入分配格局。按照党的十八大关于全面深化改革和十八届三中全会《中共中央关于全面深化改革若干重大问题的决定》（以下简称《决定》）关于以促进社会公平正义、增进人民福祉为出发点和落脚点，全面深化改革，形成合理有序的收入分配格局的部署要求，广东省着重深化企业初次分配制度改革，"完善劳动、资本、技术、管理等要素按贡献参与分配的初次分配机制"。特别是按照《决定》要求，"着重保护劳动所得，努力实现劳动报酬增长和劳动生产率提高同步，提高劳动报酬在初次分配中的比重"。同时，探索健全"资本、知识、技术、管理等由要素市场决定的报酬机制"，继续健全工资决定和正常增长机制，完善最低工资和工资支付制度，完善企业工资集体协商制度等。有些企业还根据形势变化，探索实行科技成果入股、岗位分红激励和项目工资制等多种分配形式。此外，还注意规范收入分配秩序，保护合法收入，调节过高收入，清理规范隐性收入，取缔非法收入，完善再分配调节机制，保障社会公平。

第三节 重要突破与制度创新

在40年的改革进程中，广东充分利用改革开放前沿阵地的优势，充分利用中央给予的特殊政策、灵活措施，大胆先行一步，率先进行改革，在企业工资分配方面有不少突破与创新。回顾40年来的改革，值得认真总结和审视思考的主要突破和制度创新，集中在以下五个方面。

一、率先在体制外实行灵活的工资分配政策

党的十一届三中全会后，中央决定在广东设立经济特区，率先实行对外开放、对内搞活政策。为了适应对外开放、引进外资的需要，1979年7月中央批转广东、福建两省关于对经济活动实行特殊政策和灵活措施的报告，允许广东在企业劳动工资计划管理体制方面实行特殊政策、灵活措施。主要措施是：①率先对深圳、珠海、汕头经济特区劳动工资计划体制进行改革，允许特区企业招用员工和工资总额，不受国家计划指标限制。后来扩大到全省"三资"企业、"三来一补"企业。这些企业有权根据实际需要，自行招收劳动力和安排工资，不受国家劳动计划指标限制。②在国家统一工资标准和调整幅度范围内，具体调整工资办法由广东自行确定，奖金的提成比例可以高于全国水平。经济特区的工资，可高于全国和广东的工资水平。③企业工资可以范围基本工资和浮动工资两部分，逐步改变低

工资、多补贴办法。这些政策，实际上在体制外撕开了一个大口子，适应了引进外资、举办"三资"企业的需要。这对过去实行高度集中统一的指令性劳动工资计划是一个很大的冲击，它率先突破了旧体制的束缚，为全面改革提供了有益经验。

二、率先撬动了僵化的工资计划管理体制

1985 年 3 月，广东省政府批转省劳动局《关于改革劳动工资管理体制的意见》，决定对体制内的国有、集体企业工资管理体制进行改革，实行指令性计划与指导性计划相结合的办法，下放管理权限，实行弹性管理办法。主要措施有：一是各地区、各部门新增职工人数和工资总额实行同生产建设和经济效益挂钩浮动办法。对超额完成生产、劳动生产率和上缴税利的企业，可相应增加职工人数和工资总额；对生产下降、效益下降的企业，不得增人和增加工资。二是赋予地方、部门和企业自主招工用工和工资分配自主权，在符合规定的增人增资范围内，自主决定，不须报批。这一改革对于进一步落实企业生产经营自主权，增强企业活力起到了积极的作用。

三、率先取消指令性劳动工资计划，有力推动了企业工资分配体制实现重大转变

1988 年，广东改革开放进入全面深化综合配套的新阶段。同年 7 月，广东省政府根据《国务院关于广东省深化改革扩大开放加快经济发展请示的批复》精神，批转省劳动局《关于改革全民所有制企业单位劳动工资计划管理体制的意见》，决定对传统的高度集中统一的劳动工资计划管理体制进行实质性的改革，全面取消指令性的劳动工资计划，实行适应商品经济发展的弹性劳动工资计划管理体制。主要做法是：一是全面实行企业工资总额与经济效益挂钩办法，通过间接控制企业工资总额，放开职工人数计划。原则上实行增人不增加工资总额，减人不减少工资总额；二是实行分级管理、分层调控办法。省劳动部门负责核定各市和省直单位主管部门所属国有企业职工工资总额基数、经济效益基数以及两者挂钩浮动比例。由各市和省直主管部门将省核定的工资总额逐级分解落实到企业，不再下达指令性的职工人数和工资总额计划，企业有权在上级核定的工资总额范围内，选择不同的挂钩或承包办法，自行决定招聘人员量和工资分配办法和

水平。这一改革，从根本上改变了传统的劳动工资计划管理体制，使广东劳动工资管理比全国提前5年进入体制转换和制度创新的新阶段。

四、率先通过立法建立工资支付保障制度

为了规范用人单位的工资支付行为，维护劳动者通过劳动获得劳动报酬的权利，劳动部于1994年12月根据《中华人民共和国劳动法》有关规定，颁布了《工资支付暂行规定》，明确规定了工资支付的项目、形式、水平、时间和特殊情况下工资支付标准和方法等。但有些规定不具体。广东结合体制转轨的实际，于2005年由省人大常委会批准颁布了《广东省工资支付条例》，从工资支付内容、形式、监督检查、法律责任等方面对工资支付做出全面规定。标志着市场经济条件下工资支付制度的全面建立，从而增强了政府对企业工资分配的调控干预能力。

五、实现了工资分配理论的重大突破，推动了分配体制机制的创新

主要是确立了与发展社会主义市场经济相适应的按劳分配与按生产要素分配相结合的分配理论，确定了企业工资分配的管理体制是市场机制调节、企业自主分配、平等协商确定、政府监督指导的工资分配体制，明确了"初次分配和再分配都要兼顾效率和公平"的价值取向。这些理论创新，为推动企业工资分配体制转换和制度创新奠定了坚实的基础。具有代表性的制度创新是，率先建立了最低工资保障制度和工资支付制度，保障低收入者的合法权益；探索建立了企业工资决定机制、工资正常增长机制和宏观调控机制，为逐步形成合理有序的分配格局打下了良好基础。

第四节 改革成效和基本经验

一、改革取得的成效

我国从1978年开始的改革开放，是现代世界范围内最伟大的变革。40年间，我国实现了由计划经济向社会主义市场经济的转变。回顾40年来广

东企业工资分配制度改革走过的历程,我们认为,总体上看,广东企业工资制度改革由浅入深、分阶段逐步推进,全面深化,实现了企业分配制度创新,取得了举世瞩目的成效。

(1) 实现了工资分配管理体制的重大转变。即企业工资分配管理体制从过去高度集中统一的计划管理体制向分级分类管理,再到市场机制调节、企业自主分配、平等协商确定、政府间接调控的工资管理体制转变,落实了企业分配自主权。企业有权根据市场需求和经济效益状况,自主决定本企业的工资分配水平和工资分配关系,调动了广大劳动者的劳动生产积极性和创造性。

(2) 推动了企业工资分配制度创新。我国传统的企业工资分配制度主要是实行比较单一的八级工资制、"基本工资+奖金+补贴或计件工资+奖金"等,随着社会主义市场经济的发展,广东省在企业工资分配分配方面,不断进行制度创新。在内部分配方面,在理顺政府与企业、政府与职工的分配关系基础上,探索实行了以岗位技能工资为主要形式的基本工资分配制度、经营者年薪制,探索按生产要素贡献分配制度,建立职工持股制,技术要素入股制。此外,为了加强对工资分配的指导和调控,创立了最低工资保障制度、工资指导价位制度、工资支付保障制度、现代薪酬制度等。这些制度的创立,为形成合理有序的收入分配格局奠定了基础。

(3) 形成了工资分配与经济发展同步增长的机制,有力地促进了经济社会发展与职工工资收入水平的不断提高。据统计,1978年广东全省GDP为185.85亿元,占全国5.1%;人均GDP为370元,低于全国385元的平均水平。2017年,广东GDP为89879.23亿元,占全国10.9%,人均GDP为81089元,远高于全国59660元的平均水平。到2017年,广东人均GDP是1978年的219倍 [注:以上数据见《广东改革开放史(1979—2018)》第10页];同时,职工工资性收入迅速增长,1978年全省城镇职工年平均工资615元(全民所有制单位职工年人平均工资629元),标准工资所占比重在85%以上(1979年全省城镇职工年平均工资685元、1980年为789元)(注:以上数据见《广东统计年鉴1997》),至2017年,全省城镇非私营单位就业人员年平均工资达79183元,为1978年的128倍多。

二、基本经验

回顾40年来广东企业工资制度改革过程和取得的成效,我们有以下四个方面的经验体会，可资借鉴。

（一）始终坚持市场取向改革

40年的改革开放历程，是在实践中不断探索、建立和发展社会主义市场经济的历程。与这一改革进程相适应，广东在企业工资分配领域始终坚持市场取向改革。尽管在党的十四大前，党中央尚未明确建立社会主义市场经济体制的改革目标，但广东在先行一步的改革探索中，已经有意识地进行了有益的探索。最早于1979年，广东围绕引进外资、增强企业活力，率先从体制外打开缺口，实行了适应商品经济发展需要的灵活的工资分配管理体制。1985年实行政企分开，探索建立初次分配与再分配不同的决定机制与分配方式。1988年全面取消指令性计划，明确市场取向改革目标。直到党的十四大，确立了市场化改革目标。其间所采取的一系列改革措施，都是有利于建立市场经济体制这一改革目标的。实践证明，广东企业工资制度改革不仅先行一步，而且大方向是正确的。

（二）始终坚持渐进式改革方式，与经济体制改革相适应

广东在改革开放中先走一步，没有先例可循、没有现成的经验可资借鉴。我们充分考虑到工资分配属于生产关系范畴，根据生产关系要适应生产力发展的马克思主义原理，坚持从我国生产力不发达、经济落后、人口众多这一基本国情出发，采取既大胆解放思想，又"摸着石头过河"的积极稳妥的办法，先易后难、逐步推进、逐步深化改革。在改革开放初期，先是从体制外进行突破，后深入体制内的改革；先是进行试点，然后总结经验逐步铺开；先是实行让一部分人先富起来，调动人的生产劳动积极性，然后才着眼于缩小差距，处理好效率与公平的关系；先是着手浅层次的改革，然后再进行深层次的改革，不断调整、加大改革的力度。由于采取渐进式进行改革，从而总体上保证了我省企业工资改革不出现大的失误。

（三）始终坚持实行按劳分配为主体、多种分配方式并存的分配制度和分配原则

邓小平同志早在1978年就提出："坚持按劳分配原则，这在社会主义建设中始终是一个很大的问题。""我们一定要坚持按劳分配的社会主义原则。"它是工资分配理论的基石，也是社会主义优越性的具体体现。改革开放初期，党中央批判了"四人帮"否定按劳分配的谬论，重新确认了按劳

分配原则。但是随着改革的逐步深入，我国出现了多种经济成分并存的新局面，于是有人提出按劳分配是与公有制相联系的，不应成为现阶段企业工资分配的指导原则。但在40年来的改革实践中，广东始终按照中央的要求，坚持以按劳分配为主体、多种分配方式并存的原则。在改革开放初期，坚持贯彻按劳分配原则，打破平均主义"大锅饭"；在改革开放中期，坚持在国有企业实行工效挂钩前提下，按照劳动者个人贡献大小进行分配；在改革进入转轨阶段后，继续坚持以按劳分配为主体、多种分配形式并存和各种生产要素按贡献参与分配的原则。把按劳分配与按生产要素分配结合起来，着重保护劳动所得。由于长期坚持这一社会主义原则，较好地实现了分配的公平性，体现了效率与公平的统一，避免了企业工资分配出现大的失误。

（四）始终坚持处理好市场调节与政府调控的关系

40年来的改革实质是改革高度集中统一的计划管理体制，逐步建立适应社会主义市场经济的工资分配体制和运行机制。在这一改革进程中，我们从下放企业工资分配自主权到搞活企业内部分配；从让一部分人先富起来到共同富裕；从取消指令性计划到实行工效挂钩；从由市场决定分配到政府宏观间接调控等。在改革的每一个环节，政府都注意及时转变管理职能，逐步从行政性直接计划管理转向以经济、法律、信息手段为主的间接管理。特别是随着改革的深化，我们充分发挥市场调节在工资分配中的基础性作用，企业工资分配基本上由劳动力市场供求和企业经济效益决定。与此同时，逐步从建立最低工资保障制度、工资指导线制度、支付保障制度等方面进行间接的调控与干预，从而保障了劳动者依法、公平获得劳动报酬的权利，避免企业工资分配出现差距过大、两极分化的现象。

第五节 存在的主要问题

40年来广东企业工资制度改革虽然取得了举世瞩目的成就，但是由于我国经济体制改革整体上还处于转轨过程中，一些深层次的改革尚未到位，适应社会主义市场经济要求的新的工资分配机制尚未建立起来，有些建立起来的也尚不完善，工资分配体制和运行机制方面还存在一些突出问题，主要表现在以下五方面。

一、适应市场经济发展需要的企业工资分配决定机制尚未健全，分配秩序尚未规范

目前不少企业工资决定机制尚未健全，有些企业一般通过工效挂钩决定其工资总额。在工资总量控制下，企业内部分配一般由企业方单独分配，员工没有平等参与分配决策的权利；大部分非国有企业，仍然是沿用放权搞活的思路，完全由企业行政方单方面决定工资分配，员工没有参与分配权，集体协商决定工资分配的机制也不完善。由于工资决定机制不完善，结果导致企业内部分配秩序不规范，不仅分配不公，而且生产一线员工工资水平过低，工资正常增长机制也不健全，导致出现劳动报酬占GDP的比重逐年有所下降的情况。

二、企业内部适应市场经济发展需要的基本工资制度不健全，职工工资正常增长机制尚未形成

在体制转轨和经济快速增长过程中，不少企业经营者眼睛只盯在市场上，片面追求资本的扩张和利润的增长，忽视人力资源要素，导致工资分配制度没有贯彻以人为本的理念，不少企业至今尚未建立起符合本企业自身特点的公平合理的工资分配制度、最低工资保障制度和工资支付制度。尤其是部分外资和民营企业内部尚没有建立起公平合理的基本工资制度和正常升级制度。员工基本工资按照国家最低工资标准执行，要涨工资就得加班加点。工资分配没有充分体现按劳分配、多劳多得的原则。工作时间长的老员工，基本工资也没有得到合理的晋升，致使分配秩序混乱，同工不同酬，挫伤了广大职工的生产劳动积极性。

三、企业工资立法滞后，工资支付监控制度不完善，侵害职工合法权益现象时有发生

在多年的改革进程中，为了培育市场主体，我们片面强调下放企业分配自主权，培育市场主体。而国家对企业工资立法没有跟上，有些法律政策过于陈旧，有些方面存在政策法律的空白或漏洞，致使企业在工资支付问题上仍要执行计划经济时期制定的一些政策。例如劳动报酬、工资标准

以及特殊情况下支付的工资，其含义及计算基数等概念含糊不清，难以适应形势发展变化的需要，致使企业在工资支付操作上无所适从，一旦违法也难以处理，导致职工依法取得劳动报酬的合法权益难以保障。

四、国家对企业工资分配的宏观调控体系不完善、监管体制不健全

除了工资分配的法律法规不完善外，主要是最低工资保障制度、工资指导线制度、劳动力市场工资价位制度、人工成本信息发布制度不完善，难以发挥保障、调节作用；对国有企业工资总额调控制度、国企经营者薪酬管理制度不完善，难以对国企职工工资进行合理、有效的调控；对资本、知识、技术、管理等生产要素按贡献参与分配问题，缺乏合理的界定，难以进行操作和监控，容易诱发分配不公或差距拉得过大等问题。目前一些企业为了吸引人才，给予较高的工资，而一般员工的工资普遍较低，差距过大，导致贫富差距拉大。

五、缺乏对企业工资分配进行有效指导、干预的手段

在改革进程中，我们在赋予企业工资分配自主权的同时，对各类企业工资分配的指导和监管无力。主要原因是体制改革不到位，缺乏指导监管的机构和足够的人员，手段上缺乏明确的法律依据和严格的执法队伍，指导上缺乏有效的信息沟通反馈机制等。

第六节 未来深化企业工资制度改革的展望

站在新的历史起点上，展望今后企业工资分配的前景，我们感到党的十八大、十九大报告已经描绘出未来工资分配制度改革的蓝图和做出的总体部署要求。笔者认为，在未来一段时间内，深化企业工资分配制度改革的任务十分艰巨。推进改革的总体思路是，以习近平新时代中国特色社会主义思想为指导，全面深化企业工资分配制度改革，进一步建立健全公平合理的企业基本工资分配制度，构建起适合市场经济发展需要的企业工资决定机制、正常增长机制、支付保障机制和宏观调控机制，加快扭转分配秩序混乱、分配差距扩大趋势，尽快形成效益与公平内在统一的、合理有

广东企业工资制度改革探索与创新

序的收入分配格局。改革的重点有以下五个方面。

一、进一步完善企业工资决定机制

这是当前和今后一个时期企业工资制度改革的主攻方向，也是建立和谐劳动关系的重要途径。要全面贯彻国务院印发的《关于改革国有企业工资决定机制的意见》，改革工资总额决定机制、完善工资与效益联动机制，分类确定工资效益联动指标。对其他各类企业和有条件的行业全面建立工资集体协商制度。要积极培育协商主体，加强对劳资双方开展工资集体协商的指导，严格按照法定程序、内容、方式开展工资集体协商，合理确定可分配的工资总量、标准、水平和方式等。对经协商确定拿出来分配的工资总额，应通过立法明确在税前列支，以解决协商结果的合法化和动力不足问题。县级以上政府要带头建立完善有劳、资、政三方以及社会权威人士参与的企业工资分配委员会，以加强对工资协商工作的指导和服务，以形成适应市场经济发展需要的企业工资分配民主协商决定机制。

二、依法指导企业加快建立完善适应现代市场经济发展需要的工资分配制度

首先，是要依据《中华人民共和国劳动合同法》和相关法律法规，指导企业依照法定程序制定、修改或决定有关劳动报酬的规章制度，规范工资列支渠道，规范分配行为；其次，要指导企业根据生产经营特点，选择适合企业自身发展需要的分配制度和分配方式，处理好公平与效益、按劳分配与生产要素按贡献参与分配的关系；最后，要引导企业处理好工资（含奖金、津贴、补贴）定级与正常升级，工资分配与保险福利的关系，全面建立起公平合理的内部分配制度。

三、进一步完善国企工资分配调控与监管制度

在市场经济条件下，国有企业具有特殊性。特别是具有垄断性、公共性的国有企业，往往会利用其特殊地位获得巨额投资，占有有利资源，获取巨额利润。因此，要继续采取各种有效办法，完善工效挂钩联动、经营者年薪制、工资内外收入检查、人工成本等工资制度，加强对

企业工资结构与水平的调节和监控。防止出现经营者工资水平过高、增长过快的情况，合理确定经营者工资与本企业员工平均工资的关系，规范分配行为。

四、进一步完善企业工资分配的宏观调控体系和监管保障机制

按照党的十八届三中全会《中共中央关于全面深化改革若干重大问题的决定》关于"提低、扩中、控高、打非"的要求，今后在完善企业工资分配宏观调控体系方面，总体上要着力抓好以下工作：一是完善最低工资保障制度，根据经济发展等情况，及时调整提高最低工资标准，着力提高低收入者收入水平；二是加强工资指导线建设，引导企业根据效益情况，合理增加工资，不断扩大中等收入队伍，提高劳动报酬占GDP的比重；三是建立与个人所得税相衔接的分配制度，适时合理调整提高个人所得税起征点，发挥税收的调节作用，控制过高收入；四是加强工资外收入的监督检查，清理和杜绝非法收入；五是完善工资支付保障制度，严格处理拖欠、克扣工资等违法行为，保障劳动者的合法收入。以上五个方面要形成有机的调控体系，以实现对企业工资分配有效调节和干预。特别是加强与改进政府对国有企业工资分配的宏观指导和调控，完善监督机制，促进分配公平，实现共同富裕。

五、加强工资立法，进一步完善工资调节手段，规范分配行为

各项工资分配制度的建立与完善，有赖于工资法律法规的明确界定与规范。因此，要从以下几个方面加快工资立法：一是制定企业工资法，完善最低工资保障制度和工资管理体制；二是制定工资集体协商条例，作为工资方面的专门立法，为开展工资集体协商提供实体程序依据；三是制定完善企业工资政策法规，明确正常与非正常情况下工资支付的标准、程序和方式，规定建立欠薪保障制度的条件和资金筹集渠道以及执法监察等内容，以保障劳动者依法取得劳动报酬的合法权益。

总之，收入分配制度改革，直接关系亿万人民群众的切身利益，是一项激发广大劳动者积极性、创造性，增强企业活力，推动经济发展，促进

社会和谐稳定的系统工程。我们必须以习近平新时代中国特色社会主义思想为指导，按照党的十八大以来的部署，进一步全面深化改革，加快形成合理有序的收入分配格局，促进实现共同富裕，使广大人民群众享受改革开放的成果。

【参阅资料】习仲勋同志关于改革开放的回忆

在1979年4月中央工作会议期间，我（注：习仲勋）和当时一起赴京参加会议的王全国同志，在小组会上多次讲了广东的情况和经济工作中存在的问题：农业发展缓慢的问题；电力、燃料、运输紧张的问题；市场供应紧张的问题；如何利用广东的有利条件为国家多创外汇的问题。在政治局听取各组召集人汇报时，我又直接向中央领导同志做了汇报。我说，我们省委讨论过，这次来开会，希望中央给点权，让广东能够充分利用自己的有利条件在四个现代化中先走一步。我还讲，如果广东是一个"独立的国家"（这当然是借用的话），可能几年就搞上去了……我这话，中央领导同志很重视。党中央对广东的工作极为关注和支持，批准了广东省委关于在改革经济管理体制方面让广东先走一步的要求，同意广东搞一个新的体制。在这次会议上，我知道邓小平同志对搞改革开放的决心很大，说这次"要杀出一条血路来"，充分表达了我们党搞中国式的社会主义现代化的坚强决心。这次中央工作会议之后，党中央便派谷牧同志率领一个强有力的工作组到广东来，进一步做细致的调查、研究、算账，并帮助省委起草一个文件报中央，不久中央正式批转了这个文件，这就是在当年七月下发的具有重要历史意义的中共中央、国务院关于批准广东、福建两省实行特殊政策、灵活措施的文件。

……

从此以后，广东根据中央的方针，实行特殊政策、灵活措施，创办经济特区，踏上光荣而又艰难的历程。

（摘自习仲勋：《改革开放在广东·序言》，见林若等著《改革开放在广东——先走一步的实践与思考》，广东高等教育出版社，1992年版）

【参阅资料】广东劳动工资特殊政策（1979年）

1979年7月，中央在批转广东、福建两省关于对外经济活动实行特殊政策和灵活措施的报告中，批准广东在劳动工资方面实行如下特殊政策：一是允许广东在劳动工资计划管理体制上实行特殊政策，灵活措施，有权根据实际情况，自行安排劳动力，不受国家计划指标限制。二是在国家统一工资标准和调整幅度范围内，具体调整工资的办法，由广东自定。奖金的提成比例，可略高于全国水平。特区的工资，可高于全国和广东的平均水平。三是允许广东逐步改变低工资、多补贴办法。企业工资可以分为基本工资和浮动工资两部分。

（见《中共中央、国务院批转广东省委、福建省委关于对外经济活动实行特殊政策和灵活措施的两个报告》中发〔1979〕50号）

第二章 率先改革劳动工资计划管理体制

【内容提要】长期以来,传统的劳动工资计划体制通过下达指令性职工人数、工资总额计划的办法,从宏观直接管到微观,事无巨细,包揽一切,集中过多,管得过死,致使计划与生产实际严重脱节,阻碍了经济的发展。改革开放伊始,广东认真贯彻中央关于改革、开放、搞活的方针,把改革高度集中的劳动工资计划管理体制作为企业工资制度改革的突破口,进行了大胆的改革,冲破了传统体制的障碍,向企业下放劳动用工、工资分配自主权,有力地促进了生产力的发展。特别是党的十二届三中全会《中共中央关于经济体制改革的决定》突破了社会主义经济是计划经济的传统观念,确立了社会主义经济是有计划商品经济的理念后,广东按照《决定》精神和国务院发布的《关于国营企业工资改革问题的通知》,从 1985 年起率先结合国营企业实行承包经营责任制和第二次利改税,推行企业工资总额与经济效益挂钩按比例浮动的办法,与机关事业单位脱钩,实行工资分级分类管理体制;1988 年中央要求广东继续先行一步,全面推进综合改革和扩大开放、尽快使商品经济体制占据主导地位。据此,广东下决心按照发展商品经济的要求,率先取消指令性劳动工资计划,引入市场机制,围绕放权搞活、建立健全市场机制这个中心,坚持综合配套,分类指导,力争在五年内率先建立起市场型劳动工资管理体制基本框架。改革开放每深入一步,劳动领域各项制度改革也就深化一步,工资逐步成为调节劳动力市场供求的一个重要信号。本章集中反映了当时率先推进劳动工资综合改革的进展情况,总结了改革开放初期广东劳动工资制度改革的经验,提出了下一步深化改革的对策建议。今天读来,仍深受启发。

第一节 传统的劳动工资管理体制非改不可

我国现行的劳动工资制度是 20 世纪 50 年代中期逐步建立和发展起来的。新中国成立初期,为了安定社会,发展生产,巩固新生政权,我们对国民党旧军政人员和官僚资本主义企业的职工,采取了"包下来"的政策,并限制企业解雇职工,对旧社会遗留下来的 400 万失业人员和城镇新成长劳动力的就业问题，基本上采取了政府帮助就业的政策，对大专毕业生和部队复员退伍军人采取了由国家统包统配办法，以致后来，发展到城镇中需要就业的人员也基本上由国家包下来，安置到全民所有制单位，实行固定工制度。这就逐步形成了以统包统配和固定工制度为主要特征的劳动制度。国家对城镇劳动力的就业实行统包统配政策，用行政办法把劳动者统一分配到企业，以固定工形式使劳动者和企业保持终身固定的劳动关系。对此人们形象地称为"铁饭碗"。

与劳动制度密切联系的工资保险制度，也是20世纪50年代逐步建立和发展起来的。新中国成立初期，各地的工资制度比较繁杂，很不统一。1956年基本完成对生产资料所有制的改造后，我国建立了全国统一的工资制度，机关、事业单位实行等级工资制，企业实行八级（或七级）工资制。此后近30年中，我国经济建设等各方面都发生了很大变化，但工资制度没有得到及时调整和改革，又没有正常的升级制度，职工的工资关系越来越不合理。特别是在"左"的指导思想影响下，一直实行"低工资、多就业"政策，忽视工资作为经济杠杆的作用，影响了按劳分配原则的贯彻，造成严重的平均主义，职工干多干少一个样，干好干坏一个样，对此，人们形象地称为"大锅饭"。

劳动制度上的"铁饭碗"与工资分配上的"大锅饭"结合在一起，加上劳动工资大权集中在中央的高度集中统一的劳动工资计划管理体制，使劳动工资制度日趋僵化，脱离实际，不能适应国民经济和社会发展的需要。特别是党的十一届三中全会提出把工作的着重点转到社会主义现代化建设上来，相应制定了一系列改革、开放，搞活经济的方针后，劳动工资制度的弊端日益明显。主要表现在劳动工资计划脱离实际，工资分配严重背离按劳分配原则，劳动制度日益僵化，企业和劳动者没有相互选择的自主权，严重压抑了劳动者的生产劳动积极性，阻碍了生产力的发展。具体说来，它的弊病主要表现在以下五个方面。

（1）劳动工资计划管理过于集中，管得过死，脱离实际的弊端。长期片面强调"劳动工资大权集中于中央"，事无巨细，大到基本方针、政策的制定，小到全民所有制单位增加一名职工，增加一点工资，统统都要上边说了算，都要纳入国家下达的指令性计划之内，地方、部门和企业基本上没有什么劳动工资计划决策权。管得过死，表现在计划方法上片面强调指令性计划，靠指令性计划对职工人数进行硬性规定，忽视指导性计划，地方、部门和企业没有自主权，手段上单纯依靠行政命令，片面强调"计划就是法律",忽视价值规律和市场调节的作用,即使生产超计划完成,经济效益好也无权按照生产发展的实际需要,而适当多增加职工人数和工资。因此,管得过死,造成职工人数和工资计划在很大程度上与生产发展脱节,计划工作脱离实际,呆板僵化,不能充分调动地方、部门和企事业单位合理节约用人的积极性,也不能充分调动职工的生产劳动积极性。1980年,广东省计划外用工人数达几十万人之多,这就是计划与生产实际脱节的反映。

（2）劳动就业的主要弊端是所有城镇劳动力统由国家包揽、分配就业,即所谓"统包统配",排斥市场调节。这就带来了如下严重后果：一是劳动就业的门路越来越窄,基本上只剩下往国有企事业单位和带有国有性质的"集体"企业安置的路子,一方面,造成许多企业人浮于事,劳动生产率很低,而与人民生活息息相关的许多服务行业和一部分消费品生产行业,人员不足,甚至没有人干。另一方面,采取了限制集体,打击、取缔个体,城镇集体企业急于向单一的全民所有制过渡,既阻碍了经济建设的发展,又堵塞了劳动就业的多种门路,致使就业压力增大。至1979年,广东知青回城就业压力大,有城镇待业人员近百万人,待业率高达6.9%。二是长期以来实行统包统配政策,使劳动者滋长了依赖国家安置就业的观念,逐渐失去了积极进取,自谋职业,艰苦奋斗的传统美德。

（3）企业用工方面实行以固定工为主的制度,其主要弊端是人员能进不能出,一次分配定终身,企业和劳动者没有相互选择的自主权。具体表现在：①人员能进不能出,企业缺少选择职工的自主权。企业不能根据生产发展变化情况选择用人和增减劳动力,需要的人进不来,不需要的人不能调出,多余的人员还要"包"下来,使企业人浮于事,难以根据生产发展需要,合理调节劳动力结构,改善劳动组织,加强劳动纪律,因而严重妨碍企业劳动生产率和经济效益的提高。②个人缺少选择职业和工作岗位的应有权利。人们一旦进入一个企业或单位,就被当作"革命的螺丝钉",长期固定下来,成为一种事实上的"终身制。"即使安排不当,用非所学、用非所长,也难以调动或变换工作（工种）,因而常常出现个人的聪明才智不能得到很好发挥的现象,埋没了大批有用之才,严重压抑了广大劳动者的积极性、主动性、创造性。③由于长期实行固定工制度,使人们误认为固定工制度是社会主义优越性的体现,不少人只要一进入企业,就算端上"铁饭碗",可以心安理得地依靠国家和企业吃"大锅饭"。固定工不论干与不干,干好干坏都照拿工资,即使无工作可做时,用工单位也不能辞退。

这就助长了一些人不求进取，不认真学习文化科学知识和钻研生产技术的风气，影响了职工队伍素质的提高，致使企业不能适应当今世界日新月异的技术进步的需要。④由于职工能进不能出，一些有毒有害或劳动特别繁重的企业、工种，劳动力不能及时更新，一方面造成职工体质下降，职业病增多，另一方面职工队伍老化，退休职工增多，包袱沉重，如我省的供销社、水运、搬运等行业的情况就是如此，企业逐渐失去了活力。

（4）企业工资分配制度方面，由于长期受产品经济观念的束缚。20世纪50年代中期建立起来的工资制度，在当时虽然起过积极的作用，但是，经过近30年的发展变化，旧的工资制度却沿用至今，很少调整，因而存在着不少问题。这些问题集中突出地表现为四个字——平、低、乱、死。

首先，最大的弊端是平均主义。不论是国有企业之间还是企业内部职工之间，都存在着严重的平均主义，工资分配与职工工作责任、职务（岗位）、技能，贡献严重脱节，不能体现职工之间劳动繁简、责任轻重、技术高低、贡献大小的差别。特别是在高度集中统一的工资管理体制下，许多本来可以由企业通过微观调节手段解决的问题，由于全国统一定政策、"划杠子"，标准工资连同定级、升级办法联系在一起，演变为一套僵化的形式——学徒期满（转正定级），无论实际工作水平、劳动技能高低，都定为二级工，几十年一贯制，很少调整，结果出现两种畸形现象：一是"几代同堂"，师傅是二级工，带出的徒弟是二级工，再带出的徒孙还是二级工；二是"论资排辈"，靠熬年头升级，不论干多干少，干好干坏，干和不干，都一个样，靠按年头升工资。这种违背按劳分配原则的平均主义，极大地挫伤了广大职工的生产劳动积极性。

其次，是低，即工资水平低。长期以来由于受极"左"思潮影响，我国没有把工资分配作为一种生产性投入因素来考察，而只是当作单纯福利性支出，因而没有处理好积累与消费，发展生产与改善生活的关系，没有建立起正常的升级或增长工资的制度，使得"保证职工工资同生产发展有计划按比例增长"的许诺实际上成了一句空话。据统计，1953—1977年的25年间，全国全民所有制单位职工平均货币工资增长了35%，平均每年只增长1.4%，扣除物价因素，实际平均工资年递增率仅为0.3%，1977年全国职工年平均工资额为602元，这个水平，比"文革"前的1965年还低50元。广东的情况也是如此。

再次，是乱，主要是工资标准繁多杂乱。据统计，从1956年到1967年前，全国统一制定及中央受权地方制订的工资标准达300余种，加上每种标准中都有各不相同的地区系数关系，使整个工资关系十分复杂。特别是1967年，国家规定："调动工作后改变工种或改变工资制度的职工，不再评定等级"，"其工资一律暂不变动"。这项规定一直沿用下来，导致企业单位内部各种工资标准相互交叉和包容，给管理工作带来很大困难，使整个工资体系处于谁都说不清楚的混乱状态。最突出的是，企业内部工资关系无法理顺，职工同工不同酬，有些职工干一样的工作，只因为是从重工业调来的，工资就比其他人高；有的只因是从北方来的，工资就比南方的低。这种情况，企业也没有调整理顺的权力。

最后，是死，即工资管理体制上集中过多，管得过死。我国地域辽阔，人口众多。长期以来，国家通过制定全国统一的工资标准，直接规定每个职工的工资，调资升级由国家统一安排。比如何时升级，增加多少工资，甚至奖金多少，津贴多少，都是中央统一规定。不管企业经营好坏，职工贡献大小，要么长期不动，要么大家"齐步走"，不但企业没有任何分配自主权，各级政府也没有工资分配权，对工资分配中存在的一些局部性、微观性问题，不能及时采取积极有效的办法去解决，只能逐级向上反映。由于许多问题不具有普遍性，中央不便于采取全国统一措施，导致矛盾积压，压抑了职工的劳动热情。这种高度集中的管理体制，使整个工资分配长久地陷入僵化、呆板的平均主义格局之中，工资的杠杆作用不能充分发挥出来。

(5) 社会劳动保险方面的弊端也甚多。我国的社会劳动保险制度，是新中国成立后最早实行的一项重要制度。早在1951年，国务院就颁布了《中华人民共和国劳动保险条例》，1953年又加以修改。《劳动保险条例》规定，企业职工各项社会保险待遇费用，全部由企业负担，其中一部分由企业直接支付，另一部分由企业按工资总额的一定比例缴纳社会保险金，交工会组织管理。这一制度在"文革"中受到了很大冲击，有些企业因生产受到破坏，资金不足，无力缴纳保险金，有的受无政府主义思潮影响，不缴纳保险金，加上保险专管机构被撤销，保险金的统一征集、管理、开支制度无法继续执行。1969年2月，财政部发出《关于国营企业财务工作中几项制度的改革意见（草案）》，规定："国营企业一律停止提取劳动保险金"，"企业的退休职工、长期病号工资和其他劳保开支，改在营业外列支"。这一改变，使社会保险失去了它原来的统筹调剂功能，社会保险变成了"企业保险"。这一制度延续了整整10年，结果由于各项保险金由企业单独支付，退休人数多的老企业，费用开支很大，负担沉重；而新建、扩建企业一般新工人多，开支少，造成企业负担畸轻畸重；一些经营不好或亏损的企业，各项保险待遇的开支，入不敷出，包袱甚重。概括起来，其主要弊病有：一是社会化程度低。劳动保险没有基金制度，现支现用，由企业单独负担，没有平衡调剂，不仅造成企业负担畸轻畸重，不利于发展生产和平等竞争，而且造成部分职工生活无法保障，同时影响社会稳定。二是办法单一，不能适应发展多种经济成分的需要。企业独自负担的保险，只是在国有企业和县以上集体企业固定职工中实行，城镇各类集体企业、私营企业、"三资"企业以及个体户均不适用，也不实行。这种状况，既不适应进一步发展多种经济成分的需要，也不适应推行多种用工形式的要求。三是有些规定不合理，与国家的财力和企业负担能力不相适应。例如，公费医疗保险，个人看病不花钱，加上管理不善，造成极大浪费；职工因工伤亡待遇偏低，养老待遇长期不变，不利于保障生活。四是资金来源渠道单一，企业办保险的结果是，企业独自负担保险费用，国家不出钱，劳动者个人也不缴费，企业负担过重。据统计，全国全民单位开支的保险福利费用总额从1952年的9.52亿元上升到1985年的266.80亿元，相当于工资总额的比例由14.0%上升到25.1%，（其中广东1985年开支16.96亿元，相当工资总额的24.1%）保险福利费用基本上由企业负担，无形中挤占了生产资金，使生产力受到束缚。

综上所述，我们明确地认识到，上述弊端的存在，压抑了广大职工的积极性，限制了企业的活力，严重阻碍了生产力的发展。它与发展社会主义商品经济的要求不相适应，已经到了非改革不可的地步，因此，改革势在必行。

首先，改革劳动工资保险制度是实行对外开放、对内搞活经济的迫切需要。党的十一届三中全会后，中央批准广东实行"特殊政策和灵活措施"，要求广东在改革开放中先走一步，为全国探路。要对外开放，对内搞活经济，就必须改革劳动工资制度，打破"铁饭碗""大锅饭"，做到能进能出、择优录用，多劳多得、不劳不得，在国家计划指导下灵活调节劳动力，促进人才的成长和合理使用。否则，就无法适应对外开放，吸引外资兴办"三资"企业的需要，也无法打破旧框框，促进劳动力的合理流动，适应现代社会化大生产的需要。

其次，改革劳动工资制度是增强企业活力，发展社会主义商品经济的客观要求。发展社会主义商品经济，要求企业成为相对独立的商品生产者和经营者，具有相应的招工、用工和分配自主权。但是上述弊端的存在，剥夺了企业的上述权利，使企业无法根据生产实际需要和工作特点采取适当的用工形式和工资分配形式，无法根据生产经营状况和劳动力供求关系确定本企业的工资水平，从而逐渐失去了应有的活力，无法适应瞬息万变的商品经济活动的需要。

最后，改革劳动工资制度是发挥广大职工积极性和聪明才智的重要保证。马克思主义的原理告诉我们，劳动者是生产力诸要素中最重要、最活跃的因素。在社会主义的经济条件下，要使劳动者的积极性和聪明才智得到充分发挥，就必须保障劳动者的合理权益，尊重劳动者的主人翁地位。但是传统体制下的劳动工资制度，使劳动者失去了在一定条件下选择职业的权利，分配不能体现按劳分配的原则，这种状况，压抑了广大职工的劳动积极性。因此必须彻底进行改革。

（注：本文是1991年笔者为广东改革开放研究丛书《广东改革开放评说》一书所写的部分文稿，收录时有删改。）

第二节 广东企业工资制度改革的探索实践

党的十一届三中全会拉开了全国经济体制改革的序幕，广东在劳动工作中，认真贯彻中央改革开放方针，充分运用中央给予的特殊政策、灵活措施，按照发展有计划商品经济的要求，进行了一系列的改革。回顾12年走过的历程，可以概括地说，广东企业劳动工资制度改革的特点是起步早、方向对、进展快、效果好。即改革起步比国家统一部署的时间要早些，发展的广度和深度比其他省份要大些和深刻些，效果也比较明显。目前，高度集中统一的劳动工资管理体制已经打破，具有中国特色的、充满生机和活力的新型劳动工资制度和管理机制正在逐步生成。

一、劳动工资制度改革被提到省委和省政府的重要议事日程

在高度集中统一的产品经济条件下，劳动工资工作只是按照国家统一制订的计划和政策去执行，没有机动处置权和决策权，劳动行政部门的职能没有得到充分的发挥。1981年召开的党的十一届六中全会上，中央指出，在社会主义改造基本完成以后，中国所要解决的主要矛盾，是人民日益增长的物质文化需要同落后的社会生产之间的矛盾，因此，必须以经济建设

第二章 率先改革劳动工资计划管理体制

为中心,大力发展社会生产力。劳动工资工作的主要对象是劳动者,而劳动者是生产力诸要素中最主要、最活跃的因素。劳动工资工作状况如何,与生产力发展有密切的关系。正因为如此,在新的历史时期党中央和国务院对劳动工资工作予以高度重视,并提到重要议事日程。在中央召开的十一届三中全会、五届人大五次会议、六届人大一次会议等多次会议上,中央都反复强调要"逐步改革劳动人事制度,做到能进能出,能上能下,择优录用,选贤任能,在国家计划指导下灵活调节劳动力,促进人才的成长和合理使用"。"要打破'大锅饭''铁饭碗'那一套旧框框,真正实行多劳多得,少劳少得,不劳不得"。逐步建立适应社会主义商品经济发展需要的劳动工资制度。"其意义不下于对私营工商业的改造"。"没这种改革,实现'四化'就很难有希望"。

为了对改革实行具体的指导,党中央、国务院批准广东在劳动工资制度改革方面,可以实行如下特殊政策和灵活措施。

(1) 允许广东省在劳动工资计划管理体制上实行特殊政策,灵活措施。广东有权根据实际情况,自行安排劳动力,不受国家劳动指标限制,以适应对外开放引进外资和简政放权的需要。

(2) 在国家统一工资标准和调整幅度范围内,具体调整工资的办法由省自定。奖金的提成比例,可略高于全国水平,给地方以灵活性。这个政策是中央1979年7月批转广东、福建两省关于对外经济活动实行特殊政策和灵活措施的报告中规定的。

(3) 特区的工资,可高于全国和广东的平均水平。

(4) 1981年中央提出,广东要进行劳动工资制度改革,特区职工一律实行合同制,企业有权自行招聘、试用、解雇,但不要大批开除工人。逐步改变低工资、多补贴的办法。深圳、珠海两市的工资区类提高到十类。企业工资可以分为基本工资和浮动工资两部分。

(5) 特区要统筹建立职工年老退休和社会保险制度。

(6) 下大功夫搞好职工培训,训练人才,以适应对外开放、引进先进技术设备的需要。

(7) 赋予企业用人自立权。对于表现特别好的,厂长可以提拔使用;违反劳动纪律的,厂长有权辞退或开除。

1988年,《国务院关于广东省深化改革扩大开放加快经济发展请示的批复》中,要求广东在劳动工资方面,也要进行综合改革试验,在改革、开放中继续先走一步。总的原则是劳动、工资制度改革,要着眼于克服平均主义的弊端，打破"铁饭碗"，建立有利于发展社会主义商品经济，有利于提高劳动效率，有利于社会安定的新制度。具体要求是：

（1）劳动制度改革。职工人员计划，允许广东根据经济发展和国家有关政策规定自行调整，上报备案。广东省内要开放劳务市场，在所有企业职工中实行劳动（聘用）合同制，把竞争机制引入企业管理，把用人权交给企业经营者，把择业权交给劳动者，并制定职工合理流动等相应的法规、政策，使新的企业劳动制度建立和完善起来。

（2）工资制度改革。国家对广东工资总额的增长，采取与全省经济增长综合指标挂钩浮动的办法进行总的控制。省内采取分级管理，分层调控。各企业职工工资总额（包括各种津贴、补贴、奖金）与经济效益挂钩，在职工平均工资增长不超过劳动生产率和上缴税利增长的前提下，由企业自主分配。机关、事业单位人员工资，允许广东在现行工资制度的基础上，根据经济发展、企业工资水平及物价变动相应调整，并有权调整省内工资标准。

（3）建立和完善社会保障体系。在所有职工中尽快建立和完善待业、养老、医疗、工伤等社会保险制度。各项保险费用的提取和支付标准，按以支定收、略有结余的原则由省确定。广东各级政府可开辟新的财源，设立职工困难补助基金，对生活收入低于水平线的公职人员、企业职工和离退休人员进行困难补助，以保持社会安定。

12年来，广东遵循中央的上述指示精神，对劳动、工资、保险制度及其管理体制进行了积极、稳妥的改革探索。

二、改革的基本历程

劳动工资制度改革是一项复杂的社会系统工程。12年来，广东劳动工资制度改革由浅到深，循序渐进，逐步从企业外部深入企业内部，由单项改革到综合配套改革。其历程大体可分为三个阶段。

第一阶段，1979年至1984年。在这个阶段，广东劳动工资制度改革先走一步，改革首先从就业制度开始，即改革就业方面的统包统配制度，改革的侧重点在企业外部。同时，进行了企业用工制度改革试点，在深圳、珠海等经济特区以及清远推行劳动合同制。此外，还积极进行劳动保险制度改革试验，在企业恢复奖金制度和计件工资制度。

第二阶段，从1984年至1988年。改革开始深入企业内部，并向全面综合配套改革两个方面发展。主要是改革企业招工、用工制度，从社会上新招工人全面实行劳动合同制，并探索搞活原有固定工制度的新路子；改革劳动保险制度，在对劳动合同制工人实行社会保险的基础上，探索建立全民单位固定职工劳动保险社会统筹制度，以及待业、工伤保险制度，并把统筹范围逐步扩大到其他各类企业；改革工资分配制度，主要是推进企业工资总额同经济效益挂钩办法，理顺国家与企业的工资分配关系，同时下放企业工资分配自主权，搞活企业内部分配。

在全面开展上述"三大制度"改革基础上，探索改革劳动工资管理体制，取消指令性劳动工资计划，开放劳务市场，培育和发展劳务市场机制。在这个阶段的改革中，广东在综合配套改革方面比国家统一部署的时间要早些，比兄弟省份跨出的步子要大一些。

第三阶段，从1989年开始至今（注：指1991年）尚未结束。这个阶段主要是贯彻党的十三届三中全会关于治理整顿和深化改革的方针，着重针对前一阶段经济过热情况下劳动领域出现的突出问题，进行整顿和改革，巩固和完善已出台的各项改革措施，改善和加强劳动领域的宏观间接调控能力。控制工资总额的过快增长，加强城乡劳动力的统筹管理，发展前期改革成果。

三、改革的具体做法和探索实践

12年来，广东按照中央给予的特殊政策和灵活措施、在改革开放中"先走一步"，"进行综合改革试验"的要求，在劳动领域对劳动就业、企业用工、工资分配、劳动保险等方面进行了一系列的改革探索。改革主要从以下五个方面展开。

（一）改革劳动就业制度，培育和发展劳务市场，促进劳动力资源的合理配置

由于"文化大革命"和"四人帮"的破坏，国民经济濒临崩溃边缘。广东和全国一样，就业矛盾十分突出，至1979年，"文革"中上山下乡的知识青年大批回城要求安置工作，加上当年城镇新成长的劳动力，广东有近百万待业人员（含海南）需要安置，待业率达6.9%（全国为5.1%）。成为当时影响社会安定的严重问题。面对上述问题，1983年，党中央召开了全国劳动就业会议，并发出了《进一步做好城镇劳动就业工作》的文件，

1981年10月，中共中央、国务院又作出了《关于广开门路、搞活经济，解决城镇就业问题的若干决定》，全面地制定了改革就业制度、实行"三结合"就业方针。其后，国务院还对城镇非农业个体经济、城镇集体经济、开办劳务市场、加强城乡劳动力统筹管理等作出了若干政策规定。根据中央关于就业工作的部署要求，广东于1980年9月召开了全省劳动就业工作会议，省政府印发了会议纪要，政府对扶持发展集体、个体经济，做好知青安置工作，以及开放劳务市场，加强城乡劳动力统筹安排等有关方面的问题，做出了具体规定，推动了就业制度改革的顺利发展。回顾12年走过的历程，广东在改革就业制度方面有两个侧重点，一方面是结合调整产业结构和所有制结构，贯彻"三结合"就业方针（即中央提出的在国家统筹规划和指导下，实行劳动部门介绍就业，自愿组织起来就业和自谋职业相结合的方针），多方面开辟就业门路，解决就业问题；另一方面是着眼于培育和发展劳务市场，逐步运用市场调节机制实现就业机制的转换，促进劳动力资源的合理配置。

12年来，广东就业制度改革围绕上述两个侧重点，主要做了以下工作。

一是改革国家统包就业的制度，实行"三结合"就业方针。1979年以来，广东结合实行中央给予的"特殊政策，灵活措施"。大胆解放思想，放宽政策，依靠群众大力发展自负盈亏的集体经济和适当发展个体经济。特别是根据广东的特点，大力发展轻纺工业、手工业、商业、服务业（包括为适应旅游业发展所需要的各种服务业）。建筑业、运输业和对外来料加工装配，补偿贸易，以及举办集体所有制的农村牧渔场（厂）和农工商联合企业，大力提倡、鼓励和支持待业人员自愿组合、自筹资金、自寻场所、自找门路举办各类集体、联营企业，鼓励从事个体经营活动，以满足人民生活各方面的需要，扩大就业门路，从而把过去由主要靠全民单位安置就业的单一渠道，转变为全民、集体和个体多渠道就业。这不仅较好地解决了"文革"遗留下来的百万城镇待业人员问题，也初步创出了一条有中国特色的就业新路子。据统计，1979—1990年全省共安置城镇待业人员500多万人（"六五"期间城镇安排就业249万人，"七五"期间共安排250多万人）就业，其中到集体和个体经济就业的约占2/3。每百人中1985年有56.64人就业，1990年上升为57.34，就业面在"六五"时期扩大的基础，"七五"期间又扩大了1.2%，成为新中国成立以来就业形势最好的时期。

二是适应调整产业结构需要，大力调整就业结构。为适应广东对外开放，发展劳动密集型产业和第三产业的需要，广东省在改革中主动调整就业结构,由过去主要依靠工业部门,特别是重工业部门吸收就业,转变为主要依靠发展第三产业和消费品工业来扩大就业,使广东的就业结构发生了明显变化。党的十一届三中全会前,广东第三产业发展缓慢,从1952年到1978年,第三产业的就业人数占社会劳动者总数的比重由9.1%上升到10.9%,仅增加了1.8个百分点,党的十一届三中全会后,第三产业就业人数所占的比重由1979年的11.5%上升到1990年的21.5%,增长了10个百分点。从所有制结构看,在全部城镇社会劳动者数中,全民单位职工所占的比重从1978年的73.96%下降到1990年的67.2%,城镇集体单位职工由25.5%上升到26.45%;其他所有制职工(含城镇个体劳动者)由0.5%上升到6.3%,就业结构趋于合理。

三是创办劳动服务公司,统筹指导就业。1979年,在解决城镇就业问题中出现了一些由待业青年自愿组合,自筹资金举办的集体企业——劳动服务公司这一社会劳动组织形式。它一开始就在实践中显示具有介绍就业、输送临时工、组织生产自救和服务,进行就业前培训等方面的积极作用,受到党中央的肯定。1980年党中央在转发全国劳动就业会议文件中提出,建立劳动服务公司很有必要。广东从1979年开始建立劳动服务公司。1980年10月广东省政府印发全省劳动就业工作会议纪要,明确提出"要有步骤地在大中城市和就业任务较重的县,以及有条件的大厂矿企业建立劳动服务公司"。"市、县的劳动服务公司,由市、县劳动局直接领导,可以是就业单位,也可以是企业单位"。其主要任务是,负责统筹指导就业,开展职业介绍,组织待业人员进行就业前培训和举办经济事业,调节社会劳动力。至1984年年底,广东省各级各类〔各级劳动部门及乡镇(区)街道、部分国营企业、机关团体等〕劳动服务公司发展到1400多所,初步形成了一个较为完善的就业管理服务体系,此后仍持续发展。各级劳动服务企业4680个,直接安排待业人员就业27万多人。1986年国务院颁布《国营企业职工待业保险暂行规定》后,劳动服务公司增加了管理、救济待业职工的职能。各级劳动部门所属服务公司,建立了待业保险基金制度。在治理整顿中,由于市场疲软,停工停产企业增多,待业保险制度发挥了积极的社会保障作用,促进了企业经营机制的改善和社会的稳定。

四是改革招工制度,实行面向社会,"全面考核,择优录用"。在"文革"期间,招工制度遭到严重破坏。一方面是统包统配,另一方面是实行子女顶替办法,使用工单位招不到适用的人员,劳动者找不到适合的工作,招工质量不保证,影响了职工队伍的素质。党的十一届三中全会后,为了适应改革放权，搞活企业的需要。广东按照中央的要求，结合下放企业招工用工自主权，开始有步骤地对旧的招工办法进行改革。早在1980年省政府印发的全省就业工作会议纪要中，明确提出，在招工工作中要贯彻邓小平同志倡导的"全面考核，择优录用"办法。深圳、珠海经济特区和一些市、县举办的"三资"企业招工开始实行"面向社会，公开招收，择优录用办法"，但是，由于改革刚刚起步，加上大批上山下乡知识青年回城镇顶替工作，因而没有取消子女顶替、内招的办法。1983年9月，为了适应搞活经济的需要，国务院发出《关于认真整顿招收退休退职职工子女工作的通知》，缩小了子女顶替的范围，严格了招收退休退职职工子女的条件。广东省政府在转发上述文件时强调：对因病提前退休的工人或不具备退休条件而退职的工人，不再实行子女顶替办法，对正常退休的工人，可按《通知》规定的条件招收其一名子女参加工作，但必须严格按照招工条件，全面考核合格方准录用，并实劳动合同制。1986年，随着劳动制度改革的不断深入，国务院颁布了《国营企业招用工人暂行规定》，进一步明确规定招工要实行"面向社会，公开招收，全面考核，择优录用"，全面废止子女顶替和内招办法。同年，省政府制定了国营企业招用工人实施细则，规定企业招用工人，应当制定招工简章，内容包括招工数量、工种对象、条件、地点、报名时间、考核办法等，并经当地劳动部门审查同意后向社会公布。招工制度改革，改变了长期以来由劳动部门"拉郎配"的行政管理办法，沟通了用工单位与劳动者的直接联系，为培育劳务市场准备了条件。

五是建立职业培训基地，加强就业前培训。新中国成立后，我国的技术工人除了一少部分通过技工学校培养外，大部分是以师带徒的方式培养的，这种方式在历史上起到一定作用，但是远远不能满足经济发展的需要。随着改革开放的不断发展，特别是引进外资和先进的技术设备后，这种状况与经济发展不相适应。为了适应经济发展的要求，劳动部门在当地政府和各有关部门的帮助下，探索建立自己的培训网络。广东各级劳动部门在创办劳动服务公司的同时，也在服务公司内部着手筹建职业技术培训中心，负责对待业青年以及由就业转待业的人员进行就业前训练。如广州、江门等市于1985年前后制定了组织就业训练的暂行办法，进一步完善就业培训工作管理制度。至1990年，全省劳动系统共创办就业培训中心120所，年就业前培训达21万人。当年就业人数中经过培训的人员所占的比重达65％，高于全国平均水平，大大提高了劳动者的择业能力。

六是培育和发展劳务市场，运用市场机制调节劳动力。早在1980年中央允许广东根据实际情况，自行安排劳动力，不受国家劳动指标限制。从那时起广东劳务市场在经济特区悄然崛起。随着改革开放和有计划商品经济的日益发展，企业自主选择劳动力、劳动者自主择业的要求越来越强烈。劳动部门改变过去行政调配和硬性摊派的做法，采取由所属服务公司根据用人单位的需求，采取牵线搭桥、沟通信息的做法，为介绍待业人员就业，为特区和"三资"企业输出劳务服务，这就使劳动市场初具雏形。1985年9月，国务院领导人指出，各地应当积极开办有领导的劳务市场，积累经验，不断完善，使之制度化、法制化。此后，党中央进一步明确提出社会主义的市场体系，不仅包括消费品和生产资料等商品市场，还包括劳务等生产要素市场。这就为培养和发展劳务市场指明了方向。1987年前后，广东各大中城市劳务市场陆续涌现，同年9月，佛山市政府率先颁布了劳务市场管理试行办法，1988年7月广东省政府颁布了《广东省劳务市场管理规定》，把全省范围内所有国家机关、企事业单位、社会团体、个体工商户以及城镇居民招聘城乡各类劳动者，都纳入劳务市场管理轨道。按照平等协商、相互选择的原则进行。用工单位和劳动者可通过招工、求职广告自行招聘或就业，也可请求劳务中介机构为其进行中介服务。省府明确规定，除劳动行政部门所属劳动服务公司从事劳务介绍活动外，企事业单位、社会团体和私人也可开办劳务介绍机构，在劳动部门统一管理下，从事劳务介绍活动。其后，广东省政府还批准印发了《广东省社会劳务介绍机构管理办法》《整顿劳务市场秩序加强劳动力管理的意见》等规章，促进了我省劳务市场的健康发展。至1990年年底，全省基本形成了以劳动部门劳务介绍机构为主体，以社会劳务介绍机构为补充的有领导、多层次的劳务市场体系。各大中城市普遍举办了大型劳务交流集市。

从全省来看，经济特区和珠江三角洲地区劳务市场最为活跃。深圳经济特区除了各级劳动部门建立的职业介绍机构外，还有50多个外地驻深劳务介绍机构，深圳市聘用的80多万外来劳动力，基本上是由劳务介绍机构介绍来的。进入珠江三角洲的外来劳动力约300万人，大部分也是受劳务市场所调节的。地处珠江三角洲腹地的广州市，劳务市场发育更趋于成熟，广州市各县（区）都设立了常设的职业介绍机构，采取集中与分散、长期与临时相结合等多种办法开展劳务交流活动。1990年5月，广州市劳动服务公司在中山图书馆举办了大型劳务交流集市，为期3天，共有82个单位前往设点招工，其中，有80%是橡胶、化工、纺织、冶金行业的招工难单位。计划共招工4000人，每天进场参观和择业者达上万人次。开放劳务市场，引导企业和劳动者进行双向选择，较好地促进了就业机制的转换。

（二）改革企业用工制度，全面实行劳动合同制

1980年以来，党中央、国务院对改革劳动制度作出了一系列重要指示，为改革用工制度指明了方向。1980年8月中共中央《关于转发全国劳动就业会议文件的通知》中指出："在劳动制度上，所有城镇劳动力统由国家包揽即所谓'统包统配'，劳动就业的出路越搞越窄，基本上只剩下了往国营企、事业和带有国营性质的'集体'企业安置的路子，面进了国营单位就等于有了'铁饭碗'。要从根本上扭转这种状况，必须对我国经济体制包括劳动体制之进行全面改革……"1981年10月中共中央、国务院《关于广门路，搞活经济，解决城镇就业问题的若干决定》中进一步指出，"目前国营企业的一大弊就是'大锅饭''铁饭碗'"，"必须逐步改革国营企业的经济体制和劳动制度"，"实行合同工、临时工、固定工等多种形式的用工制度，逐步做到人员能进能出"。1986年7月国务院发布关于改革劳动制度四个规定的通知，推动了劳动制度改革的发展。

为了适应对外开放，对内搞活和发展有计划商品经济的需要，我省从1980年起就大胆改革用工制度，推行劳动合同制，12年来，改革大体经历了试点探索、全面铺开和深化配套三个阶段。1980年开始在深圳、珠海经济特区试行劳动合同制，1982年下半年把试点范围扩大到内地的清远县，1983年年初在总结试点经验基础上，我省在深圳召开了全省劳动工作会议，省政府批转了会议纪要，决定在全省全民和县以上集体所有制单位从社会上新招工人，一律实行劳动合同制。至此，这项改革在全省全面铺开，1986年国务院发布改革劳动制度四个规定（注：四个规定为《国营企业实行劳动合同制暂行规定》《国营企业招用工人暂行规定》《国营企业辞退违纪职工暂行规定》和《国营企业职工待业保险暂行规定》）后，我省劳动制度改革进入全面综合配套、逐步深化的新阶段。近年来，我省在治理整顿中，采取有效措施巩固和完善劳动合同制，发展改革成果，使劳动制度改革取得可喜成果。至1990年年底，全省劳动合同制工人从1983年的3万多人发展到102万人。其中全民单位76.5万人，占其职工总数的14.5%。

实行劳动合同制是我国用工制度的重大变革。这一改革的目的，在于改变过去单纯用行政手段录用和分配工人的办法，通过签订劳动合同，确定和调节企业与工人之间的劳动关系，使工人和企业可以在一定条件下相互选择，促进劳动力的合理流动和合理使用，实现劳动力资源的合理配置。

这一新型用工制度的基本特征是企业在国家劳动计划内招用常年性工作岗位的工人，必须在平等自愿和协商一致的基础上以书面形式签订劳动合同，明确规定双方的责、权、利。劳动合同期限，由企业和工人协商确定，劳动合同期满，即终止执行，如生产工作需要，双方同意可以续订合同。

劳动合同制度与固定工制度的主要区别是：①固定工制度是单纯用行政手段分配和录用工人；劳动合同制是通过劳动合同这一法律形式规定和调节用工单位和工人之间的劳动关系。②固定工制度确定的是终身固定的劳动关系，"一次分配定终身"，劳动合同制用工期限可长可短，合同期满后可解除合同，也可续订合同。③固定工制度用工形式单一；劳动合同制可以实行长期工、短期工、轮换工等多种形式。④合同制工人与本企业同工种，同岗位上的固定工在工资和保险福利待遇上保持同等水平，但工资和保险福利部分的比例有所不同。总之，劳动合同制既有相对的稳定性，又有必要的灵巧性，吸收了固定工制度的长处，剔除了它的弊端，因而能够较好地适应有计划商品经济发展的要求。

劳动制度改革是一项系统工程，需要相关系统协调配套进行。

12年来，我省在上述改革取得重大突破之后，着重抓了如下几方面的配套改革。

1. 在新招工人中全面实行劳动合同制，不断扩大实施范围

我省自1983年决定用工单位从社会上新招工人全面实行劳动合同制来，这一制度的实施范围不断扩大，主要是部分市、县对城镇复退军人和技校毕业生，实行了劳动合同制，对县以上集体企业从社会上新招工人也全面实行劳动合同制，对农林茶场，废止了"自然增长"的招工制度，明确规定招用常年性工作岗位的工人，统一实行劳动合同制，对集体单位固定工调入全民单位，1983年5月以后参加工作的外省固定工调入广东、本省固定工调入"三资"企业，全部改为合同制工人。因而，从这一点上看，我省劳动合同制的实施范围比外省要广泛些，也深刻一些。

2. 改革就业和招工制度，加快培育和发展劳务市场

实行劳动合同制，从制度上为企业根据市场供求增减职工创造了一定条件，劳动者也有了一定的择业自主权。但是如果不开放有计划的劳务市场，为劳动者就业和企业招工创造一个比较宽松的环境，职工一旦被辞退后，求职无门，再次就业难，就容易产生失落感，工人跳槽后，企业一时也难招到适合的人员。为此，我省把开放社会主义劳务市场作为深化劳动制度改革、巩固和完善劳动合同制的一项重要措施来抓，一方面坚持改革统包统配就业制度，废除子女顶替和内招办法，实行三结合就业方针和面向社会、公开招收、全面考核、择优录用的招工制度；另一方面及时研究制定劳务市场管理办法，加强职业介绍机构建设，为用人单位招工和劳动者就业牵线搭桥、提供信息，为待业人员重新就业提供服务。目前，全省已有115个大中城市和县、区开办了劳务市场，建立了常设性劳务介绍机构443所，为合同制工人流动和再就业提供了有利条件。

3. 逐步完善社会劳动保险体系，解除合同制工人后顾之忧

建立社会劳动保险制度，是关系到劳动合同制的推行、巩固和发展的关键性配套措施。从改革一开始，我们就把建立合同制工人退休养老保险和待业保险制度与推行劳动合同制的改革同步进行。用工单位对合同制工人普遍实行社会劳动保险，合同制工人变更工作单位，其投保年限合并计算，退休后，可按规定享受退休待遇，由就业转待业，有权享受待业救济，因工伤残或因病，享受与所在企业职工的同等医疗待遇。同时，我省还先后建立全民、集体所有制固定职工退休费用社会统筹制度，缩小不同用工形式在养老保险上的差别，建立临时工退休养老保险制度，堵住企业钻改革的空子，多招费用少的临时工，少招或不招合同制工人的漏洞，由于狠抓了保险制度的配套改革，较好地保证了职工病有所医、老有所养问题，有效地促进了劳动合同制度的完善。

4. 认真抓好合同制工人工资分配方面的配套改革，稳定合同制工人队伍

推行劳动合同制后，我省坚持贯彻合同制工人与固定职工同工同酬的原则，同时又对现行工资制度进行了一些改革。具体做法是：①对合同制工人实行与固定职工相同的工资等级标准、工资形式和奖金、津（补）贴制度；②转正、定级和调资升级，与固定工同等对待；③被聘为干部的，在聘期间执行企业干部工资标准；④重新就业合同制工人，试用期间按原工资标准低一级支付（但不得低于二级），试用期满，一般实行考核定级。考上多少级定多少级；⑤坚持实行工资性补贴。繁重体力劳动、工作条件差的工种补贴的比例可高一些。有些企业还打破了固定工与合同制工人原有工资等级的界限，实行按岗位、工种定工资，并根据企业效益和本人表现实行浮动等。由于实行了既体现按劳分配原则又比较灵活的工资制度，把劳动者的工资收入与企业经济效益和个人的劳动贡献大小有机结合起来，从而比较有效地调动了劳动者的积极性，促进了合同制工人队伍的相对稳定。

5. 进一步搞活固定工制度，减少新旧两种用工制度的摩擦

推行劳动合同制后，合同制工人在职工人数中的比例虽然不断增长，但由于新中国成立以来长期实行的是以固定工为主的用工制度，因此，职工队伍中固定职工仍是主体，加上目前仍有一部分人员实行统包统配，造成用工制度上摩擦很大，如果固定工制度原封不动，就会直接阻碍了劳动制度改革的深化。鉴于上述情况，1938年，我省结合企业劳动组织整顿。在一些市、县和企业，采取优化劳动组合、择优上岗、合同管理等多种形式搞活固定工制度，部分企业结合承包经营责任制实行全员合同化管理（如广州德昌茶楼等），工作表现好的，被组合上岗的，与车间班组签订劳动合同，否则，由企业按待聘人员进行管理。至1989年，全省开展优化劳动组合搞活固定工制度的企业户数约占全民所有制企业的总户数的30.3%。1990年以来继续推广。这就较好地消除了固定工制度原有的一些弊端，减少了两种用工制度之间的摩擦，从而在一定程度上巩固了用工制度改革的成果。

6. 加强劳动合同管理，进一步完善劳动合同制

改革初期，由于我们对以劳动合同为主要特征的劳动合同制度缺乏应有的认识，因而，忽视了对劳动合同本身的管理，致使合同制度不完善，甚至有的流于形式，直接影响到劳动制度改革成果的巩固。针对上述情况，近几年来，我们注意从以下几个环节加强和完善劳动合同管理：一是大力开展合同鉴证，防止了无效合同的出现，较好地避免了合同双方因合同不完善而发生的劳动争议，从而巩固了合同双方的劳动关系。二是加强合同制工人转移工作单位的合同变更管理。为适应合同制工人合理流动的特点，我省早在1985年就制定了《广东省劳动合同制工人流动暂行办法》，明确规定了合理流动的条件、审批手续、保险金的转移和劳动合同变更的管理。后来，我们又根据实际做了相应的补充完善。三是认真按合同办事。1989年下半年以来，停工停产的企业增多，停产企业的合同制工人怎么办？有些人认为，为了稳定大局，不管合同是否到期，都应该"包起来"。我省考虑到由企业"包起来"虽然"稳当"一些，但作为一项制度改革，就要半途而废了。为了坚持改革，我们决定对停工停产企业合同到期的合同制工人可以解除合同，合同未到期如本人愿意解除合同的，应该允许。这样做，既坚持了合同制度，也为停工停产企业减轻了负担。四是建立劳动监察制度。为了加强对企业用工行为的间接管理，杜绝企业利用手中的权力，侵犯劳动者合法权益的行为。1989年以来，在治理整顿中，我省有10个市

（占52％）建立了劳动（务）监察制度，加强对企业用工行为（包括履行劳动合同情况等）的监督检查，如发现问题，及时纠正，从而强化了劳动合同的管理，增强了企业与劳动者的劳动合同法律观念。

7. 建立劳动争议仲裁制度，认真做好劳动争议仲裁工作

近年来，为了适应用工制度改革的需要，我省把建立健全劳动争议仲裁制度当作巩固完善劳动合同管理制度的一项重要措施来抓，至1988年，各级劳动部门普遍建立了劳动争议仲裁机构，并开始依照法律程序及时处理劳动争议，维护劳动关系双方的合法权益。近4年来我省共处理结案劳动争议5500多宗，这对维护合同双方合法权益，巩固完善劳动合同制度，产生了积极作用。由于我们坚持不懈地抓好各项配套改革，因而我省这一新型的用工制度在改革的风浪中经受考验并获得巩固和发展。

另外，还创建劳动监察制度，主动依法处理企业违反国家和省劳动法律法规和政策的行为，维护劳动者合法权益。

（三）改革企业工资制度，探索建立新的工资分配制度和工资总量决定机制

工资分配涉及广大职工群众的切身利益，同时，也受到国民经济发展等诸多方面因素的制约和影响，因此，工资制度改革是一个循序渐进的长期过程，不可能一步到位。从1979—1990年间，广东的工资改革与全国一样，在党中央、国务院的统一部署下，以贯彻按劳分配原则，反对平均主义，调动广大群众积极性，促进经济发展为目的，采取走小步，不停步，放调结合，逐步推进的做法，注意与劳动人事制度改革协调一致，由浅入深，稳步推进。广东的工资改革与兄弟省、市相比，有自己的特点，主要是放的幅度要大一些，工资构成中活的部分要多一些，分配形式要活一些，改革大体经历了酝酿准备、推进改革和改进完善三个阶段。

1. 工资改革的准备和初步探索

打倒"四人帮"后，党中央在工资分配领域重新确立了按劳分配的原则。而贯彻按劳分配原的最大障碍就是平均主义泛滥，它造成分配上的弊端，因而改革难度很大。为了有计划有步骤地解决工资分配中多年积累下来的问题，把按劳分配原则从理论变为实践，在党的十一届三中全会后的几年中，在国民经济正在进行调整，财政还有较大困难的情泥下，广东采取积极措施，在改善农民生活的同时，分期分批调整职工工资，恢复实行计件和奖金制度，理顺工资分配关系，使长期处于冻结状态的职工工资开始活了起来。

一是恢复计件工资和奖金制度。

广东改革工资制度，搞活企业内部分配是从恢复计件工资和奖金制度开始的。党的十一届三中全会后，为了适应松绑放权，搞活企业的需要，广东省委、省政府按照国务院1978年5月发出的《关于实行奖励和计件工资制度的通知》，要求各地区、各部门逐步地、有条件地恢复已停止10多年的企业计件工资和奖金制度。当时国务院规定的条件是企业要经过整顿，领导班子强供、产、销正常，生产任务饱满，管理制度比较健全，各种定额和统计、验收等基础工作搞得比较好，各种经济技术指标比较先进。具备上述条件的企业才能进行试点，然后逐步推开。试点单位一般试行奖励制度，少数笨重体力劳动和手工操作的工种，试行有限制的计件工资，即工人的超额计件工资控制在这些工人标准工资总额的20%以内。广东在当年就建立了经常性生产（工作）奖、临时一次性奖、原材料节约奖以及国家统一规定的技改奖、发明奖、产品质量奖和综合超额奖等奖励制度，一些具备计件条件的企业或车间班组实行了计件工资。据统计，在刚刚恢复奖励和计件工资制度的1978年，广东全省全民所有制单位职工工资总额中，标准工资占35%以上，奖励部分（含奖金、计件超额工资和附加工资）约占6%，与全国的情况（标准工资占85.7%，奖励部分占5.3%）基本相同。而1985年活工资部分比重上升到39.9%。奖励制度的恢复，调整了工资分配结构，增强了工资分配的弹性机制，改变了工资的激励功能长期被禁锢的状况。它对于贯彻按劳分配原则，调动职工积极性产生了积极的作用，揭开了工资制度改革的序幕。

但是，过去相当长的时间里，人们把社会主义与平均主义等同起来的观念，严重干扰了按劳分配原则的实行。在恢复实行奖励制度过程中，出现了奖金与企业经济效益和个人劳动成果脱节、平均发放和多发、滥发的现象。

针对上述情况，从1981年起，国务院采取了奖金"封顶"的做法。规定所有企业必须在完成和超额完成国家计划规定的产值、质量、利润、借贷合同等主要经济技术指标的条件下，才能提取和发放奖金，全年发放的奖金总额，以企业主管部门（公司）为单位，控制在所属企业实行奖励制度职工的一至两个月标准工资总额之内。一般不得超过企业职工两个月标准工资总额；个别企业各项经济技术指标完成及突出好，贡献特别大的，可以多发一些，但最多不得超过3个月。后来，国务院又决定从1982年起，下达奖金控制数,各地区、部门不经劳动人事部和国家计委同意,不得超过下达的奖金总额控制数。

广东执行国务院的上述规定,认真整顿和改进奖励制度,引导企业把奖金的提取和发放同企业经济效益和职工劳动贡献密切联系起来。如佛山市南海县早在1981年就陆续在26户国营企业以及27户集体企业中试行"联销联利浮动工资制",广州工具厂实行了多种形式的计件工资。

奖金"封顶"的政策,对抑制滥发、多发奖金等起到了积极作用,但它的负面作用也很大,主要是"封"住了职工的积极性,企业和职工意见很大。随着企业自主权的扩大和第二步"利改税"的实施,广东按照中央给予的"特殊政策、灵活措施",运用财政包干体制,在完成上缴税利任务的前提下,不少企业试行了工资总额与销售税利额挂钩的"联销联利全浮动工资制",一些企业实行了奖金与上缴税利挂钩的半浮动工资制,以及除本分成承包工资、销售产品的单位工资含量等。许多企业职工的奖金和超额工资逐步从企业福利中提取的奖励基金开支。1984年国务院决定实行奖金不"封顶"政策,企业发放的奖金总额,除了发明奖,十种特定燃料和原材料节约奖、技改合理化建议奖、外轮速遣奖以外,其他各种奖金都要计算在奖金总额之内,按超额累进的办法征收奖金税。企业全年发放的奖金在两个半月标准工资以内的(1985年7月改为4个月,1988年免税限额放宽到四个半月。月人均标准工资不足75元计税。)免征奖金税。

广东省1985年还规定下列奖金、补贴免缴奖金税。

(1)国家统一规定标准允许发放的各种津贴、补贴。

(2)各级政府用财政拨款发给企业各种一次性的奖金。

(3)按规定比例提取和发放的计划生育奖。

(4)按国家统一规定标准在企业福利基金开支的水电费、房租补贴和洗理费。

1986年12月国务院在《关于深化企业改革增强企业活力的若干规定》中,决定降低奖金税率,即企业全年发放奖金总额不超过标准工资四个月的部分,继续免征奖金税;四个月至五个月的部分,奖金税税率由现行的30%降为20%;五个月至六个月的部分,奖金税税率由100%降为50%,六个月至七个月的部分,奖金税税率由300%降为100%,七个月以上的部分,奖金税税率定为200%。

企业在国家上述政策规定范围内,有奖金使用自主权,奖金分配的具体形式和办法,由企业自主决定,可以采取记分发奖、全额承包、计件超额工资、浮动工资等形式。例如，广东玻璃厂自1979年8月恢复奖金和计件工资后，严格执行国家有关奖金发放的政策规定，不断改进和完善。1988年他们紧密结合生产实际，采用了以承包为主要内容的多种工资奖金分配形式（如承包奖、减耗奖、减员奖、保密奖、全勤奖等），把有限的工资奖金用在关键车间、关键工序，搞活了企业生产经营，取得了显著的经济效益。

自1978年恢复计件、奖励工资起到1990年，随着计件面和奖励范围的不断扩大，奖金和计件超额工资成倍增长。据统计，全省职工奖金、计件超额工资和津贴。补贴占工资总额的比重由1978年的6%上升到1990年的49.3%。

总的看来，奖励、计价工资制度的恢复和实施，对调动职工积极性，促进国民经济的稳定发展，起到了积极作用，但在实行过程中，也不断出现一些新的问题，当前主要是奖金趋于平均发放，其激励功能受到不同程度的削弱，应当引起注意。

二是分期分批调整工资，为工资改革创造宽松条件。

在1979—1990年间，广东省按照国务院的统一部署，大体上有四次较大的工资调整。大部分职工工资升了三至四级，少部分工资偏低的升了五级。

第一次是1979年，在1977年给工龄较长、工资偏低的职工升级（升级面达40%）和1978年给工作成绩特别突出的职工升级（升级面控制在固定职工总数2%以内），初步解决"文革"期间积累下来的职工工资水平普遍偏低问题的基础上，1979年进一步调整职工工资。这次调资升级的重点是，给各行各业、各方面劳动表现好，贡献大的职工升级。要求升级"真正、体现'各尽所能，按劳分配'原则，择优升级、反对平均主义"。职工升级面按全省平均40%安排。地区、各部门在具体分配升级面时，根据鼓励先进，督促后进，赶超先进的原则，区别对待，并留下20%的升级面，在本地区、本部门内调剂给先进的企业单位。这次职工升级，强调以贡献大小为分配的主要依据，对平均主义分配方式是一次很大的冲击。

第二次是1983年。经过前几次工资调整后，仍有相当一部分职工工资没有提高，特别是知识分子工资水平偏低。于是，1981年、1982年调整事业单位和国家机关职工工资的基础上，1983年又进行企业职工工资调整。与年工资调整相比，这次企业调整的特点是，规定效益好的企业，从当年第4季度开始调资，经济效益差的企业，要扭亏为盈后，才准予调资；关停企业，暂不调资。同时把调整与改革结合起来，采取了"两挂钩，一浮动"的办法。即调整工资与企业的经济效益挂钩，与职工个人的劳动成果挂钩，升级后继续考核两三年，合格者才予以固定。因此，理论界认为1983年的企业调资，是企业工资改革准备阶段具有探索意义的历史事件，是近几年来工资分配理论研究成果的实践尝试。这次企业调整工资仍然是给部分工资偏低、起骨干作用的中年知识分子增加工资。在这次工资调资中，广东还结合实际情况，初步简化归并了原有的工资标准。

第三次是1985年，根据国家规定进行了企业内部工资套改。这次套改的最大特点是资金由企业自费解决，其意义在于实现了企业工资制度与国家机关、事业单位工资制度脱钩，并在适当提高工资标准基础上，简化、统一了企业职工新的工资标准。因此，也称为企业内部工资改革或工资套改。

广东省政府于1985年11月发布了《国营企业内部工资改革实施方案》，要求在全省国营企业内部全面进行套改。套改的主要内容有两项：一是适当调整企业工资标准，省政府颁发了企业职工工资标准表。二是用一部分资金进行企业内部分配其他方面的改革。我省用于调整工资标准的资金，掌握在人均每月5元之内（与全国相同），用在其他方面（如升级、浮动升级）改革的资金控制在最高两个半月标准工资（即12.5元）以内（全国为一个半月）。

由于这次套改的资金由企业自费解决，使得企业有抵触情绪，因此开始进展较慢。这项套改延至1986年4月才基本结束。据统计，广东省国营企业职工390万人参加套改，实际月人均增资14.60元左右。

这次套改的好处表现在，把增加工资与企业经济效益和职工个人贡献结合起来，所需资金依靠企业自己提高经济效益来解决，在一定程度上改变了依赖国家增资的观念；同时，在适当提高工资水平基础上，把原来繁杂的工资标准，简化归并为三类产业五种工资标准；职工工资收入普遍有所增加，使大家分享了改革成果，调动了生产积极性。不足之处是，套改所用资金没及时纳入成本，加重企业负担，企业自己掌握的"活钱"（即从奖励基金中拿出钱来套改）变"死钱"（转化为基本工资），造成奖金锐减，损伤了企业和职工的积极性。

经过上述几次工资调整，我省职工的工资收入水平有较大幅度提高。1978年广东省全民所有制单位职工年人均工资629元，1985年人均工资达1348元，增长了114.3％。

第四次是1989年，在治理整顿中，针对自1985年来企业工资与国家机关脱钩后，国家不再统一安排调整工资致使企业职工标准工资在工资总额中所占比重普遍偏低，部分职工生活水平下降的状况，国务院实事求是，及时作出决策，决定在企业面临困难较多的情况下，调整部分职工工资和提高离退休人员待遇。

在这次调资中，广东按照国务院关于"企业职工工资的增加，要取决于生产经营的发展和经济效益的提高"和"在国家核定的增资幅度内，由企业自主安排"的要求，采取了如下四种办法。

（1）实行工效挂钩的企业，其效益工资的使用，由企业在国家政策规定范围内确定。1987年以来实行了浮动升级的，允许将平均一级浮动工资转为标准工资；没有实行浮动升级的，可在职工原档案工资基础上平均增加一级标准工资。

（2）未实行工效挂钩的企业，1987年来已使用奖励基金给职工浮动升级的，允许将平均一级浮动工资转为标准工资；没有安排浮动升级和实行计件工资的，也可在职工原档案工资的基础上平均增加一级标准工资。

（3）对于政策性亏损、微利企业，在确保完成当年国家下达的生产经营计划和承包任务的前提下，可参照将平均一级浮动工资转为标准工资或在原档案工资基础上平均增加一级标准工资。其中奖金不足一个半月的，有条件的，可按两个半月安排。

（4）对于其他亏损企业，可区别不同情况处理。如主要因经营管理不善引起亏损的企业，要在考核完成国家下达的生产经营计划和减亏任务时，由企业主管部门审核，报同级劳动部审批，从批准之月起在职工原档案工资基础上平均增加一级标准工资。调资资金来源，实行工效挂钩的企业，从国家规定的新增效益工资中开支；未实行挂钩的企业，从企业成本中列支。

这次调资，还适当提高了大中专院校毕业生在见习期的工资待遇和企业离退休人员的待遇。

调整后，我省企业职工普遍升了一级工资，有的升了两级。至1990年年末，全省企业年平均工资达3026元，比1985年增长了2.1倍，"七五"期间平均每年增长16.2%，增长速度比机关、事业单位高出1.9个百分点。其中，增加较多的主要为工业、交通运输、邮电业、居民服务业等行业，平均每年分别增长20%、18.7%和17.9%。国营企业离退休人员月人均待遇从1988年的95元上升到134.70元。

12年来的工资调整,从整体上提高了职工基本工资水平,不断为我国工资制度改革铺平道路,同时,也在贯彻按劳分配原则方面进行了积极的探索和尝试。但总的看来,旧的矛盾解决后,又出现了新的问题,工资调整只是"头痛医头,脚痛治脚",基本工资制度还没得到根本改革,企业内部平均分配现象仍相当严重,工资结构,工资关系不合理问题依然存在。特别是调整后,出现新的工资"平台",即职工工资在高标准上的"平台",大家都是八级工,到了八级以后,无法再升。这些矛盾有待今后加以解决。

2. 工资制度改革迈出的实质性一步

恢复奖金制度和最初几年的工资调整,为工资制度改革创造了条件。如果把它看作为企业工资改革而进行的积极探索和尝试,那么,真正标志工资制度改革开始的应当是1985年党中央、国务院发出的《关于国营企业工资改革问题的通知》和《关于国家机关和事业单位工作人员工资制度改革问题的通知》。这两个《通知》决定我国企业工资制度改革与国家机关、事业单位脱钩,并相应进行改革。

(1)改革企业工资制度。为了克服企业工资分配中的平均主义弊端,发挥广大职工的积极性、创造性,增强企业活力。1985年1月国务院发布《关于国营企业工资改革问题的通知》,明确提出"必须对企业工资制度进行改革"。同月广东省政府予以转发,并按照国务院的要求明确提出改革的基本指导思想是改革现行不合理的工资制度,逐步消除工资分配中的平均主义积弊。改革后,国家对企业的工资,实行分级管理体制,企业与国家机关、事业单位工资制度脱钩,企业职工工资的增长依靠本企业经济效益的提高,国家不再统一安排企业职工的工资改革和调整。企业内部工资分配,由企业根据实际情况自行确定。

遵循上述指导思想,我省企业工资制度改革实际上从两个方面推进。

一方面是从宏观上探索理顺国家与企业的工资分配关系,逐步探索建立工资总量决定机制。改革的主要做法是,逐步实行企业工资总额同经济效益挂钩。在贯彻国务院两个《通知》的头一年(1985年),广东省有24户工业企业经国务院批准实行工资总额与上缴税利挂钩试点;省还批准了一些企业试行百元产值工资含量包干、吨煤工资含量包干以及工资总额与销售额、税利率挂钩等。在此后的5年中,我省不断结合企业承包经营,逐步扩大挂钩试点面,改进和完善挂钩办法,促进改革的健康发展。1988年取消指令性工资计划,至1990年年末,我省实行各种形式的工资总额同经济效益挂钩的国营企业达2820户,职工人数81.8万人,分别占同口径企业数的43.2%，职工总数的53.9%。实行挂钩的企业，经济效益的增长普遍高于面上企业，工资总额的增长低于经济效益的增长。

挂钩的形式主要有以下几种：

一是工资总额与产值挂钩，或叫"百元产值工资含量包干"。这种办法于1983年在广东省建筑总公司直属的8个公司试行，1984年全面铺开，到1985年，水电、电力、化工等部门的建筑安装施工企业也推行了这种办法。

二是工资总额与上缴税利挂钩。1985年，经国务院企业工改办批准，广东省24户国营企业参与试行这种办法，于1987年后全面铺开。

三是工资总额与销售收入和税利挂钩，简称"双挂钩"，即把职工工资总额同企业的销售收入和上缴税利率联系起来，在保证每百元销售额的税利率比核定的税利率不降低或有提高的前提下，工资总额按核定的百元销售额工资含量系数随销售额的增减而增减。这种方法最早在南海县部分国营企业中试行，后逐步铺开。

四是实行"独立核算，以税代利，自负盈亏"办法，也叫"除本分成"。试行这种办法的企业，按规定凡在本年度企业上缴税利比上年有增长的，可以给30%的职工升级。

五是实行工资与单位销售产品量挂钩。经省政府批准，全省煤炭企业从1982年开始试行这一办法，后逐步改进。

六是实行工资总额与实现税利挂钩。这种形式是1987年以后发展起来的。实现税利包含上缴国家和企业留成两部分，这一指标包括范围较大，接近企业劳动者的实际贡献而为企业接受。目前，我省工效挂钩形式由开始的几种发展到20多种，其中实行与实现税利挂钩的约占60.2%。

概括起来看，目前实行"工效"挂钩的政策规定和调控办法主要有三方面的内容：①实行挂钩后，企业工资总量与经济效益建立了比较明确稳定的联系，一般挂钩的经济效益指标每增长1%，企业工资总额可增长0.3%～0.7%。因此，除特殊情况（国家按政策规定必须安置的人员）外，企业增加职工原则不再另外核增工资总额，减少职工也不减少工资总额，以此激励企业努力提高经济效益；②实行挂钩后，原在企业留利中列支的奖励基金全部列入成本，企业提取工资渠道基本"净化"。因此，对挂钩企业不再征收奖金税，改征工资调节税。计征依据是企业挂钩的工资总额的增长幅度。实发工资总额超过基数7%以上部分，即分档计征工资调节税，分档税率为（1986年规定），增长7%～13%的部分征20%，增长13%～20%的部分征50%，增长20%～27%的部分征100%，增长27%以上的部分征200%。③实行挂钩后,建立银行工资基金专户,专户中分列核定的工资总额基数和随效益提高而新增的工资基金两个栏目,工资基金采取按月预提,年终结算的办法,为了留有余地,以丰补歉,年内使用工资增长基金不能超过预提数额的80%。

此外,对暂不能实行工效挂钩的企业,普遍推进工资总额包干的办法,初步实行了对各类国营企业工资总量的宏观调控。

另一方面是在控制企业工资总额前提下,逐步扩大企业内部分配自主权,采取各种各样形式搞活内部分配。我省多数企业在第二步利改税基础上,把奖金或部分工资随经济效益浮动,一些具备条件的企业继续推行计件工资制。有的企业实行计时加奖金办法,有的实行浮动工资制,还有的实行承包工资制、结构工资制、分成工资制等。如广州白云山制药总厂在企业内部实行"万元利润工资含量考核法"和"岗位责任计分考核法"的工资分配形式,使职工的工资收入与企业的实现价值、个人劳动质量挂钩,有效地推动了生产经营的发展。据统计,实行上述分配方法后,该厂百元产值工资含量从1985年的2.69元降至1988年的2.44元,劳动生产率从1985年的66134元提高到83723元。

实践证明,从宏观和微观两个层次上推进改革,有利于理顺国家与企业的分配关系,逐步建立工资总量增长决定机制,有利于赋予企业分配自主权,搞活企业内部分配,贯彻按劳分配原则,其改革方向是正确的。尽管"工效"挂钩办法还不完善,但它不失为处理国家与企业工资分配关系的比较好的形式,有待依据改革的目标模式,不断改进和完善。

(2)改革机关事业单位工资制度。1985年6月,中共中央、国务院发布《关于国家机关和事业单位工作人员工资制度改革问题的通知》及有关改革方案,决定废止实行了近30年的等级工资制,改试行以职务工资为主要内容的结构工资制度。这次改革的目的是,逐步消除现行工资制度中的平均主义和其他不合理因素,逐步建立起较好地体现按劳分配原则,便于调节管理的新工资制度。

改革的主要内容包括:①国家机关行政人员、专业技术人员均改行以职务工资为主要内容的结构工资制,即按照工资的不同职能,分为基础工资、职务工资、工龄津贴和奖励工资四个组成部分,分别按规定发到人。②事业单位行政人员和专业技术人员的工资制度,允许根据各行业特点,实行以职务工资为主要内容的结构工资制,也可以实行职务工资为主要内容的其他工资制度。③国家机关、事业单位的工人可以实行以岗位(技术)

为主要内容的结构工资制,也可实行其他工资制度。④建立中小学、中专、技校的教师,幼儿教师教龄津贴和护龄津贴制度。此外,还探索建立分级管理体制和正常晋级增资制度。

广东通过这次工资改革,机关事业单位工作人员工资初步纳入了新的工资制度的轨道,开始解决职级不符,劳酬脱节的矛盾,各类人员都不同程度地增加了工资。我省机关、事业单位月人均工资增加了 18.06 元,其中,中小学教师月人均增加 22.90 元,机关单位 17.78 元,事业单位 17.60 元。

这一新的工资制度与过去等级工资制度相比,是一个进步。但是由于这次改革是在原工资基础上进行套改的,这就使旧的工资制度中的一些矛盾带入新工资制度中,因而在改革过程中也产生了一些新矛盾,如职务工资"平台"问题等。1986 年以来,又采取了一些补充、改善措施,解决改革中存在的问题。但由于积累问题较多,国家财力有限,因此这些问题当时没有全部解决。

3. 进一步改进和完善"工效"挂钩办法,增强对工资总量的宏观调控能力

1985 年开始实施的企业工资总额同经济效益挂钩和对企业工资实行分级管理,是企业工资制度和工资计划管理体制的一项重大改革。但是,在 1985—1988 年的改革过程中,由于受客观环境的影响和缺乏经验,出现了一些问题,主要是因价格、政策和企业有机构成等因素对企业经济效益影响很大,使企业效益中,有一定的非劳因素,加上挂钩办法不完善,挂钩的基数与比例难以合理确定,因而存在"鞭打快牛"现象,不利于控制工资基金过快增长。为了解决上述问题,1989 年 3 月,国务院根据治理整顿和深化改革的要求,批转劳动部、财政部、国家计委《关于进一步改进和完善企业工资总额同经济效益挂钩的意见的通知》,要求进一步改进和完善挂钩办法,认真搞好工资的宏观调节和管理。

按照国务院的部署,广东省结合实际情况(国营企业 1989 年挂钩面约 1/3),着重抓了以下四个方面的工作。

(1)扩大工效挂钩范围。要求预算内、外的国营企业全面实行工效挂钩,如暂不能实行挂钩的,要实行工资总额包干。

(2)实行工资分级管理体制。随着挂钩面的不断扩大,国家直接核定企业挂钩基数和比例的做法不能适应推进企业改革的要求,从 1988 年起,广东按照国务院国函〔1988〕25 号文《关于实行工资分级分类管理体制的要求,各市、各部门分别对省实行工效总挂钩和总包干办法》。采取省负责对各市,各部门总挂钩(或总包干),再由各市,各部门层层分解落实到企业的做法。

(3)改进工效挂钩办法。对挂钩的经济效益指标,由过去单一指标改为复合指标,即除了与上缴税利和实现税利指标挂钩外,提倡考核质量、消耗、安全、劳动生产率等经济技术指标。总挂钩浮动比例的确定,要求加强横向比较,参考本地区、同行业的其他企业人均税利、工资税利率、资金税利率和劳动生产率增长情况加以确定。

(4)调整总挂钩的有关政策。实行工效挂钩后,原则实行增人不增加工资总额,减人不减工资总额。但国家按规定安排的复退军人、军转干部,可相应调整工资总额基数;新建、扩建项目,经批准新增加的人员,可适当调整工资总额等。

在从上述四个方面改进工效挂钩的同时,我省还针对1987年、1988年工资总额增长过快问题,加强了对工资基金的管理,主要是建立工资基金手册管理制度,明确规定工资基金管理原则、范围和有关部门的职责分工及具体操作方法,使全省以工资总额为主,调节职工人数增长的分级管理办法得到进一步完善,较好地控制了工资总额的过快增长。1990年全省职工工资总额比1989年的仅增长11.4%,其增幅下降11.7个百分点;从职工平均货币工资增长情况看,1988年和1989年年均增长24.0%,而1990年仅增长9.5%,与上两年相比,下降14.5个百分点。但由于近年来认真贯彻治理整顿方针,采取控制总量、调整结构、抑制物价等措施,使物价稳中有降,职工实际工资增长12.30%,比前两年高出15个百分点。

(四)改革劳动保险制度,探索建立以社会统筹为特征的社会劳动保险

针对过去我国劳动保险面窄,社会化程度低,保险费用由企业独自负担,企业负担畸轻畸重,不能适应计划商品经济发展需要的情况。党的十一届三中全会后,随着经济体制改革的不断深入发展,广东省在职工劳动保险方面进行了一系列改革探索。

第一,是改革职工养老保险制度。

广东省职工养老保险制度改革是随着劳动制度改革不断发展而逐步深化的。这方面的改革起步比较早,步子比较扎实,效果比较好。至1990年年底全省参加社会养老保险的各类职工达540.62万人,国营企业、集体企

第二章　率先改革劳动工资计划管理体制

业投保率分别为 96% 和 70%。改革的主要内容是：

（1）建立劳动合同制工人的社会保险制度。为了适应、改革劳动制度，巩固发展劳动合同制这一新型用工制度的需要，广东省从 1980 年开始就根据合同制的特点，率先在合同制工人中建立退休养老社会劳动保险基金制度，改变了过去固定职工退休养老由企业独自负担的做法。建立退休基金制度后，用工单位统一按合同制工人工资总额的 15% 左右、职工个人按不超过本人标准工资的 3% 缴纳保险基金。劳动合同制工人退休后，其退休养老工作由劳动部门所属的社会劳动保险公司实行社会化管理。至 1990 年年底，我省各类企业的合同制职工 102 万人，普遍参加了社会养老保险，投保率达 96% 以上。

合同制职工在职期间的保险福利待遇，也根据其用工特点，相应进行了一些改革。

（2）建立固定职工退休费用社会统筹制度。广东省这项改革是从 1983 年开始在东莞等市进行改革试点，于 1984 年逐步铺开的。1984 年广东省政府颁发了《全民所有制单位退休基金统筹试行办法》、批转了《省劳动局关于在城镇集体经济组织中建立退休制度统筹退休基金的报告》，各级劳动部门按照省政府的部署，开始改变过去职工退休养老由企业独自负担的状况，各地从"有利生产、保障生活"出发，依据"以支定筹，略有积累"的原则，制定了形式多样、项目不同、标准有别的统筹方案，使全民、集体单位固定职工（含离退休人员）退休基金统筹工作逐步得到发展。至 1990 年年底，全省 20 个市 120 多个县（区）普遍建立了固定职工退休费用社会统筹制度。各用工单位普遍按照工资总额的一定比例提取统筹基金，劳动部门普遍建立社会劳动保险机构，对统筹基金实行统一管理，调剂使用，有效地改变了企业单独保险的状况，保障了职工退休生活。目前广东省参加统筹的全民、县以上集体所有制企业固定职工（含离退休人员）达 370 多万人，县以下集体所有制企业职工 40 多万人。其中，全民单位投保率达 96% 以上。特别是在近年来的改革中，我省各地不断努力扩大养老保险覆盖面，实施规范化管理办法，同时，开始建立固定职工个人交费制度，有力地促进了社会养老保险的巩固和发展，退休人员待遇明显提高。国营企业职工月人平均退休费从过去的 50 多元提高到 134.7 元。

（3）建立临时工养老保险制度。过去，临时工一直没有养老保险。这种状况不能适应改革用工制度，实行多种用工形式的需要。随着多种经济成分的发展和临时工队伍的不断壮大，广东省于 1989 年率先建立临时工社会养老保险制度。企业单位使用临时工，也参照合同制职工养老保险的做法，按照工资总额的一定比例缴纳养老保险基金，至1990年年底，参加社会养老保险的临时工达27万人。

第二，是在国营企业建立职工待业保险制度。

为了适应经济体制和劳动制度改革深入发展的需要，促进劳动力合理流动，保障职工在待业期间的基本生活需要，1986年国务院颁布了《国营企业职工待业保险暂行规定》，广东省制定了实施办法。明确规定对破产企业，濒临破产的企业法定整顿期间被精简职工，终止、解除劳动合同的工人，企业辞退的职工实行待业保险（1989年扩大到国营停工停产企业职工），他们在待业期间，有权获得待业救济金、医疗补助费等项保险待遇。职工待业保险基金的来源由三部分组成：一是企业按照全部职工标准工资总额的1%缴纳；二是基金存入银行后，按规定给付利息；三是不足部分由地方财政补贴。职工在待业期间，可根据工龄和待业时间长短，分别领取本人标准工资50%～75%的待业救济金，领取救济金的期限，工龄在5年以上的，最长为2年；工龄在5年以下的，最长为1年。

从1986年下半年开始，各级劳动部门属下的劳动服务公司开始承担并负责开展这项工作。首先是积极建立待业保险管理机构，县以上劳动部门普遍建立了待业职工管理科（所），配备了专职人员；其次是制定有关待业保险基金和待业职工的具体管理办法，全面开展待业职工的登记管理，探索待业职工转业训练和生产自救办法，同时切实做好待业保险金的收集和发放工作。据初步统计，1986年下半年至1990年，共发放待业救济金和医疗费100多万元。这一制度的建立，对于保障待业职工工人生活，促进社会安定，发挥了积极作用。

第三，进行企业职工工伤保险制度改革试点。

工伤保险是社会劳动保险制度的重要组成部分。随着各项改革的逐步深入，我省在巩固发展职工养老、待业保险基础上，于1988年开始把改革工伤保险制度提上工作日程。1988年12月在深圳市召开了工伤保险制度改革座谈会。会议对现行工伤保险制度由企业一包到底，没有建立基金，社会化程度低，保险待遇低，不适应商品经济发展要求等状况进行了分析，会上还讨论了广东省劳动局起草的《广东省企业职工工伤保险暂行条例》，交流了黑龙江省、吉林省和广州市、大连市分别制定的职工残疾等级评定标准，推动各市制定工伤保险改革方案。经过近两年的探索和准备，1990年我省的东莞、深圳两市率先进行职工工伤保险制度改革试点。两市按照不同行业的危险程度和事故发生频率,分别确定按行业(企业)工资总额一定比例向当地社会劳动保险机构缴纳工伤保险基金。一旦发生工伤事故,因工伤亡职工的各项劳保待遇和医疗费用,由社会劳动保险机构按规定支付,从而有效地保障了职工的合法权益,减轻了企业负担,为企业平等竞争创造了一个良好的环境。

此外,还对医疗制度进行了改革探索,主要是全面实行门诊治疗,职工个人负担少量药费办法,一些市、县实行了大病医疗费用统筹试点等。这些探索还是初步的,需要进一步总结完善。

(五)改革劳动工资计划管理制度,探索计划管理与市场调节相结合的管理机制和办法

广东在开始改革劳动就业和企业用工制度的同时,就考虑改革僵化的、脱离实际的劳动工资计划管理体制。这方面的改革,按照"大的方面管住管好,小的方面放开放活"的原则进行,在12年的改革中大体经历了三次有意义的飞跃。

第一次是从1980年开始,按照中央给予的特殊政策,灵活措施,广东率先对特区劳动工资计划制度进行改革。允许特区企业招用员工,不受国家劳动指标限制,自行招聘,以适应对外开放和引进外资的需要。1984年12月,劳动人事部、国家计委正式发文规定,深圳、珠海、汕头经济特区的劳动工资计划实行单列,特区可以根据生产、建设发展需要,自主编制劳动计划,由省劳动局、省计委单列汇总报劳动人事部和国家计委,纳入国家劳动工资计划,"三资"企业、"三来一补"企业的劳动计划,由企业自行决定,报企业主管部门和当地劳动部门备案。这就形成了一种有别于内地的劳动力管理体制,率先打破了高度集中统一的僵化的劳动工资计划管理制度,为下一步的改革打下了良好基础。

第二次是从1985年起,进一步确定指令性计划与指导性相结合的指导思想和做法,下放管理权限,实行分级管理。1985年3月,广东省政府批转省劳动局《关于改革劳动工资管理体制的意见》,决定从以下几方面进行改革:

(1)各市、地和各部门新增职工人数和工资总额实行同生产建设和经济效益挂钩浮动的办法。超额完成生产、劳动生产率和上缴税利的,职工人数和工资总额可相应增加,所增加的职工人数计划指标,一律实行劳动合同制;生产下降、效益差的,不得增人也不得增加工资。

(2) 下放劳动合同制职工计划指标审批权限。除经济特区外，沿海开放城市（广州、湛江）、珠江三角洲开放区（佛山、江门）和海南岛的劳动合同制职工计划，（不含劳动工资计划）由当地政府审批，报省备案。

(3) 下放全民所有制职工自然减员指标使用权限。上述指标由市、地和省主管部门统筹使用，保证重点，主要用于接收军队转业干部、城镇复退军人、安排大中专、技工学校毕业生和落实政策复工复职等人员，以及解决新建、扩建投产单位急需增加的人员。

(4) 放宽从农村招工的审批权限。规定矿山、建筑、化工、盐业、搬运装卸、森工采伐等行业中特别繁重劳动或在城镇难以招收的特殊工种，可从农村剩余劳动力中招收。从农村招用工人，除需迁转户、粮关系以及招入驻穗的中央、部队、省直单位仍应按隶属关系逐级报省劳动局批准外，其余均由当地市、县劳动部门审批，对迁转户、粮关系的征收农民，由有关市、地劳动部门在省下达的征地农民工计划内自行审批办理。

(5) 赋予企业用工自主权。企业有权抵制任何部门和个人违反国家规定向企业硬性安插人员。

上述改革措施是在放权让利的形势下出台的，并于1985年开始在全省实行。这一改革对于进一步落实企业生产经营自主权，增强企业活力产生了积极作用。1985年广东省工业总产值达549.3亿元，"六五"期间平均年递增18.3%，居全国前列。

第三次是改革劳动工资管理体制，实行弹性的劳动工资计划管理体制。1988年7月，广东省政府根据《国务院关于广东省深化改革扩大开放加快经济发展请示的批复》精神，批转省劳动局《关于改革全民所有制企业单位劳动工资计划管理体制的意见》，决定进一步改革全民所有制劳动工资计划管理体制。改革的主要原则是：管住工资总额，放开职工人数计划，实行分级、分层的弹性调控办法。具体做法有：

(1) 实行企业工资总额同经济效益挂钩，分级管理、分层调控的办法。从1988年起，全民所有制企业（含实行企业管理的事业单位）实行工资总额同实现税利或上缴税利等经济效益指标（以下简称经济效益指标，各市、县根据产业特点有权增加其他指标，一并挂钩考核）挂钩分级管理，分层调控的办法。省负责核定各市和省直企业主管部门所属国营企业职工工资总数基数，经济效益指标基数以及两者挂钩浮动的比例。挂钩浮动比例，一般以各市、各部门的劳动生产率、人均税利、工资税利率的高低进行横向比较后确定，一般是挂钩的经济效益指标增长1%，工资总额增长

0.5%～0.8%。各市县和省直企业主管部门再将省核定的基数和挂钩比例逐级分解，落实到企业。并在上级核定的基数和比例范围内，有权结合企业实行不同承包经营形式，确定哪些企业实行"工效"挂钩，哪些企业暂不挂钩；有权选择不同的挂钩形式；有权核定企业"工效"挂钩两个基数以及挂钩浮动比例。

与此同时，除各级按规定权限批准的新、扩建项目需增加的人员和按国家政策必须安排的城镇复退军人、转业干部等所需增加的工资以外，原则上实行增人不增工资总额，减人不减工资总额。各市、县、部门要保证不突破上级核定的工资总额与经济效益增长的比例，职工平均工资的增长不超过劳动生产率的增长，如有突破或超过，必须在下年度予以相应的扣减。

（2）不再下达企业职工人数计划指标，实行弹性控制。即从1988年起，企业的职工人数，按广东各市和省企业主管部门所属国营企业职工"工效"挂钩浮动办法进行控制。广东省对地方全民所有制企业不再下达职工人数指令性计划指标；各市、县和部门也不再下达，由企业在规定的工资总额范围内，按照国家有关政策规定和"增人不增工资总额，减人不减工资总额"的原则，自行决定招工或聘用人员。企业要根据每年的产经营情况和编制定员，做好新增职工人数计划，报当地劳动部门备案。

第三次改革跨出的步子比较大，在全国处于领先位置。这项改革目前进展比较顺利，广东省20个市（含潮州）中，已有16个市实行了总挂钩和分级管理办法。

在实行上述改革的同时，我省在近年来的治理整顿中，逐步加强和改善了对劳动工资的宏观管理。这不仅使劳动工作宏观间接调控能力有明显增强，而且在微观上初步搞活了企业，较好地解决了长期以来劳动计划与生产发展实际需要脱节的状况，使我省工资总额和职工人数的增长与国民经济发展基本相适应。1990年年末，全省社会总产值3052.52亿元，比1989年增长13.7%，工业总产值1892亿元，增长16.4%，全民所有制工业企业全员劳动生产率29521元，增长11.4%。在生产发展情况下，全省职工人数和工资总额保持了适当增长的速度，当年全省全民所有制职工总数528.31万人，比1989年增长2.9%，比1989年的增幅减少0.5个百分点；工资总额154.05亿元，比1989年增长11.3%，比1989年的增幅减少11.6个百分点；职工年人均货币工资2982元，比1989年增长8.67%，扣除物价变动因素，实际增长11.6%。联系国民经济发展有关指标来看，我省工资增长与国民经济的发展基本相适应。在"七五"时期,工资总额占国内生产总值的比重15.4%,比全国同期平均16.7%的比重低1.3个百分点,全省职工平均工资的增率为16%,比社会劳动生产率低1.4个百分点。以上情况说明,广东省在劳动工资计划管理制度改革方面是有成效的。

(注:本文是笔者1991年为《广东改革开放评说》一书所撰写的一篇文稿,真实地反映了当时改革的进展情况和所采取的措施。)

第三节 建立市场导向劳动工资管理体制初探

广东企业劳动工资制度和管理体制改革已处在一个关键的发展阶段。当前,改革面临着新的选择:是按照发展商品经济和外向型经济的要求,建立以市场为导向的劳动工资管理体制、尽快实现体制转轨,还是继续采取劳动、工资、保险制度改革分头推进的做法,在旧体制轨道上徘徊。这是一个不可回避的理论和实践问题。按照中央关于广东要实行全面综合改革和扩大开放、尽快使商品经济体制占据主导地位的战略部署,我们认为,广东应当以市场为导向,尽快建立市场型劳动工资管理体制。基于上述认识,本节试从理论和实践的结合上,探讨建立广东市场型劳动工资管理体制的基本模式和整体再造等问题。

一

党的十二届三中全会以来,对社会主义经济是有计划的商品经济这个问题,基本统一了认识。但是,对于究竟什么是有计划的商品经济,人们的认识尚不一致。由于认识上的差异,致使人们对劳动工资制度及其管理体制改革的认识和设想也就不同。有人主张继续以增强企业活力为中心,分头推进劳动、工资体制改革;有人提出开放劳务市场,但仅局限于企业招工范围;还有人强调劳动、工资、保险制度改革要综合配套,但没有明确提出要改革传统的劳动工资计划管理体制,建立起新型劳动工资管理体制。因而上述几种观点,都存在一个共同缺陷,就是没有一个系统的目标设想,改革的指导思想实际上还受旧体制的局限而停留在"撞击反弹式"的思路上,碰到什么问题就改什么问题。这不利于改革深化。我们认为,党的十三大提出要逐步建立商品经济体制的部署,是具有战略眼光的,其实质是要求把当前改革的具体任务与改革目标联系起来,进行系统考虑,同步配套，建立起新型的劳动工资管理体制。这对于指导当前的改革具有重要的现实意义。我国经济体制改革的目标模式是什么呢？简单地说，就是要建立社会主义商品经济体制。这个体制实质上就是市场经济体制。因此，当前劳动领域改革的重点应当依据建立市场经济体制的要求，系统设计、全面配套、分类指导、逐步推进，建立市场型劳动工资管理体制。我们的上述认识，是基于以下几点考虑提出来的。

（1）9年来劳动工资体制改革，采取分头推进的方式，虽然取得了突破，但无法形成新的体制。只有尽快在一个具有战略意义的市场体制指导下，进行综合改革，才能取得体制转轨的实质性进展。如果广东劳动工资改革不明确地把重点放在新体制的重新塑造上，就难以在短期内实现新旧体制转轨。东欧各国改革的历史表明，双重体制相持阶段是一个关键的时期，既孕育着机会，也存在着风险，如果新旧体制转轨迟迟不能取得突破，国民经济长期处于不能有效运行的状态，改革就会跌入陷阱而难以继续推进。

（2）作为社会主义商品生产经营者的企业，是市场的主体。在商品经济活动中，企业不仅有权根据市场状况决定自己的生产经营规模，而且有权决定招用劳动力的数量和质量等方面的要求。这些决定，归根到底都是根据市场状况做出的。在这里，市场起着主导作用。因此，原有的劳动工资管理体制必须以市场为导向，进行改革重构，建立起市场型的劳动工资管理体制，不能再实行高度集中统一的计划管理体制。

（3）在商品经济条件下，政府部门对劳动工资的管理，只能以市场为基础和依据，通过市场这一中介因素，进行宏观间接调节，不能再像过去那样通过下达指令性计划进行直接干预。

那么，市场型劳动工资管理体制本身究竟包含些什么东西，其基本模式是什么呢？

我们认为，市场型劳动工资管理体制是以劳务市场的全面建立为标志，以社会劳动力供求和企业工资分配全部进入市场、以政府间接调节为基本特征。它包含企业、市场、政府三个方面，具有"三位一体"的新特点。改革必须按照发展商品经济的要求，以市场为导向，把三者有机结合起来，从而构成灵活运作的有机整体。其基本目标模式是以建立开放型的社会主义劳务市场为导向，相应进行企业劳动、工资、保险、培训制度和管理体制的配套改革，争取用5年左右时间，在广东省内率先建立有利于社会主义商品经济和外向型经济发展的市场型劳动管理体制的基本框架，使劳动就业、工资分配市场化，激发劳动者的生产、经营积极性和创造性，不断提高企业劳动生产率。

这一新体制的基本特点和要求是：①在劳务市场活动中，企业和劳动者作为交换的双方，必须真正成为劳务市场的主体。企业有权自行任免、聘用和辞退劳动者，有权决定用工形式、工资分配方式和工资水平；劳动者有权根据个人的志趣和特长自由择业，合理流动。②必须建立和完善劳务市场机制，使企业和劳动者能够在一个平等的条件下竞争就业，包括在全省范围内建立统一开放的劳务市场场所，建立和发展劳动者和企业之间相互选择的劳动力交换关系，充分发挥市场供求机制、工资机制、竞争机制和保障性机制在配置劳动力资源中的功能作用。③根据市场运行需要，建立以间接调控为主的劳动工资管理体系，改变过去劳动部门只管城镇劳动力的缺陷，承担起管理全社会劳动力的责任。并确立国家对劳务市场的有效调节，制定劳动法规和市场规则，保护企业和劳动者的合法权益和公平竞争机会，使市场机制高效、正常、平稳地运行。

二

广东能否按照上述设想，用5年左右时间，率先建立起市场型劳动工资管理体制基本框架呢？9年来改革的实践经验告诉我们，当前，广东率先建立起市场型劳动工资管理体制的基本框架是可行的。

首先，从实践上看，改革开放9年来，广东社会主义商品经济的迅速发展，为深化改革、建立市场经济体制打下了较好的基础。突出表现在：旧的产品经济模式已被突破，有计划商品经济体制开始形成；人们开始注意运用价值规律从事经济活动，市场机制在经济运行中的作用逐步增强；多种经济成分和多种经济方式并存的格局和多层次对外开放地带基本形成，全省经济实力显著增强。9年来，全省累计实际利用外资54亿美元，引进了一批先进技术设备，建成了一批新企业，乡镇企业异军突起，达105万家，"三资"企业5100多家，"三来一补"企业近万家。以上企业从业人数达670多万人，基本上是由企业从市场上自行招收的，消化了大量从农村转移出来的剩余劳动力，减轻了社会就业压力。人们在改革中得到了实惠，对深化改革的经济、心理承受能力有了较大提高。

劳动工资制度改革取得了显著成绩。其特点是改革沿着建立有中国特色社会主义这一思路，运用市场经济规律，推进劳动、工资、保险三大制度改革，为加快体制转轨打下了良好基础，表现在：①企业用工制度改革打破了"铁饭碗"，全面实行劳动合同制，企业和劳动者初步获得了相互选择的自主权。全省劳动合同制工人达 71 万多人，占全民企业职工总数的 11%，开始显示出新制度下劳动力配置的灵活性。②企业工资制度开始突破国家直接控制的平均主义分配模式。目前，实行工资总额同经济效益挂钩的企业达 600 多家，企业内部分配自主权逐步得到落实，内部分配开始搞活。③劳动保险制度改革突破了过去由企业负担的旧模式，以社会统筹为特征的劳动保险制度开始建立。全省全民单位 95% 以上的固定工、合同制工都参加了社会统筹养老保险，部分职工参加了待业保险。④随着经济发展和"三结合"就业方针的贯彻，就业制度改革突破了统包统配的旧模式，劳动者有了自主择业权，劳务市场初步形成，除在职职工外，城镇待业人员和部分农村劳动力开始进入劳务市场自主择业。全省城镇就业压力减轻，城镇登记待业率下降为 1.8% 以下。情况表明，深化改革，建立以市场为导向的劳动工资管理体制已经具备了较好的社会经济条件。

其次，从理论上看，建立市场型劳动工资管理体制，是社会主义初级阶段商品经济发展的必然要求。党的十三大报告明确指出，我国正处在社会主义的初级阶段，其突出的景象是生产力落后，商品经济很不发达。因此，必须大力发展商品经济，发展生产力。而商品经济的基本要求在于等价交换，或者说是在交换中使消耗的劳动得到补偿。过去，我国传统经济体制的一个重要理论基石就是认为社会主义经济是非市场经济，企图通过高度集中的计划及行政命令手段来推动国民经济的运行，从而排斥商品货币关系，排斥市场机制的调节功能。在劳动工资管理方面，表现为不遵守等量劳动相交换的原则，在就业上搞统包统配，不允许劳动者自由择业；在分配上搞平均主义"大锅饭"，不允许用个人收入的差别激发劳动者的积极性，等等。这样做的结果是抑制了劳动者的积极性和创造性，不利于提高劳动效率和经济效益。事实上，任何社会的生产都是为了获得某种经济利益。邓小平同志曾指出："我们提倡按劳分配，承认物质利益，是要为全体人民的物质利益奋斗。每个人都应该有他一定的物质利益。"（见《党和国家领导制度的改革》一文）。人们在直接生产、交换、分配、消费过程中的相互关系，都表现为经济利益关系。即使在社会主义公有制条件下，劳动者的劳动仍然是一种私益性的劳动，仍然是谋生的手段，劳动者从事生产活动的基本动因是追求个人利益。因此，必须建立市场型劳动工资管理体制，把等价交换这一商品经济原则渗透劳动工资领域的各个方面，使劳动力流动、工资分配都按照商品等价交换原则来对待。这样，就会极大地激发劳动者的积极性，保证我国社会经济活动效率原则得以实现。

总之，当前广东已具备了建立市场型劳动工资管理体制的条件，只要我们抓紧利用这一有利时机，因地制宜，因势利导，积极推进以市场经济为导向的劳动工资管理体制改革，新体制的基本框架有可能在5年内建立起来。

这一新体制的建立，无疑必将在经济发展方面产生积极的推动作用。在理论方面也将具有很大的价值，具体表现在以下四个方面。

（1）有利于广东尽快结束"双轨制"格局，形成新体制框架，使广东在劳动工资领域按照商品经济规律办事的原则得到真正的贯彻。近年来的改革实践表明，"双轨制"割裂了市场，造成了市场信号、行为、功能的紊乱。例如，一方面我们在劳动工资领域积极引进市场机制，全面实行劳动合同制，促进劳动力的合理流动。另一方面，大中专技校毕业生和复退军人仍实行固定工制度，这就引起了负效应，使原有的固定工制度难以搞活，一些企业技术骨干纷纷跳槽或被挖雇，迫使劳动部门又采用旧体制的做法对付市场运行中出现的问题，因而矛盾更大，新体制无法完善。由此可见，继续在"双轨制"条件下搞改革是没有出路的。市场型劳动工资管理体制的建立，将有利于按照市场规律来解决在"双轨制"条件下出现的问题，从而逐步建立起社会商品经济运行的新秩序。这在客观上，也将有助于推动广东尽快建立起适应商品经济发展要求的新体制。

（2）有利于广东扩大开放，实施沿海经济发展战略。中央提出实施沿海经济发展战略，实质上就是要变封闭性经济为开放性经济，扩大开放，参与国际分工和竞争。广东改革开放9年来，利用外资兴办"三资"企业、"三来一补"企业和乡镇企业，改造了一批老企业。这些遍布珠江三角洲的企业，成为重要的出口生产基地。从当前世界经济发展趋势来看，发达国家出现了技术高和劳动费用高的新格局，因而导致资本家把资本和劳动密集型产业转移到劳动费用低的地区。广东正面临着这样的机遇。因而，在经济发展诸要素中，虽然人、财、物和技术都很重要，但最重要的是人。资本的转移，必须有劳动力的转移相伴随，才能形成生产力。广东在发展外向型经济方面，虽然有着得天独厚的优势，但如果不彻底改革旧的劳动工资管理体制，按照国际惯例，建立起市场型的管理体制，充分发挥人的优势，就无法为发展外向型经济创造有利条件。

（3）有利于完善企业竞争环境，使企业真正成为市场的主体。建立市场型管理体制,企业可以理直气壮地按照价值规律调节劳动力的供求关系。价值规律是商品经济条件下的一个普遍规律,它作用的结果之一是驱动企业为实现利润最大化目标从而节约活劳动。传统的劳动工资体制造成企业存在大量冗员,增加产品成本,效率低下。改革中的"双轨制"又使企业无所适从,旧的公平与效益关系制约着企业无法采取措施实现劳动组织优化。只有建立市场型劳动工资管理体制,才能够使企业真正享有商品生产者的权利,并按照价值规律,决定自己对劳动力的质和量方面的需求,招收生产上真正需要的人员,从而实现劳动力资源的优化配置。

(4)有利于体现劳动者的主人翁地位,提高劳动者的素质和积极性。长期以来,劳动者没有择业权,主人翁地位实际上并没有兑现。建立市场型劳动工资管理体制,逐步做到让劳动者按照自己的志向、专长和爱好,通过劳务市场,平等地竞争择业,这会使劳动者感到自己平等享有劳动的权利得到实现,主人翁地位有了保障。因而个人的聪明才智和积极性会充分发挥出来。同时,劳动者也将意识到市场竞争就业,必然会使一些人因素质差或其他原因而暂时找不到工作或工作后又被辞退,这在客观上会迫使劳动者积极参加各种职业培训,努力提高自身素质。这正是我们发展生产力所需要的。

三

诚然,广东率先建立新体制意义重大,而且有着许多有利条件。但是,还应看到,要在5年左右建立起市场型劳动工资管理体制的基本框架,碰到的问题将不少。当前,改革中存在的问题主要表现在以下三个方面。

从企业角度来看,由于双重体制并存,旧的劳动工资管理体制的惯性仍然起作用,改革过程中下放给企业的招工、用工、内部分配自主权不能真正落实。不管企业是否需要,每年大中专毕业生和复退军人,照样按照计划硬性安排。原来国家统包统配的职工,还有个计划管着,企业无权辞退。职工队伍中,近3/4的固定工还捧着"铁饭碗",难以合理流动,人们慨叹:调动路上走3年,人才流动比登天难。在工资分配方面,因受各种因素构成的复杂矛盾所制约,实行工资总额与经济效益挂钩的企业还属少数,平均主义、互相攀比的现象还很严重;劳动保险方面,职工养老保险和待业保险还只是在部分职工中推行,覆盖面不广,社会化程度不高。

从市场发育情况来看,劳务市场虽初具规模,"三资"企业、"三来一补"企业、乡镇企业、集体企业的劳动力进入并活跃了劳务市场，但在劳动计划管理体制之内的国营企业职工相当部分还未进入市场；高度集中统一的劳动工资计划管理体制没有从根本上得到改革，劳务市场机制的形成因而受到很大限制。表现在职工流动中，行政手段干预多，市场调节作用少，所开办的劳务市场、技工交流活动成交率不高。再就是市场的管理服务机构建立少，还未形成网络，已成立机构的职能未能明确，人员素质不高，市场信息不能及时收集、整理、传递和反馈，市场运作不灵。

从宏观间接调控体系的建立来看，还很不完善。主要表现在两个方面，一是劳动行政部门职能转变滞后，未能主动改变单纯用行政手段管理劳动力的局面，使间接调控机制难以形成。二是劳动立法存在不少薄弱环节，劳务市场开放后，没有及时制定市场运行规则和劳动法规，以约束市场行为，在劳动保护方面出现了雇佣童工现象。在工资福利方面，出现了个别企业有意压低或克扣工人工资、福利的情况，劳动争议也不少，亟须研究制定市场规则及劳动保护、最低工资标准、劳动争议仲裁等法规。

总之，上述三方面存在的问题和矛盾是相互联系、相互制约的。它既增加了下一步深化改革的困难，也使我们看到今后改革的主攻方向。

四

根据上述分析，不难看出，改革是一个复杂的社会系统工程。广东要按照商品经济发展要求，建立市场型劳动工资管理体制，任务十分艰巨。近期内，要紧紧围绕建立健全劳务市场机制这一中心，着重抓好以下五个方面的配套改革。

（1）改革高度集中统一的劳动计划管理体制和企业用工制度，开放劳务市场，逐步建立适应商品经济发展要求的劳动管理体制和用工制度，形成劳动力按照市场规律自动调节的供求机制。

9年来，广东劳动工资制度改革虽然在不少方面取得了突破，但始终没有触动产品经济下形成的高度集中统一的劳动计划管理体制这个根本问题，致使企业招工用人始终受到限制。实践证明，要从根本上改变这种状况，在宏观方面，必须改革旧的劳动计划管理体制，开放劳务市场，引进市场机制，用市场机制来调节劳动力的供求关系。劳动力流动的市场机制是什么？就是劳动力在数量和质量的供给与需求的关系，按照商品平衡的自然规律，调节劳动力流动的流向、规模以及速度的一种自发制导。这种机制，充分体现了商品经济活动中的平衡规律,因而既有合理性,又能使劳动力与生产资料实现优化组合。1988年年初,广东已明确提出改革旧的劳动计划管理体制,实行分级管理、分层调控,各级劳动部门不再直接下达职工人数计划,企业招不招工、招多少工、招什么样的工,由企业根据生产经营需要自行决定、择优录用。但这一改革正在起步,今后要逐步深化。近期内,可考虑对国营企业用工先以工资总额计划进行调节和引导。对农村劳动力进入城市劳务市场,仍采取适量控制的办法。待经济发展、农产品价格基本理顺后,才逐步放开。并过渡到完全由市场机制进行调节,打破城乡劳动力长期阻隔的格局,允许所有社会劳动力自由择业,合理流动。

在微观方面,要改革"铁饭碗"用工制度,全面实行劳动合同制,以利于劳动力的合理流动,原有的固定工制度是与产品经济体制向联系的。开放劳务市场后,企业用工不再沿用固定工形式,而是全面采用合同契约形式。因此,当务之急是在扩大劳动合同制实施范围的同时,引进竞争机制,采取劳动组合、择优上岗等形式全面搞活固定工制度,逐步做到所有职工不再捧"铁饭碗",企业对于劳动表现好、能胜任本职工作的,可以与之签订长期合同,以保持企业职工队伍的相对稳定。相反,则允许企业辞退生产不需要的职工和允许劳动者辞职,从而使企业用工、劳动者就业都借助市场功能来实现。

(2) 改革工资管理体制和企业工资分配制度,使过去直接管理型工资制度向分级管理、分层调控的间接管理制度转变,使工资的职能在维持劳动力生存和再生产需要的同时,发挥其调节和激励劳动者的经济杠杆作用。

根据市场原理,劳务市场的成熟程度,不仅取决于企业和劳动者是否具有相互选择的自主权,还取决于劳动报酬是否可由双方在平等条件下协商确定。长期依赖统包统配、统收统支的体制,剥夺了企业分配自主权,把本来属于国民收入初次分配性质的企业职工工资,搞成全由国家决策分配。近年来,工资管理体制改革探索把重点放在搞活企业,给企业分配自主权方面,取得了可喜的成果。但是,工资分配受价格、财税等多种因素的制约,进展较慢。我们认为,企业工资制度改革要分两部走,每一步要处理好两个层次的改革,第一个层次是解决国家与企业的工资分配关系;第二个层次是搞活企业内部分配。两者相互联系,关系密切。近期内,先走第一步,改变过去一切都要听从国家指令下计划的分配格局,建立起分级管理、分层调控的工资管理体制。在国家对广东工资总额的增长,采取与全省经济增长综合指标挂钩的同时,在广东省内,企业工资与机关、事业单位脱钩，并全面推行工资总额与经济效益挂钩。在企业内部，工资分配制度要做到准确反映职工的劳动差别，把职工劳动报酬与贡献挂钩；工资分配形式、水平由企业视生产经营特点决定，允许合理拉开档次，多劳多得，少劳少得，反映出不同行业、工种、劳动强度大小、基数高低的差别，使劳动者就业能够在一个比较合理的分配环境中竞争。

第二步，在逐步理顺价格关系的同时，逐步过渡到"国家立法征税，企业自主分配"的新格局。国家不再直接控制企业工资总额，而是通过征收工资调节税或个人收入所得税的办法来调节，使企业的分配水平和分配方式大体趋于合理。企业在工资分配上有较充分的自主权。企业内部职工工资不再执行同一工资标准，而主要是由企业根据生产经营状况、劳动力市场供求状况和职工本人劳动贡献来决定。

(3) 改革劳动保险制度，逐步建立健全以养老、待业保险为核心的全社会、多项目、多层次的社会劳动保险体系，形成统一、有效的社会化劳动保障机制。

引入市场机制是促进劳动力合理流动的启动枢纽，无疑在开放劳务市场方面具有很大意义。然而，如果只是这一改革单项推进，没有保障机制作为后盾的话，则将造成社会震荡。因此，必须相应或略为超前改革劳动保险制度，变企业保险为社会保险，使市场机制运作下出现的待业人员获得必要的物质帮助，以保证社会安定和改革的顺利进行。当前，改革的主要内容是：①在城镇单位所有职工中全面建立统一的养老保险制度，实现养老保险一体化，使所有城镇劳动者都能享受退休养老保险待遇。②逐步建立和完善包括所有职工在内的待业保险制度，使一些就业后又待业的劳动者能从社会得到一笔正常的满足基本生活需要的费用，同时，开发新的就业场所，进行职业培训和介绍就业，使待业人员尽可能地转入就业。③逐步研究建立包括所有职工在内的社会工伤保险制度和新的医疗保险制度，以减轻企业负担，增强活力。④建立职工生活困难补助基金制度。总之，通过上述改革，为全面开放劳务市场创造适宜的社会、经济环境，促进市场机制的建立和完善，使市场化就业、优胜劣汰原则得以真正实施。

(4) 改革工人技术培训制度，建立和发展多形式、多层次、多渠道、多功能的培训体系，积极开发劳动力资源，提高劳动者素质。

在商品经济条件下，就业方面优胜劣汰的竞争规律，将使劳动者在竞争中承受更多的风险，特别是随着科学技术的不断进步，企业对劳动者的素质要求越来越高。如果不改变过去渠道单一的培训制度，就无法满足企业对不同技术层次上的劳动者的需求,社会劳动力就业就无法实现良性循环。因此,改革工人技术培训制度也是配套改革的一项重要内容。总的说来,改革要按照市场需求,调整培训的层次结构,实行多渠道公开办学、有偿培训、统一考核、社会认证、持证上岗、按岗取酬等制度。参加培训后毕(结)业的人员,国家不包分配,统一进入劳务市场,让其竞争就业,从而促使在职劳动力不断提高素质,进而提高就业水准,使新成长的劳动力逐步提高质量,并在高质量、高水准上就业,以适应企业的择优需要,避免因就业市场化导致的结构性待业或摩擦性待业。

(5) 建立健全宏观调控服务体系。

根据市场运行需要建立宏观调控服务体系,是建立完善市场型劳动工资管理体制的内在要求。建立宏观调控体系关键在于转变管理职能,变直接管理为间接管理,变直接指挥型为间接指导服务型。具体说来,要做好以下工作:①加强对劳动力资源总量及就业趋势进行调查、预测,为劳动力供求双方提供职业信息,引导就业,促进就业结构合理调整。②制定劳动法规和市场规则,保护用工单位和劳动者在市场活动中的合法权益和平等计划。如制定劳动力合理流动、劳动保护、最低工资法、劳动仲裁等法规,保护市场活动的有序性和规范性。③建立健全劳务市场管理机头和劳务信息反馈系统,开展职业介绍和咨询服务,及时、灵活地调节劳动力的供求关系。

五

建立新体制是一项复杂的社会系统工程,在推进改革的过程中,必须充分考虑各种因素,诸如物价、财税、住房、户籍以及经济发展等因素对深化劳动、工资制度改革的影响,同时又要考虑到广东经济发展不平衡的特点,在具体操作过程中,应采取分类指导、分步实施、区域推进的策略。在时序安排上,5 年内可分为两个阶段进行。

(注:本文写于 1988 年 6 月 15 日,提出了笔者对当时推进广东企业劳动工资制度综合改革的总体设想。)

第四节　深化企业劳动工资制度改革的思考

根据党的十三大对经济体制改革的部署和国务院批复我省深化改革、扩大开放、加快经济发展请示报告提出的要求，今后，广东省劳动工资制度改革，要围绕企业转变经营机制这个中心，以加快培育建立劳务市场为重点，用足、用活中央给广东省的权力，加快劳动计划管理体制、企业用工制度、工资分配制度的改革，加快建立社会保障体系，逐步完善劳务市场，争取在三五年内，建立起适应社会主义商品经济和外向型经济发展需要的劳动工资管理体制。要着重抓好以下三个方面的工作。

一、深化劳动计划管理体制和用工制度改革

广东深化劳动制度综合改革，要着重解决四个问题。

（1）改革劳动工资计划管理体制。这项改革要本着"宏观调控、微观搞活、权力下放"的原则，把人头数计划控制，改为工资总额计划控制；绝对指令性计划控制，改为与经济效益挂钩指标的弹性控制；集中统一管理，改为分级管理、分层调控，扩大地方、部门、企业的自主权。具体办法是，从1988年开始，除国家机关、事业单位的职工人数，仍按广东省核定的编制控制外，所有国有企业和实行企业管理的事业单位的职工人数，均按工资总额与经济效益挂钩，分级管理，分层调控的办法控制。省、市、县和企业主管部门不再下达企业单位和实行企业管理的事业单位的职工人数计划和增加职工的指标。企业和实行企业管理的事业单位，可根据市场的供求，决定自己的生产、经营规模和职工人数的增减。但增加职工而增加的工资总额，要控制在随经济效益增长而增长的工资总额范围之内。对于工资基金的控制，从1988年起，广东省对所有国有国营企业和实行企业管理的事业单位，均实行工资总额与经济效益挂钩，分级管理、分层调控办法。省负责核定各市和省主管部门所有企业的全部工资总额基数、挂钩的经济效益指标基数以及工资总额与经济效益挂钩指标增长的比例。在这个范围之内，市对县、市、区对主管部门、主管部门对企业，要进行层层分解，把两个基数、一个比例，落实到每个企业单位。同时，各级都要负责所属企业的工资总额增长，不突破上一级核定的随经济效益增长的比例。如有超过，要在下一年负责扣回；如有结余，有权调剂使用。

实行企业工资总额与经济效益挂钩后,企业增加职工不再增加工资总额,减少职工,可以少减或不减工资总额,以鼓励企业挖掘劳动潜力,提高劳动效率。但有两种情况,要另做处理。第一个是新建扩建企业,在建设期间,未形成经济效益,这些企业因增加职工而增加的工资总额如何处理?我们的意见是,按规定的批准权限,批准新建、扩建企业的部门,在批准项目的同时,应核定其职工人数的定员;按建设进度增加人员所形成的工资总额,在筹建期间可以单列,投产形成效益后,即实行工资总额与经济效益挂钩,纳入各级工资总额与经济效益挂钩的基数。第二个问题是国家规定必须安排的城镇复员退伍军人和转业干部,他们安排到企业后,其增加的工资总额如何处理?我们的考虑是,城镇复退军人和转业干部,目前还是由国家统一安排工作,他们到企业后,还不可能立即创造与他们工资相适应的经济效益,因此,他们安排到企业后,可以按照他们实际增加的工资,相应增加企业工资总额基数。

(2) 深化用工制度改革。改革用工制度的目的,主要是革除现行用工制度中统包统配"铁饭碗"能进不能出的弊端,把竞争机制引进企业劳动管理,为完善企业经营机制,开放劳务市场创造必要的条件。国务院批准广东省深化改革,一方面是要逐步缩小国家对劳动就业的统包统配,扩大劳动合同制的实施范围。目前,从社会招工人都实行了合同制,但大中专学校的毕业生和部分技工学校毕业生,仍由国家统一分配,当固定职工,捧"铁饭碗"。另一方面,城镇复员退伍军人和部队转业干部,国家也规定要统一安排,当固定职工。这些方面的人员,我省每年要安排五六万人,数量是很大的,如果不进行改革,企业用工制度就难以搞活。近几年来我省已有部分市县对技工学校毕业生和城镇复退军人安排当合同制工人,效果是好的。原劳动人事部已经通知从 1988 年起,技工学校新招的学生毕业后实行劳动合同制,其他大中专院校毕业生和城镇复退军人,今后也要逐步朝这个方向改革。当前深化用工制度改革需要解决的另一个方面的问题是搞活现有固定工。我省国营企业现有固定职工约 240 万人,占企业现有职工人数的 2/3,其中,相当一部分是企业的生产、业务、技术骨干,也有一部分是用非所学、用非所长。他们是在统包统配的劳动制度下,分配到企业来的,至今仍捧着"铁饭碗",能进不能出。近年来,我省一些企业,结合承包经营和厂长(经理)负责制,把竞争机制引进企业劳动关系,从上到下,从干部到工人,实行层层承包、择优组合,被组合的职工,都与承包经营者签订劳动(聘用)合同,规定双方的责(职)、权、利。未被组合的人员，有的作厂内提前退休，有的由企业和主管部门组织他们另辟新的生产服务事业，或者进行转业培训，有的通过劳务市场，介绍就业，有的保留工龄，让他们自己组织起来就业或自谋职业。通过这样的层层择优组合，签订劳动（聘用）合同，逐步向劳动合同制方向转变。

（3）加快培育和建立劳务市场。党的十三大提出"要加快建立和培育社会主义市场经济体系"，并明确指出"社会主义的市场体系，应当包括劳务等生产要素市场"。如何建立和培育劳务市场呢？我们的设想是，首先，要通过深化改革，为开放劳务市场创造必要的条件：一是允许劳动者在地区之间、单位之间合理流动，使劳动者个人有职业选择的自由；二是使企业有用人的自主权，包括有权招收生产、经营需要的人员，辞退生产经营不需要的人员；三是劳务报酬要由用人单位和劳动者，在平等的条件下，互相协商确定。上述基本条件具备的程度，决定劳务市场的开放程度。其次，要发展劳务中介服务机构。劳务中介机构，是劳动者也用人单位互相选择的媒介。通过中介机构，劳动者和用人单位可以在更大范围内进行互相选择，实现最佳的结合。劳务中介机构不但劳动部门办，也应该允许社会和私人组织举办，而以劳动部门举办的中介机构为主，社会组织和私人举办的中介组织为补充；综合性中介组织和专业性中介机构相结合，形成多层次、多功能的中介网络，为用人单位选择合适的劳动者和劳动者选择合适的职业提供方便。最后，要建立劳务市场的管理制度。各级劳动行政部门是统一管理劳务市场的机构。劳动行政部门主要通过如下形式，对劳务市场进行管理。一是制定劳务市场管理法规，并监督其贯彻实施；二是运用法律的、经济的和行政手段相结合的办法，调节劳务市场的供求；三是通过建立市场信息反馈系统，指导劳务交流活动；四是对劳务交流活动中的争议事项，依法进行调处仲裁。

（4）改革工人技术培训制度。我们设想，加快工人技术培训制度改革的目标是把过去按照国家指令性计划组织工人技术培训和毕业生由国家统一分配的制度，改为按市场需要，面向社会，由国家、企业、社会各方面组织培训，开放技术工人培训市场，建立和发展多种形式、多层次、多渠道、多功能的培训体系，实行有偿培训，毕业生国家不包分配，通过市场由供需双方选择，近期内，此项改革的重点包括以下四个方面。

第一，建立公开办学、有偿培训的制度。要调动社会各方面办学的积极性，除劳动部门举办的技工学校和培训中心外，有条件的部门、企业、社会团体、私人，经过批准都可以根据社会经济发展需要，因地制宜开办各种职业技术培训学校（班），还可以接受港澳同胞、华侨捐资赞助办学。同时，为提高职业技术培训的效益，要实行有偿培训。培训单位为用人单位培训合格的劳动者，可向用人单位收取适当的培训费。培训单位也可与用人单位签订合同，实行定向有偿培训。

第二，要把市场竞争机制引入工人技术培训工作。一是培训内容专业设置、培训对象、培训数量、培训目标，都要根据劳务市场的需要进行安排。高级、中级、初级各个技术层次工人的培训，都要按照劳务市场供求和技术发展需要确定。二是对技校和各类培训班培训出来的人员，国家都不包分配，通过劳务市场自谋职业。三是技工学校招生培训计划也要相应改革，逐步放开，把目前的指令性计划改为指导性计划，让技工学校根据劳务市场需要确定招生人数。

第三，统一工人技术标准，实行考核发证、社会认可的制度。工种技术标准由劳动部门委托主管部门或企业制定。工人达到技术等级应知应会标准，可由劳动部门认可的考核机构考核，考核合格由劳动部门统一发证，社会公认，以适应劳动力管理社会化的需要。

第四，建立和完善工人技术职务系列及技术岗位等级系列，实行持证上岗制度，把工人技术等级、岗位职责、工资报酬统一起来，以调动工人学习技术的积极性。

二、全面推进企业工资制度改革

根据当前企业分配制度的情况，企业工资制度改革，应进行两个层次的改革。第一个层次是解决国家与企业的工资分配关系。第二个层次是搞活企业内部分配。这两个问题是相互联系的，而解决前者是解决后者的前提。在国营企业工资制度的改革中，从总体上讲，需要采取两个步骤，近期要全面实行企业职工工资总额同经济效益挂钩，使企业职工工资的增减，取决于企业经济效益的高低。远期要逐步实现企业"自主经营、自负盈亏、自主分配、国家征税"的目标。

企业工资制度改革，为什么在近期要实行全面推行企业工资总额与经济效益挂钩呢？简单地说，原因可以从这四个方面加以说明：第一，实行工资总额与经济效益挂钩，是商品经济条件下，贯彻按劳分配原则的需要。第二，实行工资总额与经济效益挂钩，是落实企业分配自主权、调动职工积极性的重要措施。第三，实行工资总额与经济效益挂钩，是保证国家财政收入稳定增长，实现工资有计划、按比例增长的保证。第四，实行工资总额与经济效益挂钩，是承包经营的重要内容和配套改革的措施。既然这样，应当怎样进行挂钩呢？根据近几年的实践经验，工资总额与经济效益挂钩的形式应因企业的情况不同而各异，企业可根据国民经济发展对企业经济效益的要求和企业的生产经营特点，选择适当的挂钩形式和挂钩指标。

（1）工资总额与上缴税利挂钩。上缴税利能够基本稳定增长的企业，可以实行这种办法。

（2）工资总额与实现税利挂钩。实行了承包经营责任制，确定了承包基数和递增比例的企业，在保证完成上缴税利任务的前提下，可以实行工资总额与实现税利挂钩。

（3）工资总额与实物量挂钩，或叫单位产品工资含量包干。具备以下条件的企业可以实行这种办法：在较长时期内，生产国民经济急需的、市场紧缺的或可大量出口的产品；产品品种单一或可按标准产品折算产量；有严格的、系统的质量检验制度和生产资料消耗定额管理制度。实行工资总额与产物量挂钩办法的企业，原则上以销售出去的合格产品计提工资。

（4）百元产值工资含量包干。目前只限于建筑施工企业实行这种办法，建筑施工企业实行这种办法，也要不断加以完善。

（5）工资总额与实际工作量挂钩。国民经济中急需发展，并且是企业的社会经济效益主要反映在工作量指标上的行业和企业，可以实行这种办法。铁路运输企业可实行换算吨公里工资含量包干；公路运输、公共交通企业和航运企业可实行工资总额与实际工作量及利润指标双挂钩；港口可实行工资总额与吞吐量及利润指标双挂钩；电力企业可实行工资总额与售电量挂钩办法。

（6）商业服务企业，可实行工资总额同销售额（或营业额）和上缴税利双挂钩。对一部分的经营批发业务为主的企业，应实行工资总额与上缴税利挂钩。

（7）以出口创汇为主的企业，可实行工资总额与创汇额和上缴税利双挂钩。

除上述七种办法外，其他有利于促进生产力发展、提高经济效益，能正确处理国家、企业、职工个人三者利益关系的挂钩形式，也可以在少数企业试行，通过总结经验逐步完善。

工资总额与经济效益挂钩，是两者增长率的挂钩。因此，不论采取哪种挂钩形式，都要合理核定工资总额基数和挂钩经济指标基数以及两者的浮动比例。总的原则是，工资总额的增长要低于经济效益的增长，经济效益增长潜力大的企业，工资增长比例应低一些，经济效益增长潜力小的企业，工资总额增长的比例可以高一些。为了促进企业全面提高经济效益，除了考核挂钩的经济效益指标外，还要根据企业生产经营的特点，考核其他经济效益指标。如质量指标、劳动生产率指标等。企业实行工资总额与经济效益挂钩以后，为了鼓励企业提高劳动生产率，规定增人不另外增加工资基金，减人可以少减或不减工资基金。这样，用人权就可以完全放给企业。

工资总额同经济效益挂钩是近期内处理国家与企业工资分配关系的比较好的形式，但不是最终的形式。最终的形式是绝大多数企业实行"自主分配、国家征税"。所谓"自主分配"，就是企业在工资分配上有比较充分的权利。即有权根据生产经营概况和劳动力供求关系，确定本企业的工资水平；有权根据生产工作特点，采用适当的工资形式和分配办法；有权根据实际需要调整本企业职工之间的工资关系；有权在国家法令允许的范围内，通过增加生产、扩大经营、降低物耗等合法途径取得资金来源增加职工工资。所谓"国家征税"，是指对企业的工资分配，主要通过征收工资税和工资立法进行宏观调控，使企业的分配水平和分配方式大体趋于合理。对少数由国家直接管理的公益性行业和企业，难以实行"自负盈亏"的，可以不实行企业"自主分配、国家征税"办法。这些行业和企业的工资分配仍由国家统筹安排。

上面讲的企业工资改革需要解决的第一个层次问题，即国家与企业的工资分配关系。企业工资改革需要解决的第二个层次的分配问题是企业内部分配。搞好企业内部分配，一般说，要处理好以下几个方面的问题。

第一，要把工资分配同职工的劳动贡献挂钩起来。实行承包经营的企业，要把承包指标层层分解，落实到每个车间、科室和班组。对职工个人分配，能实行计件工资的要实行计件工资，不能实行计件工资的要实行定额工资。做到多劳多得，少劳少得，拉开分配差距，实行按劳取酬。

第二，要处理好各类人员的分配关系，如脑力劳动与体力劳动、复杂劳动与简单劳动、繁重劳动与轻便劳动，以及职工收入和经营者收入等各方面的关系问题。

第三，要做好按劳分配的各项基础工作，建立健全严格的、科学的考核制度，如定员定额制度，经济指标完成情况考核制度，质量监督管理制度，检查计量制度，等等，做到考核指标数据化。

第四，要建立以丰补歉的工资调剂基金。在商品经济条件下，企业的生产和经济效益情况受市场的影响较大，企业的经济效益和工资一般不可能是直线增长。为了保证职工的收入不致大涨大落，企业每年提取的工资增长基金就不能分光发光，而要适当留有余地，建立以丰补歉的工资调剂基金。

第五，要改革现行的企业工资标准和按行政职务确定企业规格的办法。1985年企业工资套改时建立起来的统一的企业工资标准和按行政职务划分的企业规格，在当时的客观条件下是必要的，特别是在国家现行离退休费的计算规定没有改革的情况下，统一的工资标准是计算离退休费的依据。但是随着商品生产发展，市场体系的建立和企业工资制度改革的实施，企业分配自主权的扩大，统一的工资标准和按行政职务划分企业规格，束缚了企业的自主分配权，需要在改革现行离休、退休制度有关离休、退休费计算规定办法的基础上加以改革。

以上是企业内部分配这个层次的改革所需要解决的几个问题，至于企业内部具体分配形式和分配办法，要根据各个企业不同的生产、经营特点，由企业自主决定，不能搞统一的模式。

三、改革劳动保险制度，积极推进劳动保险社会化

1985年年初，中央领导同志指出："社会保障问题，是改革中必然提出的和必须予以配套改革的重要方面。"党的十三大报告又明确提出："应当积极推进公共福利事业的社会化。"中央的指示，不但肯定了劳动保险制度在经济体制改革中的地位，而且指明了改革的方向。社会劳动保险制度是社会保障制度的重要内容，同时也是建立和完善劳务市场制度体制的重要配套措施。长期以来，我国劳动保险制度是一种由企业包干的保险制度，弊端甚多。今后随着改革的深化和全面开放劳务市场，劳动力要相对流动，商品经济优胜劣汰的竞争规律使劳动者在竞争中承受更多的就业风险，如企业破产、辞退工人、意外事故的出现等，这都要求社会为劳动者提供必要的生活保障。因此，今后劳动保险制度改革要朝着社会化方向转变，为全面开放劳务市场创造适宜的经济环境和社会环境。改革的目标是逐步建立以养老保险为核心的社会多项目多层次的社会保险体系。所谓"全社会"，就不单是国营企业职工要实行社会保险，集体企业、"三资"企业、乡镇企业和私营企业以及个体雇工，都要实行社会保险。不但固定工、合

同职工要实行社会保险，临时工也要实行。所谓"多项目"，就是既要建立养老保险、待业保险、工伤保险，也要改革现行医疗保险制度。所谓"多层次"，就是保险待遇不搞"一刀切"，要考虑企业的承受能力，只统一国家法定保险待遇，各个企业可以根据经济情况，另建立补充保险，个人也可以搞储蓄保险。

近期内，改革主要从以下四个方面逐步开展。

（1）全面建立职工退休养老保险制度。改革的近期目标是在城镇单位所有职工中全面建立统一的养老保险制度，使所有城镇劳动者都能够享受退休养老待遇。养老保险基金由国家、企业、个人三者合理负担，以企业负担为主，个人少量收费，按照"以收定筹、略有积累"的原则建立统一的专项养老保险基金，逐步实现基金一体化。目前，按标准工资计算养老保险待遇的办法，已经不适应工资制度改革的需要，必须改革。今后要采取按全部工资收入计算离、退休待遇的办法。为了保证离、退休职工的生活不致因物价上涨而受过多影响，要研究提出离休、退休待遇与物价相联的办法。

养老保险由劳动行政部门的社会劳动保险公司统一管理，形成以省、市、县三级管理为基础的社会化、专业化管理体系。全省逐步建立职工保险识别号，对各种不同所有制和用工形式的职工、个体劳动者的养老保险实行综合管理。

1988年，要在巩固全民所有制单位固定工、合同制工人养老保险制度的基础上，建立临时养老保险制度，扩大集体所有制单位统筹保险范围，有条件的地方，也可以在乡镇企业、私营企业进行试点。

（2）逐步建立和完善包括所有职工在内的待业保险制度。待业保险是保障职工待业期间的生活，并为其再就业创造必要的条件。待业保险的范围，也必须是全社会的，包括所有企业的所有职工。1988年必须在巩固完善国营企业职工待业保险制度的基础上，把全民带集体职工纳入待业保险范围，同时制定临时工、县以上集体所有制职工和"三资"企业中方职工以及城镇私营企业职工的待业保险具体办法，并着手研究乡镇私营企业个体劳动者的待业保险问题，先行试点，然后有计划有步骤地在全省逐步推开。

职工的待业保险工作，由各级劳动行政部门的劳动服务公司统一管理。与劳动市场的调节以及劳动就业工作结合起来。待业保险金，逐步由市县统筹过渡到全省统筹；要通过开放劳务市场，运用好待业保险基金，搞好待业职工的专业培训和扶持就业，尽可能缩短职工待业周期。

（3）要建立社会工伤保险制度。保障劳动者在生产过程中安全健康，是我们党和国家的一贯方针。新中国成立以来，国家颁布了一系列安全生产的方针政策规定，对保障职工的安全健康起到了积极的作用。今后，在发展社会主义商品经济的同时，安全生产的方针还要继续贯彻。应当看到，人们在社会活动中，自然灾害和意外事故不可能完全避免。而一旦发生事故，特别是重大事故，往往给企业造成重大损失，严重的会使企业破产。目前，对因公伤亡人员一般采取照顾安排工作，实行养起来的政策，或者是照顾吸收亲属子女的办法处理，这种办法与商品生产，职工流动的要求不相适应，必须进行改革，建立社会工伤保险制度，使企业职工因工伤亡的经济补偿从单纯由企业负担扭转为由社会保险机构统筹支付。

社会工伤保险制度的实施范围，应当包括所有企业的所有职工。保险基金，由企业按照工资总额的一定比例交纳。费率根据行业和工种的危险程度、工伤事故发生频率高低分别确定。

社会工伤保险基金由各级行政部门的社会劳动保险公司统一筹集、统一管理，调剂适用。1988年要着手研究拟订工伤保险办法，争取明后年实施。

（4）改革医疗保险制度。目前由国家统包的企业医疗保险制度，药品浪费、经费超支的情况很严重，也不利于加强企业劳动纪律，必须进行改革。改革的原则是在保证医疗、节约开支、克服浪费的前提下，兼顾国家、单位和个人的利益和承受能力，实行医疗费用与个人利益适当挂钩，个人负责少量费用，企业、医疗单位、个人三方制约、合理负担的办法控制医疗费开支。同时适当调整医疗费用提取比例，逐步实现社会统筹医疗保险。

此外，要建立困难职工补助基金制度。职工困难补助基金的来源，由征收的奖金税、工资调节税和个人所得税扣除各级财政部门的税收留成后组成。必要时可开征高消费品附加税作为职工困难补助基金的补充来源。

职工困难补助基金用于对家庭生活收入低于生活贫困线的公职人员、企业职工、离退休人员和待业职工进行困难补助以及因病伤亡职工遗属的困难救济。

（注：本文写于1988年。根据党的十三大对经济体制改革的部署和《国务院关于广东省深化改革扩大开放加快经济发展请示的批复》报告提出的要求，广东应当如何推进具有决定意义的价格改革和工资改革？这是我们面临的新任务。在此关键时期，笔者总结了广东省9年来劳动、工资、保

险制度及其管理体制改革的做法和经验,提出了今后深化改革的基本思路。)

第五节 江门市改革工资计划管理体制,为增强企业活力服务

江门市位于广东省中南部,珠江三角洲西部,毗邻港澳,是全国著名侨乡。1985年3月经国务院批准列入珠江三角洲经济开放区,现辖7个县(区),总人口346.2万。党的十一届三中全会以前,江门市经济基础薄弱,1979年全市工业总产值仅12.5亿元,全民工业企业全员劳动生产率9341元。十一届三中全会后,江门市认真贯彻中央关于改革开放的总方针,国民经济迅速发展,至1990年,全市工业总产值达126.2亿元(1980年不变价,下同),是1979年的10倍,全民工业企业全员劳动生产率达41692元,比1979年增长346.3%。

10年来,江门市国民经济在复杂的经济环境中,能以较高速度持续稳定发展,其因素是多方面的。其中,劳动工资制度及其管理体制改革起到了重要作用。改革开放以来,江门市在劳动工资保险制度方面进行了一系列有益的改革探索,但由于前段改革未真正触及劳动工资计划管理体制,旧体制过于集中,管得过死,计划脱离实际等严重弊端成为束缚企业发展的桎梏。它的存在,在很大程度上抵消了劳动工资制度改革的积极成果,企业自主权仍得不到很好的落实,企业并没有真正"活"起来。于是,从1988年起,江门市开始把重点放到改革劳动工资计划管理体制、为增强企业活力服务上来,在劳动工资领域,坚持以劳动工资计划管理体制改革为"龙头",进一步带动劳动工资保险制度等方面的综合配套改革,结果较好地落实了企业的招工用人和分配自主权,使企业初步转变经营机制,增强了活力,有力地促进了企业经济效益的提高和全市经济的迅速发展。

一、改革的基本实践

企业劳动工资计划,是企业制度的重要组成部分,不改革劳动工资计划管理体制,企业缺乏用工和分配自主权,职工积极性调动不起来,企业活力无法增强。实践经验证明,要增强企业活力,非抓住影响企业经营机制形成的关键问题进行改革不可。然而,如何改革才能达此目的呢?

根据《国务院关于广东省深化改革扩大开放加快经济发展请示的批复》（国函〔1988〕25号）和广东省人民政府《批转省劳动局关于改革全民所有制企业单位劳动工资计划管理体制的意见的通知》（粤府〔1988〕105号）精神，江门市在认真分析研究的基础上，决定从1988年起，深化劳动工资计划体制改革。改革的指导思想和原则是大方面管住、管好，小的方面放开搞活，缩小指令性计划范围，增加计划弹性，适当扩大地方、部门和企业的自主权，充分利用经济调节手段促使劳动工资计划工作更好地为破除"大锅饭""铁饭碗"，为增强企业活力、解放生产力服务，具体政策措施和做法有以下几方面。

（一）把过去对企业实行职工人数和工资总额双指标控制，改为以工资总额为主的单指标控制，把指令性计划改为指导性弹性计划

具体做法是：

（1）对工资总额的调控，通过实行工资总额同实现税利（或上缴税利等经济效益指标）挂钩，按一定比例上下浮动办法，实行弹性计划控制。总体上，市对省实行总挂钩，挂物的工资总额基数，原则上按上年统计年报数，剔除不合理因素，增加合理增资部分后核定，经济效益指标基数一般按上年实际达到数核定，挂物的浮动比例，由省根据市劳动生产率、人均税利、工资税利率的高低。进行横向比较后确定。一般挂钩的经济效益指标增长1%，工资总额增长0.5%～0.8%。微观上，企业内部的工资总额与其经济效益挂钩上下浮动，一般是挂钩的经济效益指标增长1%，工资总额增长0.3%～0.7%。市再按此办法分解下达到各县（区）和企业。实行这一改革后，除新、扩建项目和按国家政策规定必须增加的人员外，原则上实行增人不增工资总额，减人不减工资总额。新、扩建项目在筹建阶段按审批机关核定的编制人数单列工资，投产后其工资总额计入所属县（区）工资总额基数，并调整其效益指标，按政策安置的复退军人、转业干部等人员当年工资单列，下年计入基数。各挂钩单位要保证职工平均工资增长不超过劳动生产率的增长。

（2）放开职工人数计划，由企业在规定的工资总额范围内自行决定用工计划。改革后，市不再向各县（区）和市属企业下达指令性职工人数计划指标，各县（区）也不再向企业下达指令性职工人数计划指标。各企业按照增人不增工资总额，减人不减工资总额的原则，有权根据生产发展和

实际需要在核定的工资总额范围内自行安排增减职工人数和录用或辞退人员。有富余人员的企业一般不再新招工人。从社会上招收工人一律实行劳动合同制。

（3）企业内部工资分配，由企业在核定的工资总额范围内，自行决定工资分配形式、工资和奖金水平以及升级办法等，把招工、分配权切实放给企业。

（二）实行分级管理、分层调控、分类指导的管理办法

在改变计划管理手段、方式的同时，江门市按照必要的集中和适度的分散相结合的原则，对劳动工资宏观调控权限进行必要的调整和明确划分，建立起新的管理体制。

首先，所谓分级管理、分层调控，就是改变过去劳动工资决策权过于集中，地方、部门和企业基本上没有劳动工资计划决策权的状况。由市、县（区）和部门负责核定所辖国营企业工资总额基数，经济效益指标基数报上一级政府有关部门审批。并将上级核定的基数和挂钩比例逐级分解，落实到企业。在上级核定的基数和比例范围内，市、县有权从实际出发，确定哪些企业实行工效挂钩，哪些企业可暂不挂钩；有权根据企业生产、经营特点，选择不同的挂钩形式；有权核定企业工效挂钩两个基数及浮动比例，以保证职工人均工资的增长不超过劳动生产率的增长。这样，各级政府和企业都有了调控工资总额的职责和权限。调节的方式，不是用行政命令手段，而是充分利用经济调节手段，从而增加了计划的弹性和适用性。

其次，是加强分类指导，改进挂钩的办法。在改革中，注意根据企业的不同情况，分类指导，逐步改变了单一指标挂钩的形式和办法，一般对经济效益比较稳定的企业，采用工资总额同实现税利挂钩办法；对运输和商业企业，采用工资总额与营运（营业）额收入挂钩办法；对建筑企业，采用百元产值工资含量包干的办法；同时，对亏损企业和不具备挂钩条件的企业，分别试行奖金与减亏额和工资总额递增包干，对减少亏损提高效益的企业，给予增加计提浮动工资的鼓励，对因受市场价格，原材料升价等因素影响，导致税利大幅度下降的挂钩企业，则采取预借上浮工资的办法，以保证职工的生活，稳定职工队伍。由于因地制宜，加强分类指导，江门市企业实行工效挂钩，以工资总额为主调控职工人数这一改革的覆盖面不断扩大。到1990年年底止，全市实行"工效挂钩"的预算内国营企业有307户；占预算内国营企业总户数的99.35%；实行"工效挂钩"的预算

外国营企业有143户，占预算外国营企业总户数的53.56%，实行"工效挂钩"的县以上集体企业有613户，占县以上集体企业总户数的58.48%。暂不挂钩的实行工资总额包干使用。"工效挂钩"的不断扩大和完善，较好地保证了劳动工资计划管理体制改革的顺利进行。

（三）切实加强和改进工资基金管理

加强工资基金的管理，是保证计划管理体制改革顺利进行的重要措施，有利于较好地实现劳动工资计划管理方面的宏观控制与微观搞活的有机结合。他们的做法有：一是对所有企业，只允许在一个银行设立一个工资基金账户，各企业每年的工资总额基数由劳动部门核定后记入《工资基金管理手册》（以下简称《手册》）。凡企业以各种形式支付的工资均需通过《手册》由开户银行监督支付。二是分系统、分单位设置工资基金管理台账，把企业发放的工资基金系统地纳入劳动部门统一管理。台账的数据与记入《手册》的工资数据相一致，便于劳动部门及时掌握各单位工资基金的使用、职工人数的变动、人员结构等情况，做到有计划控制工资基金的增长，发现问题及时解决。三是为方便企业支付工资基金，对企业统一使用《手册》后，从原来每季度集中追加一次的临时用工工资和提取奖金（浮动工资）改为随到随办，记入《手册》。同时，经核定的年度工资总额，企业可以在年度内综合使用，使企业获得了运用工资杠杆的自主权，更好地发挥了工资的效能。四是企业因特殊原因工资总额不足，确需增加工资的，则按工资管理程序报批，使计划留有余地。五是建立工资储备金制度。江门市对实行工资总额与经济效益挂钩的企业，按月人均工资奖金的高低分为三个档次（10%、15%、20%）提留工资储备基金。提留的工资储备基金，由企业财务部门负责，实行专款专用，以丰补歉。

在推进劳动工资计划管理体制改革的同时，考虑到劳动计划管理体制不仅与劳动、工资、保险等方面有着直接的血缘关系，而且与企业内部管理各方面有着必然联系，为了更好地促进企业经营机制的转变，江门市还在以下方面采取相应措施，搞好综合配套改革。

（1）改革招工制度，简化招工手续，培育市内劳务市场。企业有权在全省范围内，面向社会公开招工，在核定的工资总额范围内自行确定招工人数、工种和对象等。1988年来，全市各级劳动部门均建立了职业介绍所，初步形成职业介绍网络，为企业介绍了28000多名劳动力。

（2）坚持改革企业用工制度，逐步实行全员合同化管理，以劳动合同

第二章　率先改革劳动工资计划管理体制

确定双方的劳动法律关系。至1990年，全市合同制工人达7.78万人，占职工总数的16.8%；一批企业实行了全员合同化管理，企业与职工相互选择，能进能出，对违反厂规厂纪的职工，企业可以依法辞退，对不合格的富余人员，可以撤离岗位，实行厂内待业或辞退，落实了企业用工自主权。

（3）继续指导企业完善挂钩办法，并采取多种形式搞活内部分配，在严格控制工资总额的前提下，企业内部分配形式和办法由企业自行决定，劳动部门不予干预。

（4）推进保险制度改革，对全市所有企业全面实行社会养老保险，对国营企业和部分集体企业、"三资"企业职工实行社会待业保险。

（5）加强职业技术培训，扩大劳动系统就业训练中心的培训能力和加强技工学校建设，对新成长劳动力和在职职工加强职业技术训练。1988年以来，全市共培训中级技工29729人，高级技工1983人，评聘技师1152人，帮助企业办7所技工学校，同时加强了企业在职职工的岗位达标培训，从而有效地提高了劳动者素质，基本满足了企业技术进步对高素质劳动力的需求。

二、改革取得的成效

近年来，江门市以改革劳动工资计划管理体制为龙头，稳步推进劳动工资制度的综合配套改革，对企业经营机制的转换，产生了良好的效应，主要表现在以下几方面。

（1）促使企业逐步形成灵活、合理、节约用人的新机制，提高了劳动生产率。过去，劳动工资大权集中于中央，企业增加几个职工，都要逐级报批，生产需要的人进不来，不需要的出不去，都由指令性计划管着。这就使企业产生了一种心理，不管生产是否需要，都申请要人，结果造成人浮于事，效率低下。改革后，劳动部门不再向企业下达职工人数指令性计划，企业在国家核定的工资范围内有权决定招工，这就迫使企业从实际出发，精打细算，合理使用劳动力。据统计，改革3年中，全市全民单位固定资产投资总额达19.26亿元，按一万元投入安排一名劳动力计算，全市应增加19万多人，但全市全民单位职工人数实际仅增加23865人。如编制定员4300多人的江门甘蔗化工厂，生产规模不断扩大，1991年，总产值、实现税利分别比1987年增长6.1%和44.4%，但企业用工仅4100人，节约劳动力近5%。一些企业还根据生产需要，采取多种用工形式，灵活用工，节约劳力。如江门市侨区食品厂，1987年投资50多万元引进两条生产线，扩大生产规模，1900年总产值和实现税利分别比1987年增长188%和206.8%，按计划应增加108名职工，但该厂3年间仅增加24人，每年4~8月饮料生产旺季时，就招用几十名季节工，淡季不养人，从而有效地提高了劳动生产率，1990年全员劳动生产率达38606元，比1987年增长141.2%。

（2）促使企业逐步形成了工资随效益浮动的增长机制，落实了企业内部分配自主权，调动了广大职工生产劳动的积极性。企业在国家核定的工资总额范围内，有分配自主权，经济效益好，职工工资就上升，经济效益下降，职工工资就下浮。这就使职工的自身利益直接同企业最终生产成果建立了十分密切的联系，从而把职工与企业一道推上了为自身利益而精心经营，勤奋生产的轨道，职工从关心自身利益到关心企业利益，从关心企业利益到关心国家利益，不仅企业的经营者关心企业的生产经营，而且全体职工都齐心协力地搞好生产，职工积极性较好地调动了起来。江门市区44户预算内国营企业在3年改革中，做到了工资总额随效益增减，上下浮动。1989年实现税利比上年增长13.9%，工资总额增长10.2%；1990年实现税利比上年下降9.22%，工资总额也下降了15.7%，工资增长受效益制约、随效益浮动的增长机制初步形成。

（3）促使企业开始走上自主经营、自负盈亏、自我发展、自我约束的良性循环轨道，保证了全市劳动工资计划指标的增长速度不超过相关的国民经济指标的增长速度。近年来的改革，初步消除了企业不管经济效益好坏，工资和奖金照发、平均分配的弊端。治理整顿期间，经济效益下降或亏损的企业能够做到少发工资或停发奖金。国营企业能够自觉按照工资总额基数和效益增长的情况分季分月安排使用工资，使职工的收入与其劳动成果紧密联系起来，并随企业经济效益和工人劳动贡献能增能减。从而使全市职工工资增长比较合理，消费基金的增长得到有效控制，1988年至1990年3年中，全市职工工资总额占国内生产总值的比重分别为13.01%、14.09%和13.9%，3年累计，工资总额占国内生产总值的比重平均为13.67%，比全国同期平均16.7%和广东省同期平均15.3%的比重，分别低3个和1.63个百分点。全市全民单位职工人数，1990年比1987年增加2.38万人，年递增2.98%，低于全省平均水平，1990年全民单位职工年人平工资收入2913元，全民工业企业全员劳动生产率41692元，分别比1985年增长111.7%和122.7%，职工工资增长幅度比劳动生产率增长幅度低了11个百分点。

（4）促进了劳动部门职能的转变。该市实施劳动工资计划管理体制改革后，劳动部门对劳动工资计划的宏观调控，开始由过去用行政手段直接管理转变为在宏观控制下的间接管理。这种转变既带动了劳动工资制度各方面改革的深化，也初步解决了政企职责不分，地方行政部门截留企业自主权问题。劳动部门各科室在考虑工作的时候，都能自觉地把工作出发点转到为企业服务上来，建立公开办事制度和制定便民措施，热情地为企业服务，得到了企业的好评。

三、几点经验体会

几年来，在推进劳动工资计划管理体制改革过程中，有以下几点体会。

（1）推进和深化劳动工资计划管理体制改革，是进一步搞活企业的需要，是促使企业转换经营机制的重要一环。当前企业缺乏活力的一个重要原因，是"大锅饭"和"铁饭碗"的机制仍然没有得到根本改变。而"大锅饭""铁饭碗"仍然存在的根本原因，在于高度集中统一的劳动工资计划管理体制还未实行改革，企业用工和分配自主权得不到落实，因而在很大程度上抵消了劳动工资制度改革的成果，阻碍着企业经营机制的转变。但是，目前人们对此认识不足，往往没有予以足够重视，一提搞活企业，眼睛只盯在资金和技术的投入上，忽视了企业劳动工资计划管理体制的改革，因而难以促使企业加强内部劳动管理，改变人浮于事，效率不高的状况。近几年，我们抓住治理整顿的有利时机，从总结前段实行"工效挂钩"的试点经验入手，制定改革方案，大胆改革劳动工资计划管理体制，并在此基础上，做到有计划、有步骤地转入实施改革阶段，促使企业劳动工资管理逐步形成了适应有计划商品经济发展需要的新机制，促进了企业经营机制的转换。实践证明，深化劳动工资计划管理体制改革是搞活企业的重要一环。注意抓住有利时机，深化改革，消除旧体制的弊端，有利于尽快促进企业新机制的生成，增强企业活力。

（2）改革必须注意处理好宏观调控与微观搞活的关系。改革劳动工资计划管理体制，不是不要计划，而是要努力促使劳动工资计划适应有计划商品经济发展的需要。几年来的改革实践告诉我们，微观搞活是我们改革的落脚点，宏观调控是搞活的前提条件，微观上能搞活到什么程度，取决于宏观上能调控到什么程度。在改革和管理的关系上，要坚持放调结合的方针。由于旧体制中存在管得过死的弊端，剥夺了企业应有的自主权，如果不按照政企职责分开，计划经济与市场调节相结合的改革方向，改革计划管理体制，改善国家对企业的管理方式，企业就活不起来。但改革以后，要相应加强调控和管理。这种管理，不是简单收权，走回头路，而是要放调结合，把大的方面管住，小的方面放开，注意处理好宏观调控和微观搞活的关系，做到既加强宏观调控体系的建设，又注意建立具有活力的微观机制。在改革中，我们始终抓住以工资总额为主的总量控制，合理确定每一个企业的工资总额与经济效益挂钩基数，从宏观上控制企业工资总额的增长；在微观上，注意把本来属于企业的招工用人和分配权归还企业，允许企业按照政策法律规定的工资总额范围内自行决定用工形式、自行招工、自主分配等，保证了企业自主权的落实。这就做到了统而不死，活而不乱，既有效地从宏观上控制住工资总额，又达到了微观上搞活企业的目的。建议今后要继续推进和完善地方工资总额与地区经济增长挂钩，将中央对地方和企业的工资总额绝对数控制改比例系数控制，放开企业用工计划。这就能更好地促进企业经营机制的转变。

（3）必须始终按照发展有计划商品经济的要求，牢固树立为增强企业活力服务的指导思想。新中国成立以来，我国实行高度集中统一的劳动工资计划管理体制，使人们形成了"集中统一，直接管理"的思想观念，这种思想根深蒂固，阻碍了改革的深化。各级政府有关部门如果不努力转变观念，使自身的工作适应发展有计划商品经济的需要，不主动把企业当成服务对象，用深化改革来推动搞活企业，就无法为搞活企业提供有效的服务，也无法实现传统的计划体制向新体制的转换。近年来的治理整顿中，企业面临着种种困难，有些困难本来是可以通过深化改革加以解决的，但是，一些地方和部门往往在宏观上片面采取行政收权和紧缩措施，这就导致出现企业某些自主权被侵犯或回收的现象。我们在治理整顿中，注意坚持按照发展有计划商品经济的要求，摒弃部门利益的局限，牢固树立为企业服务的指导思想，大胆坚持深化劳动工资计划管理体制改革，较好地发挥了服务功能，因而取得良好的社会效果。

（4）改革劳动工资计划管理体制，必须加强各部门之间的联系协作，并发挥各自的监督作用。劳动工资计划管理体制是一项复杂的系统工程，政策性强，牵涉面广，单靠劳动部门孤军作战是不行的，需要加强同财政、税务、银行、计委、经委等有关部门的联系，以便不断改进和完善"工效挂钩"办法，合理核定各项挂钩指标基数，同时，发挥各有关部门的监督作用，加强工资基金的计划管理，以及协调解决好可能出现的矛盾，这样，

第二章　率先改革劳动工资计划管理体制

才能更好地保证改革的顺利进行。

江门市在劳动工资计划管理体制改革方面虽然取得了一些成效，但还存在许多亟待解决的问题。特别是如何进一步完善工效挂钩的办法，合理调控企业工资总额，处理好由"工效挂钩"决定工资总额与由国家下达工资总额计划的矛盾，逐步建立起新的劳动工资计划管理体制和运行机制等问题，值得进一步研究解决。今后在上级党委、政府的领导和劳动部门的指导下，江门市将认真总结经验，进一步完善各项改革措施，继续把劳动工资计划管理体制改革推向前进，为建立计划经济与市场调节有机结合的劳动工资管理新体制，为进一步促使企业转换经营机制，搞活企业做出更大的贡献。

（注：江门市是广东改革劳动工资计划管理体制起步早、效果显著的地级市，笔者受厅领导委托，深入江门市进行调研，与江门市劳动局共同撰写了这篇经验总结材料，作为全国企业劳动工资制度改革经验交流会的经验材料在会上印发。本文写于1992年1月）

【参阅资料】广东省政府决定改革劳动工资计划管理体制

1988年7月，广东省政府批转省劳动局《关于改革全民所有制企业单位劳动工资计划管理体制的意见》，决定从今年开始，把过去高度集中统一的劳动工资计划管理体制改为分级管理、分层调控的间接管理体制，各级劳动部门不再下达企业招工指标，企业职工人数按企业工资总额进行间接控制。这是广东企业劳动工资管理体制的一项重大改革。

改革劳动工资计划管理体制的内容主要有：从今年起，全民所有制企业（含实行企业管理的事业单位）实行工资总额与实现税利或上缴税利等经济效益指标（下称经济效益指标）挂钩，分级管理，分层调控办法。省负责核定各市（地级市）和省企业主管部门所属国营企业职工工资总额基数、经济效益指标基数以及两者挂钩浮动的比例。两者挂钩浮动的比例，一般是挂钩的经济效益指标增长1%，工资总额增长0.5%～0.8%。

各市、县和省企业主管部门要将省核定的基数和挂钩比例逐级分解，落实到企业，并在上级核定的基数和比例的范围内，结合企业实行的不同承包经营形式，有权确定哪些企业实行工资总额与经济效益挂钩，哪些企业暂不挂钩；有权根据企业的生产，经营特点，选择不同的挂钩形式；有权核定企业工资总额和经济效益指标基数以及两者挂钩的浮动比例。工资总额基数和工资总额与经济效益指标挂钩浮动的比例由劳动部门核定，挂钩的经济效益指标基数由财政部门审定。

企业职工人数,按各市和省企业主管部门所属国营企业职工工资总额与经济效益挂钩浮动办法进行控制。省对地方全民所有制企业不再下达职工人数计划指标。各市、县和部门也不再下达企业招工指标,由企业在规定的工资总额范围内,按国家有关政策规定,自行决定招工或聘用人员。从社会上招收工人,一律实行劳动合同制。

[注:此为广东省政府印发改革劳动工资计划管理体制(粤府〔1988〕105号)一文后,笔者为《创业者》杂志写的一篇报道文章,写于1988年8月]

第三章　坚持市场导向的企业工资制度改革

【内容提要】 广东从1988年起取消指令性劳动工资计划，打破了传统的劳动工资计划管理体制，推动了劳务市场工资价格的形成，取得了重大突破。但是，从总体上看，在20世纪80年代后期，统包统配的劳动工资管理体制还未得到根本改变，市场机制的作用还受到很大限制，不能适应商品经济发展需要。其根本原因是，劳动力是不是商品问题，人们的认识不一致；一些领域还继续下达指令性劳动工资计划。笔者认为，在社会主义初级阶段，虽然基本实现了生产资料公有制，但是劳动力仍归个人所有，劳动仍是人民谋生的手段。因此，劳动力商品化的条件是具备的。基于这个认识，本人提出要推进以市场为导向的企业劳动工资制度改革，逐步建立一个适应社会主义商品经济发展需要的市场型劳动工资管理体制和分配制度。1992年10月，党的十四大报告明确中国经济体制改革的目标是建立社会主义市场经济体制后，劳动部于1993年部署改革劳动工资计划管理体制。广东的改革探索比全国早了5年。本章反映了广东率先推进劳动工资市场化改革的情况，也反映了笔者对当时改革的思考。

第一节　企业劳动工资制度市场化改革问题初探

当前，我国企业劳动工资制度和管理体制改革正处在一个关键的攻坚阶段。改革的战略选择是，按照发展社会主义商品经济和外向型经济的要求，把市场机制引入企业劳动工资领域，逐步建立起适应商品经济发展的新型企业劳动工资管理体制。然而，如何推进这一改革，人们的认识尚不一致。本节拟立足广东10年来的改革实践，从改革的目标模式、配套措施等方面，对我国企业劳动工资市场化改革问题做初步的探讨。

一、对 10 年来劳动工资制度改革的基本评价

（一）改革取得的重大突破

社会主义初级阶段有计划的商品经济理论是我国经济体制改革的理论基础，承认劳动力商品化则是劳动工资制度改革的理论依据。改革开放 10 年来，广东从不自觉到比较自觉地按照发展有计划商品经济的要求，对企业劳动工资制度及管理体制进行了一系列改革，取得了对旧体制的重大突破。

首先，用工制度改革打破了"铁饭碗"，企业和劳动者初步获得了相互选择的自主权。在全面考核、择优录用基础上，企业新招工人全面实行劳动合同制，至 1988 年 9 月，全省全民单位合同制工人达 48.62 万人，占职工总数的 11%，有不少国营企业结合落实经济承包制，优化劳动组合，取得显著成绩。

其次，企业工资制度改革开始突破国家直接控制的平均主义分配模式，向企业自主分配方向发展。目前全省已实行各种形式的工资总额同经济效益挂钩的企业达 1600 多户，企业获得了一定的分配自主权，内部分配开始搞活。

再次，劳动保险制度改革突破了过去由企业单独负担的旧模式，以社会统筹为特征的劳动保险制度开始建立。全省全民单位 95% 以上的固定职工、合同制职工都参加了社会统筹养老保险，待业保险制度开始建立。

最后，调整了就业政策，全面贯彻"三结合"就业方针，使劳动就业突破了统包统配的旧模式，劳动就业中市场机制的作用日益增强。10 年来，全省城镇安置就业的 360 万人中，大部分通过劳动力市场进入城乡集体企业、"三资"企业和私营企业，劳动者就业有了较充分的回旋余地。

（二）存在的问题和原因分析

从总体上看，目前改革基本上还受到旧体制的牵制，并没有从根本上改变劳动力由国家统包统配的办法。

从企业角度看，由于双重体制并存，改革过程中不能真正落实企业用工和工资分配自主权。国家统包统配的职工，企业无权辞退，近 2/3 的固定工还捧"铁饭碗"，难以合理流动，致使劳动纪律松弛，效益下降。在工资

分配方面，因受各种因素构成的复杂矛盾所制约，实行工资总额与经济效益挂钩的企业还属少数，平均主义、互相攀比的现象还很严重；在劳动保险方面，职工养老保险和待业保险还只是在部分职工中实行，覆盖面不广，社会化程度不高。

从市场发育情况来看，劳动力市场虽初具规模，"三资"企业、"三来一补"企业、乡镇企业、集体企业、私营企业的劳动力进入并活跃了劳动力市场，但在劳动计划管理体制之内的国营企业相当部分职工还未进入市场；高度集中统一的劳动工资计划管理体制还没有从根本上得到改革，劳动力市场机制的形成受到很大限制。目前所开办的劳动力市场成交率不高，市场服务机构少，未形成网络；市场信息收集、传播、反馈慢，运作不灵。

从宏观调控体系的建立来看，还很不完善，劳动行政部门未能改变单纯用行政手段管理社会劳动力的局面，间接调控机制未能形成，劳动立法不系统、不完整，难以对市场运行进行有效的调控。

存在上述问题的原因是什么？实践告诉我们，除受各种因素互相制约外，根本原因在于改革遇到了一个理论难题，即劳动力是不是商品，以及由此而来的如何建立适应商品经济发展需要的企业劳动工资管理体制问题。对于这个问题，由于人们在认识上存在着很大的分歧，致使难以对改革实践进行有效指导。要深化改革，就必须突破这个理论难点。

人类社会生产发展的历史表明，生产力要素的构成包括生产资料和劳动力两个方面，劳动力是生产的主体条件，生产资料是生产的客观条件，任何生产都是这两者的结合。对此，马克思曾做过精辟的论述："不论生产的社会形式如何，劳动者和生产资料始终是生产的因素。但是，二者在彼此分离的情况下只在可能性上是生产因素。凡要进行生产，就必须使它们结合起来。实行这种结合的特殊方式和方法，使社会结构区分为各个不同的经济时期（见《马克思恩格斯全集》第24卷，第44页）。大家知道，在资本主义社会，劳动力是作为商品进行交换，从而实现与生产资料相结合的。那么，在社会主义初级阶段，两者结合的"特殊方式"是什么呢？笔者认为，社会主义与资本主义同处在发展商品经济这一历史阶段，因而商品货币关系和价值规律的作用普遍存在于社会经济生活各个领域、各个层次，劳动力仍归个人所有，这是它们的共性。其根本的区别在于生产资料从私有变为公有。尽管如此，我们不能以社会主义生产资料公有制取代、掩盖劳动力个人所有制。因为在现阶段，一方面劳动力仍归个人所有而与生产资料分离，劳动仍然是人们谋生的重要阶段；另一方面存在着多种经济成分并存的现实。要实现劳动力与多种不同所有制生产资料的优化组合，必须在国家宏观指导下，按照等价交换这一方式进行。这就是社会主义初级阶段劳动力与生产资料相结合的特殊方式。由此可见，现阶段在劳动力与生产资料结合过程中，劳动力商品化的条件是具备的。

劳动力按照商品等价交换原则进入市场交换后，劳动者就业、培训、企业用工、工资分配、劳动保险等，都将受到市场机制的影响和调节。因此，企业劳动工资制度改革，只有依据这一基本原理和事实，尊重企业和劳动者个人的经济利益，坚决推进以市场化为方向的改革，才能适应社会主义初级阶段商品经济和外向型经济发展的需要。

所谓市场化，就是以社会主义初级阶段理论为依据，按照发展社会主义有计划商品经济的要求，在经济稳定发展的基础上把等价交换和市场竞争机制引入企业劳动工资领域，彻底革除高度集中统一的旧体制和"铁饭碗""大锅饭"等严重弊端，培育和发展劳动力市场，建立劳动力市场调节机制，逐步在所有企业职工中实行劳动合同制，并以劳动合同维系企业与职工的劳动关系，实现劳动就业和工资分配市场化、劳动保险社会化，逐步形成国家调控市场、市场引导企业、企业择优用人、个人竞争就业的新局面，促进企业转变经营机制、增强活力，不断提高劳动生产率和经济效益，保证整个国民经济持续、稳定、协调发展，其目标是最终建立起适应我国社会主义初级阶段商品经济和外向型经济发展要求的具有中国特色的新型企业劳动工资管理体制。

二、围绕改革目标，推进综合配套改革

以市场化为方向的改革的目标是，建立起适应我国社会主义初级阶段商品经济发展要求的新型企业劳动工资管理体制，目的在于通过政府有效干预下的市场来实现劳动力资源的合理配置，从而不断推动企业完善经营机制，促使产业结构朝着优化的方向变动和发展。因此，改革后的新体制应当以劳动力市场的全面建立为标志，以社会劳动力和企业工资分配等全部进入市场轨道、国家间接调节为基本特征。它包含企业、市场、宏观调节三个方面，具有"三位一体"的新特点。改革必须按照发展商品经济的要求，以市场为导向，把三者有机结合起来，从而构成灵活运作的有机整体。

改革的基本目标和要求是：①在劳动力市场活动中，企业和劳动者作

为交换的双方,必须真正成为劳动力市场的主体。企业有权自行招聘、使用或辞退劳动者,有权决定用工形式或工资分配方式;劳动者有权自主择业、合理流动。相应地,劳动就业、职业培训、劳动保险或劳动保护制度都要进入市场轨道。②劳动力市场是新体制中最具活力的中介因素,必须建立和完善市场机制,使企业和劳动者能够在一个平等的市场环境中竞争,包括建立统一开放的劳务中介服务机构,建立和发展劳动者和企业之间相互选择的劳动力交换关系,充分发挥市场供求机制、工资价格机制、竞争机制和保障机制在劳动力资源配置中的功能作用。③根据市场运行需要,建立以间接调控为主的劳动工作管理体系。这个体系是覆盖全社会的。因此,要改变劳动部门只管城镇劳动力的状况,承担起管理全社会劳动力的任务;要改变单纯用行政手段进行管理的办法,主动通过制定劳动法规或市场规则,保证国家对劳动力市场的有效调节,保护劳动力供求双方的合法权益和平等竞争机会,使劳动力市场机制高效、有序、稳定运行。

然而,要达到以上述目标要求,需要一个艰难的转换过程,靠单项突破、浅层改革是难以奏效的。今后,改革应当与治理经济环境、稳定发展经济相配合。坚持综合配套、突出重点、分步实施、协调推进的原则,坚定不移地按照商品经济发展要求,针对改革当中存在的问题,紧紧围绕建立健全市场机制,增加宏观调控能力这一中心任务,着重抓好以下五方面的配套改革。

(一)改革劳动计划管理体制和企业用工制度,开放劳动力市场,逐步实现就业市场化

在产品经济下形成的高度集中统一的劳动计划管理体制,是阻碍形成劳动力市场运行机制的壁垒。当前,从宏观上来说,改革的关键在于冲破这一壁垒。只有这样,才能形成劳动力市场,逐步做到在国家宏观指导下自觉运用市场机制实现劳动力资源的合理配置。1988年年初,广东采取稳中求进的办法把过去直接计划管理改为分级管理新体制。即在全面推进工资总额分级管理基础上,把企业职工人数计划改为通过控制工资总额来实现对企业用工的间接动态控制,各级劳动部门不再直接下达指令性招工计划。一年来的实践证明,它对于逐步开放和扩大以大中城市为依托的城镇劳动力市场,让企业和劳动者通过市场实现双向选择,起到了积极作用。因此,实现就业市场化,首先要抓住改革集中统一的计划管理体制这个关键。国家主要是按照商品平衡的规律,采用各种适当手段调节劳动力的流

向、规模和速度。在开放城市劳动力市场的同时,逐步建立以乡镇为枢纽的农村劳动力市场,加强对农村剩余劳动力向非农业转移的调节和引导。待经济发展、农产品价格基本理顺后,才进一步放开,逐步沟通城乡两个劳动力市场,过渡到所有社会劳动力由市场机制调节,合理流动。

在微观方面,要改革"铁饭碗"用工制度,全面实行劳动合同制,废除僵死的劳动关系,以利于劳动力的合理流动。开放劳动力市场后,企业用工不再沿用固定工形式,而是全面采用合同契约形式确定企业与劳动者的劳动关系。因此,一方面要大力扩大劳动合同制实施范围,另一方面要引进竞争机制,优化劳动组合,全面搞活固定工制度,逐步做到所有职工不再捧"铁饭碗"。破除所有制界限,原有职工不再人为地被贴上所有制的标签;未就业的劳动者可以到不同所有制单位就业。企业对于劳动表现好、能胜任本职工作的,可与之签订长期劳动合同,以保持企业职工队伍的相对稳定;相反,则允许企业辞退生产不需要的职工和允许劳动者辞职,从而使企业用工、劳动者就业都借助市场功能来实现。

(二)改革工资管理体制和企业工资分配制度,逐步实现分配市场化

随着劳动力市场的逐步形成,企业工资分配必须市场化。即由企业根据劳动力市场供求关系自主决定劳动者的工资分配。有些同志担心这样做会使工资水平无法控制,这是对商品经济缺乏认识的表现。市场机制作用的实质在于等价交换,或者说在交换中使消耗的劳动得到补偿。过去我国在工资分配中不遵守等量劳动相交换的原则,长期实行固定工资制,职工工资由国家直接分配,付出的代价更大——扼杀了职工的积极性,企业经济效益难以提高。近年来,企业工资改革虽然在一定程度上搞活了企业内部分配,但仍然跳不出由国家直接分配的旧框框。实践告诉我们,改革的出路在于使工资的形成由行政化走向市场化。然而转入市场分配机制需要一个过程。下一步改革,要坚决摒弃过去供给式的分配格局,建立起既灵活又有必要约束的分级管理体制,全面推行企业工资总额同经济效益挂钩,使企业职工工资增长主要依靠提高经济效益和劳动生产率,并与机关事业单位工资分配脱钩,以利于逐步过渡到"国家征税,企业自主分配"的市场化格局。国家不再直接控制企业工资总额,而是根据不同行业、不同岗位劳动力供求状况制定并提供动态工资指导线,及早制定不同时期最低工资标准,从而间接控制企业工资水平和社会工资总额。企业内部分配由企

业视生产经营情况决定，允许合理拉开档次，多劳多得，少劳少得，反映出不同行业、工种、劳动强度大小、技术高低的差别，使工资成为调节劳动力供求关系的有力杠杆。

（三）改革劳动保险制度，逐步实现劳动保险社会化

近年来广东改革劳动保险制度的实践表明，推行劳动保险社会统筹，变单纯的企业保险为统一的社会保险，是符合改革方向的。但是，对不同所有制企业职工和同一所有制企业中不同形式的用工，采取分头推进，保险基金分别提取和积累，这种人为分割、缺乏通盘考虑的简单化做法，又带来了社会向企业提取的保险基金项目过多，标准不一，手续繁杂，企业不堪负担，社会化程度难以提高等问题。这些问题反过来阻滞了劳动力在不同所有制企业之间的合理流动，违背了改革初衷。笔者认为，今后改革的着眼点应当放在建立包括城镇各类企业所有职工在内的统一的养老和失业保险制度上。国家应当建立相应的社会劳动保险机构负责管理这项工作，以便使每个劳动者无论走到哪里，只要符合社会保障条件，就可享受相应的待遇。保险基金的筹集，应当改储备积累式为循环调剂式，由企业和劳动者依据"以新养老，循环调剂，以支定筹，各有节余"的原则和统一的提取比例缴纳。这样不仅可以大大简化手续，提高工作效率，减轻企业负担，避免因价格上涨而导致积累基金贬值等问题，还可大大提高保险的社会化程度，为全面开放劳动力市场创造适宜的环境。

（四）改革工人技术培训制度，建立和发展多形式、多层次、多渠道、多功能的培训体系，积极开发劳动力资源，提高劳动者素质

在商品经济条件下，就业方面优胜劣汰的竞争规律，将使劳动者在竞争中承受更多的风险，特别是随着科学技术的不断进步，企业对劳动者的素质要求越来越高。如果不改变过去渠道单一的培训制度，就无法满足企业对不同技术层次上的劳动者的需求，社会劳动力就业就无法实现良性循环。因此，改革工人技术培训制度也是配套改革的一项重要内容。总的说来，改革要按照市场需求，调整培训的层次结构，实行多渠道公开办学、有偿培训、统一考核、社会认证、持证上岗、按岗取酬等制度。培训毕（结）业的人员，国家不包分配，统一放到劳务市场，让其竞争就业，从而促使在职劳动力不断提高素质，进而提高就业水准，使新成长劳动力逐步

提高质量，并以高质量、高水准就业，以适应企业的择优需要，避免因就业市场化导致的结构性待业或摩擦性待业。

（五）建立健全宏观调控服务体系

根据市场运行需要建立宏观调控服务体系，是建立完善市场型劳动工资管理体制的内在要求。建立宏观调控体系关键在于转变管理职能，变直接管理为间接管理，变直接指挥型为间接指导服务型。具体说来，要做好以下工作：①加强对劳动力资源总量及就业趋势进行调查、预测，为劳动力供求双方提供职业信息，引导就业，促进就业结构合理调整。②制定劳动法规和市场规则，保护用工单位和劳动者在市场活动中的合法权益和平等计划。如制定劳动力合理流动、劳动保护、最低工资法、劳动仲裁等法规，保护市场活动的有序性和规范性。③建立健全劳务市场管理机头和劳务信息反馈系统，开展职业介绍和咨询服务，及时、灵活地调节劳动力的供求关系。

三、推进改革要注意处理好几个关系

推进企业劳动工资市场化改革，建立新体制是一项复杂的社会系统工程。在改革的过程中，不可避免地会与其他方面的改革发生紧密联系和矛盾，诸如物价、财税、住房、户籍以及经济发展等因素，往往会制约着对劳动、工资制度改革的深化，因此，在具体实施过程中要注意处理好以下几个关系，同时又要考虑到广东经济发展不平衡的特点，采取分类指导、分步实施、区域推进的策略，争取5年内可分为两个阶段进行。

一是要正确处理好与企业内部其他方面改革的关系。企业内部改革，集中到一点，就是要使企业形成一种具有自我发展、自我约束、自主经营、自负盈亏的经营机制。企业劳动工资市场化改革，有助于企业经营机制的完善。但是，企业经营机制完善的程度，往往会制约劳动工资制度改革的深化。这种制约表现在，企业自我约束能力不强时，在招工用工和工资分配方面会出现滥用职权招工、实行内招、追求工资分配最大化等短期行为，不利于生产力的发展。因此，必须注意与企业经济承包责任制与其他改革同步推进。

二是要处理好与物价、财政、税收体制改革的关系。放开和调整不合理价格，将引起一定程度的物价上涨，工资分配应如何适应这一情况，保证人民生活水平不至于因物价改革而下降，并随经济发展而有所提高。同时，物价改革又必须考虑社会承受能力。这是一条重要原则。因此，每当价格上升时，应当尽量做到工资与物价同步提高，允许企业职工平均工资增长在不超过劳动生产率的增长的前提下，相应提高工资水平。每当物价上涨，导致企业生产成本上升、效益下降过多时，政府要适当调整上缴税利，增加一些关系到国计民生的企业留利水平。

三是要正确处理微观搞活与宏观调控的关系。建立新型劳动工资管理体制，运营市场机制调节劳动力资源配置，对于从微观搞活企业劳动管理具有积极意义。但是必须清醒地看到，市场调节作用有其局限性，往往不能自动地实现眼前利益与长远利益、局部利益与整体利益的最佳结合，具有滞后性和不确定性。比如开放劳动力市场后，农村劳动力有可能为了追求眼前利益而大量盲目涌入城市，导致失业增加，还有工资分配问题，有可能上涨过快，不利于企业发展。凡此种种，都必须在改革中既要主动加强政府宏观调控能力，又要在调控的同时有利于微观搞活，处理好微观搞活与宏观调控的关系。

根据上述分析，我们认为，在推进市场化改革进程中，应坚持综合配套、突出重点、分类指导、分步实施，力争5年内分两个阶段，基本确立起新型的劳动工资管理体制。

第一阶段（1988—1990年），在价格关系尚未基本理顺前，改革主要围绕建立劳务市场基本框架这个中心，以改革劳动计划管理体制和用工制度为重点，全面（包括技校毕业生和复退军人）实行劳动合同制，搞活固定工制度；在全省范围内建立起以劳动服务公司（站）为主体的劳务市场管理服务机构；保险制度改革要力争先走一步，争取实现对所有职工都实行待业保险，形成劳动力流动的社会保障机制；工资制度方面，主要是全面推行第一步改革，初步理顺工资与物价的关系；贯彻先培训、后就业原则，加强就业前培训和转业培训。同时，主动转变政府职能，增强宏观间接调控能力。

对上述改革，经济特区、开放城市、珠江三角洲开放地带应当先走一步，起示范效应作用。粤北山区如不具备条件，步子可放慢些。

第二阶段（1991—1992年），在主要价格关系基本理顺后，着重深化工资制度改革，重点进行"国家立法征税、企业自主分配"改革试点，放开劳务价格，劳动报酬可以面议商定；健全劳务市场机制，允许农村劳动力自由进入劳务市场；在基本完善养老、待业社会保险制度的基础上，先在全民单位全民进行工伤、医疗制度改革,然后逐步推开;改革工人技术培训制度,引入市场竞争机制,经培训的各类人员,毕(结)业后均不包分配,全部进入市场竞争就业,以适应企业竞争对不同层次劳动力的需求;深层次地改革政府管理职能,加强劳动立法等综合配套改革,建立灵活、有效的宏观间接调控机制,促使新型的劳动工资管理体制开始按照有计划的商品经济要求正常运转。

(注:本文为广东省经济体制改革研究会首届年会论文。文章按照国务院关于广东要先走一步,推进经济体制综合改革的部署,在总结10年改革实践经验基础上,对推进劳动领域综合改革的目标要求、改革措施和实施步骤提出比较完整的设想。写于1988年10月12日,发表于《劳动与人事》1989年第2期,收录时有删节)

第二节 云浮县全面改革企业劳动工资制度的调查报告

在新一轮改革开放的大潮中,作为山区县,应当如何通过深化改革,转换企业经营机制,让企业走向市场,成为人们关注的热点。最近,我们到地处粤西山区的云浮县调查,了解到该县自1985年开始,坚持以市场为导向,全面推进区域性的企业劳动人事工资保险制度及管理体制改革探索,初步实现了把企业推向市场的"惊险的跳跃"。在改革中,取得了全县预算内国营工业企业连续7年无亏损的显著成绩,1991年完成工业总产值、实现利润和销售税金分别比改革前的1984年增长9.1倍、6.3倍和9倍。

云浮县是怎样全面改革企业人事工资保险制度的呢?归纳起来,它的主要做法有以下三个方面。

一、大刀阔斧地改革企业劳动人事制度,探索建立能上能下,能进能出的用人机制

(一)放权与改革相结合,大胆实行干部聘任制

1983年,云浮县预算内国营工业企业的1/3长期亏损,亏损额达104.9万元。县委、县政府认识到,企业长期亏损的原因在于政府管得过多过死,

企业缺乏用人自主权，干部、工人缺乏积极性和创造性，企业无法根据市场需求组织生产。于是从1984年开始，县政府决定瞄准阻碍企业走向市场的关键性问题——企业用人问题，实行"三放一改"。"三放"指：①企业一级班子（正、副厂长）的任免权由政府组织人事部门直接任免下放给企业主管部门（经委）任免；②企业二级班子（车间、科室负责人）的任免权由县经委任命下放给企业厂长（经理）聘任；③企业内部机构设置和人员配置权下放给企业，由企业根据各自的生产经营特点自行确定。"一改"就是改革干部终身制，实行聘任制。具体做法有：按照"公开、平等、竞争、择优"的原则选拔干部，不拘一格选拔政治素质过硬、敢于开拓进取、懂经营、善管理的能人管理企业。明确规定被聘用的企业厂长（经理）是承包期内的经营者，不套行政级别（在国家没有修改现行规定以前，企业暂时保留原定级别）。聘用期与承包期一致，被聘用者必须承担县经委下达的承包任务，不愿意承包的，一律就地免职，不得异地按原职级安排工作，不再享受原职级待遇。

（二）建立多种用工形式并存的企业用工制度

主要措施有：①改革招工制度，大胆打破过去凭指令性计划招工的框框，由企业根据生产需要，面向社会，公开招收，全面考核，择优录用人员。他们根据山区企业的特点，打破城乡界限和所有制界限，凡符合企业生产需要，经考核合格者，予以录用。②全面实行劳动合同制。被录用人员一律当临时工，工作一年（有的两年）后，经考核合格者转为合同制工人。对原有固定职工，通过全方位优化劳动组合，择优上岗。经考核不合格的予以调整、待岗或辞退。③建立从工人中选拔干部和解聘不称职干部当工人的制度。

二、改革企业工资制度，实行岗位效能全浮动工资制

他们的基本做法是，企业不再执行原等级工资制度和国家规定的津、补贴制度，在不突破"工效"挂钩所确定的工资总额前提下，企业自主确定内部工资分配形式和升级制度。对职工个人的工资性收入普遍实行同劳动成果（产量与质量）挂钩浮动。企业职工已经没有基本工资这个概念。具体做法和特点是：

1. 对生产人员实行全额计件，取消档案工资

基本做法是厂向车间下达生产指标，以"产量×工资含量（单价）"或以"产量×工资含量（单价）+利润×计提比例"，计提车间当月工资总额，并按产品质量、物耗、利润、安全、设备完好率和文明生产等七大指标考核车间实绩，有奖有罚，核发车间当月工资额（包括工资、奖金、包干医疗费、各种补贴）上不封顶，下不保底。车间按所属员工工作岗位的技术难易、责任大小、劳动强度、完成任务情况，确定每个岗位的底分和工资分值，将工资计发到班组或个人。在车间，车间主任拥有充分的分配自主权。

2. 非生产人员实行联产联绩浮动工资

它是以生产车间的人均工资收入作为科室工资分配基数，通过百分制考核，上下浮动的一种分配形式。具体做法是：

（1）对生产岗位的管理人员，如车间主任、班组长，按所在岗位责任大小确定工资分（以100分为基本分），一般车间主任为130～140分，班组长115～120分。月终按照岗位职责完成情况进行考核，表现好、完成任务好加分，否则扣分。最后按车间职工平均收入计算分值和个人所得。

（2）对科室管理人员实行活分活值计酬办法。管理人员"月工资收入=月总分×车间平均分值+津、补贴总额×出勤率"。例如，县机械厂通过确定工资分（或工资系数）形式，确定个人工资收入。具体做法是以全厂车间生产人员平均工资为100分作为基数，勤杂、仓库管理员工资分为90～95分，一般管理人员为100～120分，中层管理人员（含专业技术人员）为130～140分。经严格考核达到考核指标者，可得所在岗位工资，不达标者，则予以扣分。

3. 对经营者收入在严格考核基础上实行倍数工资

云浮县经委制定了《关于企业经营者收入办法的规定》，对经营者收入做出明确规定：

产值或销售达8000万元以上，并税利1000万元以上；年出口创汇500万美元以上；全面完成任务，年税利500万元以上，并达到国家二级企业标准以上（含二级企业）。凡符合上述条件之一者，企业领导年报酬的基础标准可高于本企业职工年平均工资收入的3倍以内。

产值或销售达4000万元以上，税利100万元以上；达到省级先进企业标准，产值或销售2000万元以上，税利100万元以上；实现税利200万元以上。凡符合上述条件之一者，企业领导年报酬的基础标准可高于本企业

职工年平均收入的两倍以内。

如果产值在 200 万元以下，又未能完成产值和利润任务的，要按下达计划任务综合差欠率的 50% 扣减经营者的基本工资（即每差欠 1%，扣 0.5%）。

4. 对供销人员实行工资总额包干

根据供销工作的灵活性等特点，云浮县对供销人员实行"宜粗不宜细、宜活不宜死"的分配政策，有 11 家国营工业企业普遍按采购任务完成情况、销售总额、资金回笼周期等指标，按一定比例提取"五费"（工资、资金、差旅费、业务费、医药费），包干到人。

这种全浮动企业工资分配形式根据劳动岗位"四要素"确定工资分，根据企业经济效益确定工资分值，使个人工资收入与劳动成果密切联系起来，较好地体现了奖勤罚懒，多劳多得原则，有效地克服了分配上的平均主义，调动了广大职工的生产积极性。

三、抓好两项配套改革，为促进企业转换机制，创造良好的外部条件

首先，注意培育厂内和社会两个劳务市场，引入就业竞争机制。在企业内部，开放劳务市场，允许职工在企业内部实行动态优化组合，双向选择，自由流动，企业主管部门和劳动部门只加以引导，不予干预。对落聘干部和企业富余人员，在进行切实做好思想教育工作的基础上，区别情况，妥善安排。同时，它们还重视培育社会劳务市场，允许农村和外地劳动力进入当地劳务市场，竞争就业。

其次，大力发展社会保险，完善社会保险体系，增强广大职工对改革的承受能力。一是加快职工养老保险制度改革步伐，把过去企业职工养老保险基金按不同所有制、不同用工形式分别征收和管理的办法改变为不分所有制，不分用工形式，统一征收比例，统一调剂使用，统一管理，使各项基金融通使用，减轻了企业负担，既促进了劳动力在不同所有制之间的合理流动，也为企业创造了平等竞争的良好的外部条件。

云浮县在全县范围内全面推进企业三项制度改革，成功地把企业推向市场，取得了连续 7 年没有亏损的显著成绩。这个事实给我们许多启示。一个县乃至一个地区要改变落后面貌，就要敢于冲破产品经济的束缚，按照市场经济发展要求深化改革。

广东企业工资制度改革探索与创新

（注：当时的云浮县为肇庆地区的一个山区县，后来改为地级市。本文是笔者在广东省劳动厅办公室任副主任时，陪同孔令渊厅长等同志赴云浮县进行劳动工资计划管理体制改革情况调研时写的调查报告）

第三节 转换工资决定机制是当前企业工资改革的主攻方向

【背景介绍】 在亚洲金融危机影响下，《中华人民共和国劳动合同法》的全面颁布实施和产业调整升级，给企业带来了不少压力。在这一新形势下，如何深化企业工资改革、防范企业用人风险、降低企业用人成本、推动企业工资分配制度创新，促进企业发展。对此，《职业》杂志社记者对笔者做了专访。现将有关采访内容整理如下。

记　者：在国际金融危机影响下，你认为当前工资分配领域存在的最大问题是什么，应当如何深化企业工资制度改革，改革的重点和难点在哪里？

陈斯毅：当前，我国企业工资分配存在的主要问题集中表现为"两低一乱"：一是企业一线员工工资水平普遍很低，增长速度偏慢，职工之间收入差距拉大；二是劳动报酬占收入分配的比重偏低，导致居民收入整体水平偏低；三是企业内部工资分配秩序混乱，分配行为不规范，同工不同酬的问题突出，工资支付也不规范，拖欠工资的现象比较突出。加上受国际金融危机的影响，部分企业生产经营出现困难，由此引发的问题尤其是涉及职工切身利益的工资分配的问题不断增多，对增强企业凝聚力、竞争力和建设和谐社会造成了一定影响。面对这些新情况、新问题，企业的出路在哪里？我认为，存在上述问题的原因在于企业工资制度改革不到位，适应市场经济发展要求的工资决定机制尚未建立起来。因此，当前要继续深化企业工资制度改革。改革的重点有两个：一是依法全面建立工资集体协商制度，探索具有中国特色的企业工资分配民主共决机制，推进工资决定机制的转换与创新；二是指导企业依照法定程序建立科学合理的工资分配规章制度，把过去粗放式的工资管理转到精细化的管理上来，处理好效率与公平、当前利益与长远利益、合理分配与正常增长的关系，形成适应经济社会发展的合理有序的工资分配格局，练好内功，以应对金融危机。

然而，当前深化改革，阻力仍然很大，最大的改革的难点在于，如何

第三章 坚持市场导向的企业工资制度改革

解放思想、转变观念，在企业内部建立起科学合理的工资分配决定机制。为了突破难点、深化改革，今年（指1992年，下同）年初，我省连续出台了三个文件。

记　者：广东省今年年初出台了三个文件（《广东省企业贯彻实施职工带薪休假制度的意见》《关于积极应对金融危机指导企业做好工资分配工作的意见》《关于企业实行不定时工作制和综合计算工时工作制的审批管理办法》），其主要目的是什么？

陈斯毅：1991年下半年以来受国际金融危机的影响，广东部分企业生产不饱满，经营不稳定，一些企业出现亏损，甚至倒闭的现象，由此引发的工资分配争议也不断增多，对增强企业的竞争力和建设和谐社会造成了一定的影响。加上《劳动合同法》的全面实施，在一定程度上增加了企业的用人成本和用人风险，增加了企业的压力。为了指导企业在新形势下做好工资分配工作，落实好带薪年休假制度，结合企业生产实际，实行特殊工时制度，满足企业生产需要，降低用人风险和人工成本，提高经济效益，促进企业的健康发展，保持经济持续增长和社会稳定，所以我们按照部里的要求，出台了三个文件。其目的是帮助企业渡过难关。三个文件各有不同的侧重点和着力点。总的来说，体现了广东在新形势下做好企业工资分配和劳动标准的新思考和改革创新精神。

记　者：广东的薪酬改革可以说是一直走在全国前面的，在今年出台的三个文件中，哪一个文件集中体现了广东深化企业工资制度改革的创新精神？主要体现在哪些方面？

陈斯毅：在今年出台的三个文件中，《关于积极应对金融危机指导企业做好工资分配工作的意见》一文体现了我们在新形势下深化企业工资改革的思考与创新。

我们紧紧围绕变化的新形势，针对企业工资分配存在的突出问题，明确了改革的重点，主要体现在三个方面：一是着力推进企业工资分配决定机制创新。改革开放以来，我国的工资分配自主权逐步由国家下放到企业，"由企业决定"实际上变成了由投资方或经营者单方面决定工资分配，结果出现了不少问题。这促使我们思考：在市场经济条件下，企业工资分配究竟应当由谁决定？有人说生产决定分配，这是马克思主义的原理。但我个人认为，不论生产也好，市场也好，这只是个前提条件，最终是要由人来决定。这个"人"不是经营者，而应当是劳资双方。因此，在社会主义市场经济条件下，企业工资决定机制应当由劳资双方通过平等协商来决定，这是社会主义市场经济的特色之一。因此，深化改革，就是要全面推进工资集体协商，实现企业工资决定机制的第二次转换。二是建立工资能升能降的机制。我们强调工资要随着企业的经济效益同步增长，有效益多分，没效益少分。国有企业通过实行工效挂钩来调节分配，非国有企业就要根据政府制定的宏观经济政策，通过平等协商来确定工资的增减，体现平等协商的原则。因此，我们在《意见》的第四条里明确规定，企业确因生产经营困难不能按时支付工资的，可与职工进行平等协商，以书面形式向职工说明情况，明确延期支付工资的期限、责任和保证措施，并召开职工代表大会，经职工代表大会或全体职工讨论通过后，可适当延期支付工资，但延期最长不得超过三十日。企业确有困难、资金周转有问题、严重亏损，发不出工资的情况下，劳资双方平等协商可延迟工资发放或适当降低工资。强调企业在工资分配上要贯彻平等协商原则，要把企业内部工资分配与贯彻《劳动合同法》结合起来，根据法律规定，通过平等协商，建立公平合理的内部工资分配制度和具体工资分配方案。

记　者： 在上述文件中，你们特别强调开展工资集体协商是市场经济条件下建立公平合理的工资决定机制的重要途径。要把它作为当前深化改革的助攻方向，那么在新的一年里，广东打算如何推进这项改革？

陈斯毅： 根据党中央、国务院关于深化收入分配制度改革的要求，结合我省实际，当前和今后一个时期，我们将坚持把建立完善工资集体协商制度作为应对金融危机建立工资决定机制的重要工作来抓。主要措施有：一是全面实施"工资集体协商三年行动计划"，其目标是至2010年，全省已建立工会的企业工资集体协商建制率达60%，没有建立工会的企业，要通过开展区域性（行业性）工资集体协商，加以覆盖。二是坚持突出重点，因企制宜，分类指导，全面建立工资共决机制和能升能降机制。对生产经营遇到暂时困难的企业开展工资集体协商，要指导企业把合理调整工资水平、适当放缓工资增长幅度、调整工资结构、缩小分配差距等作为重点进行协商，进一步理顺企业内部工资分配关系；对生产任务不饱满的企业，开展工资集体协商，主要就职工在岗培训、离岗培训和轮班休息、实行弹性工作时间、放长假期间的工资报酬和福利待遇等进行平等协商，解决好工资能升能降问题；对生产经营正常、经济效益较好的企业，工资集体协商的重点是建立完善职工工资水平与企业经济效益联系的正常增长机制，妥善处理双方利益关系，让职工分享企业发展成果。三是抓住关键环节，积极组织开展工资集体协商要约行动。重点是指导企业主动向职工方提出协商要约，说明企业在金融危机影响下生产经营、资金周转和经济效益等情况，让职工了解企业的困难，争取职工的谅解和支持，并就涉及职工切身利益的工资分配、工时等问题进行协商，共同采取措施，共渡难关。对企业工会行使要约权有困难的地区和行业，各地劳动关系三方要指导地方总工会或行业工联会组织依法代表企业工会行使要约权，就企业职工共同关心的问题，向本区域或本行业内的企业发出要约，并促使企业响应要约，与本企业职工方开展协商。四是认真总结经验，坚持以点带面，全面推进工资集体协商工作。主要是认真总结企业在金融危机影响下通过开展工资协商，化解矛盾，实现双赢、共谋发展的典型案例。并于今年第二季度召开全省工资集体协商经验交流会，树立典型、表彰先进、推广经验，继续推动全省工资集体协商工作向纵深发展。五是切实加强制度建设，完善工资集体协商工作机制。主要是继续抓好四项基础制度建设。即建立完善工资集体协商指导员聘用制度、工资集体协商业务培训制度、工资集体合同审查备案制度和企业履约情况监督检查制度，促使工资集体协商工作落到实处，取得实效。六是切实加强组织领导，健全工作机制。进一步完善党政主导、劳动关系三方齐抓共促的工作机制，把工资集体协商工作作为实践科学发展观、构建和谐社会的一件大事来抓，明确各方指责，确定目标任务，细化落实措施，形成推进合力，务求在新的一年里取得新的进展，做出新的贡献。

  记 者：关于高管薪酬问题，目前议论比较多，你对此有什么看法？

  陈斯毅：关于企业高管薪酬问题，近年来人们议论比较多，对这个问题究竟怎么看？我们认为高管薪酬的高低是一个现象，其背后反映了一个实质问题，即在市场经济条件下，政府要不要干预企业工资分配？今年年初出现的美国AIG奖金门事件，美国政府出面干预了。可见，政府不干预是不行的。但是，目前没有找到好的办法。我们建议，对高管薪酬问题，从五个方面采取措施加以调控：一是要加快立法，通过立法来明确高管工资由哪几个部分组成，用哪些方式来决定高管工资；二要注意加强分类指导，对国有企业的高管，要有专门的机构，加强指导管理，避免高管的薪酬与职工的工资差距过大；对非国有企业的高管工资，也应当通过立法或通过民主协商的方式来确定；三是高管工资分配方案要公开，便于监督，怎么分、分多少，要公开以便监督；四要注意处理好按劳分配和按要素分配的关系，高管里面有好多收入是按要素分配，按要素分配要有一些量化的考核指标，也要处理好效率与公平的关系；五要注意发挥舆论监督作用。

记　者：关于职工带薪年休假制度，实施起来难点在哪里？在今年的形势下如何贯彻实施？

陈斯毅：2007年12月国务院颁布《职工带薪年休假条例》，并于2008年开始实施。现在看来，落实职工带薪年休假制度存在的问题还比较多，难点问题归纳起来有三个。第一，按照带薪年休假规定，企业提供年休假天数是按照累计工作时间来确定的，过去一般是按照本企业工龄来计算的。这就存在一个问题：通常情况下，年龄大的职工工龄会长，他可能转换过几家企业，在新的岗位本企业工龄不一定长，如果按照累计工龄来计算休假天数，企业感到吃亏，不愿意安排本企业工龄短的职工休假，也不愿意招收年龄大的职工就业。第二，国家颁布了带薪年休假条例以后，企业觉得本来法定的节假日和双休日假期已经很多了，还要安排职工休假，会影响企业生产。第三，在操作上，对累计工作时间做出界定比较困难。一个职工往往在多个单位工作，有些职工流动时没有严格地对工龄做出核实，现在重新界定难度比较大，容易引发争议。

针对上述问题，我们建议：一是要指导企业科学合理地安排带薪休假。企业要根据生产实际情况和职工意愿来安排，比如，在金融危机的情况下，有些企业没有订单或工作不饱满、不稳定，可以先安排职工享受年休假，把合理调整工作时间、尊重职工意愿和灵活安排结合来，落实职工带薪年休假；二是督促用人单位依法建立、完善职工档案管理制度，根据连续工作时间和累计工作时间的含义，明确职工是否具备享受年休假的权利，以及决定职工休假时间的长短，按照规定安排好职工的年休假；三是要求用人单位结合本企业实际和实施国民旅游休假计划，通过和职工的协商来建立职工年休假的规章制度，确保职工既能够享受年休假的权利又做到休假和生产两不误；四是人力资源和社会保障部门要加强指导和监督，依法处理违法行为，确保年休假制度的贯彻落实，同时避免企业因不注意贯彻相关规定，导致违规和秋后算账，不得不面临支付3倍工资的风险。此外，还要修改有关探亲假的规定，减轻企业的负担。

记　者：广东今年颁布了《关于企业实行不定时工作制和综合计算工时工作制的审批管理办法》，它的意义是什么？

陈斯毅：在金融危机和全面实施《劳动合同法》的双重影响下，企业感到用功方面缺乏弹性，难以应对客观形势发生的剧烈变化。为了适应形势发展变化的需要，今年初，我省出台了《关于企业实行不定时工作制和综合计算工时工作制的审批管理办法》，这个《办法》的创新之处在于：

①是适当扩大实施范围，即实施范围不仅仅限于企业，还扩大到机关事业单位。②在扩大范围的同时，注重加强规范管理，从审批这个角度上要求企业提供岗位工种情况说明，制定工时的管理制度，这些制度要依照法定程序来制定。同时，在劳动合同中明确劳动者在哪些岗位工作，实行哪种工时制度，以维护劳资双方的合法权益。

这项制度的主要意义还体现在四个方面：第一，从实际出发，帮助企业增加用人的灵活性，适应发展的需要；第二，在保障职工合法的权益的前提下，企业可在工作时间上做一些灵活安排，合理地降低企业用工成本；第三，体现了政府对企业的扶持；第四，加强规范审批管理，减少劳资纠纷，有助于企业灵活用工，促进生产经营稳步健康发展。

【参阅资料】党的十四届三中全会《中共中央关于建立社会主义市场经济体制若干问题的决定》提出：个人收入分配要坚持以按劳分配为主体、多种分配方式并存的制度，体现效率优先、兼顾公平的原则。劳动者的个人劳动报酬要引入竞争机制，打破平均主义，实行多劳多得，合理拉开差距。坚持鼓励一部分地区一部分人通过诚实劳动和合法经营先富起来的政策，提倡先富带动和帮助后富，逐步实行共同富裕。

建立适应企业、事业单位和行政机关各自特点的工资制度和正常的工资增长机制。国有企业在职工工资总额增长率低于企业效益增长率，职工平均工资增长率低于本企业劳动生产率增长的前提下，根据劳动就业供求变化和国家有关政策规定，自主决定工资水平和内部分配方式。

【参阅资料】阮崇武部长要求加快劳动计划体制改革

本刊讯　劳动部部长阮崇武在1992年初召开的全国劳动厅局长会议上强调：要适当加快劳动计划体制改革，使之与企业劳动、工资、保险制度改革相衔接配套，促进企业用人和分配自主权的落实，为搞活国营企业服务。

阮部长指出，在过去的一年中，各级劳动部门为适应企业发展需要，对劳动计划体制改革进行了积极探索，取得了新的突破。主要是：

第一，按照计划经济与市场调节相结合的原则，全国有18个省市的90多个市县实行了职工人数增长按相关比例进行动态调控的弹性计划，少数有条件的地区实行了指导性劳动计划，扩大市场调节范围，为落实企业用人和分配自主权创造了条件。

第二，根据控制总量、调整结构、提高效率的要求，一些地区对企业工资增长实行计划管理和工效挂钩双控办法，在工资总额得到有效调控的前提下，企业按照"增人不增工资、减人不减工资"的办法，自行安排招工计划；在定员以内自然减员、合同制工人解除劳动合同以及清退计划外用工的空额，允许企业按照有关招工政策规定，根据生产需要自行补充。

当谈到今年（注：指1992年）劳动计划工作时，阮部长强调，要适当加快劳动计划管理体制改革步伐，与劳动、工资、社会保险制度改革相衔接，促进企业用人和分配自主权的落实。改革的方向是，建立计划经济与市场调节相结合的劳动计划体制和运行机制，逐步缩小指令性计划，扩大指导性计划和市场调节范围，对职工人数和工资总额实行按比例进行动态调控的弹性计划和指导性计划，以及实行分级调控、分类指导的管理办法。增强企业的自我约束能力，为逐步实现国家宏观调控、分级分类管理、企业自主用工、自主分配的目标而努力。改革的主要任务是：

在宏观方面，进一步改进和完善宏观调控手段。一是国家对地区、部门的企业职工人数和工资总额实行按计划管理、按比例调控相结合的管理办法，超额完成国家生产和经济效益计划的地区、部门，允许职工人数、工资总额相应上浮；没有完成的，相应下浮；二是对国家批准进行劳动计划体制改革试点的地区，实行职工人数计划与生产增长的相关经济指标按一定比例调控的弹性计划；三是对实行工效总挂钩和劳动、工资、社会保险制度综合配套改革的地区、部门的职工人数的工资总额实行按相关比例进行动态调控的弹性计划；四是广东、福建等省和经济特区，继续探索建立以指导性计划为主体的计划体制。

在微观方面，主要是，努力改进国营大中型企业的劳动工资计划管理办法。一是对实行工效挂钩的企业，逐步试行用工资总量合理调节职工人数；二是实行工效挂钩和劳动、工资、社会保险制度综合配套改革的企业，在保证劳动生产率不断提高和完成各项经济指标的条件下，按照"增人不增工资、减人不减工资"的原则，经劳动部门批准，可以自主招用职工；三是未实行工效挂钩或虽实行工效挂钩但未实行综合配套改革的企业，自然减员的空额仍需适当集中一部分指标用于重点建设，其余部分允许企业根据生产需要部分自行补充等。

最后，阮部长还强调，各级劳动部门在推进劳动计划体制改革的同时，要加强对社会劳动力、收入分配以及其他各项劳动事业发展的宏观预测、规划、研究和指导，搞好总量平衡，协调比例关系，并要加强对外商投资企业劳动管理工作的指导,使各项劳动事业发展达到宏观效益与微观效益、经济效益与社会效益的统一。

（注：本文是笔者随同孔令渊厅长参加全国劳动厅局长会议回来后,应《创业者》杂志社写的一篇文章。发表于《创业者》杂志1992年第3期。本文印证了从全国来说,劳动部从1992年开始才部署改革劳动工资计划管理体制。同时要求广东、福建等省和经济特区,继续探索建立以指导性计划为主体的劳动计划管理体制）

第四章　深化初次分配制度改革的探索

【内容提要】收入分配是民生之源，事关广大人民群众的切身利益。党中央高度重视，社会各界十分关注。在改革开放进程中，我国收入分配体制改革逐步深化，分配政策不断调整。2002年11月召开的党的十六大报告提出："坚持效率优先、兼顾公平的分配原则，在初次分配中注重效率，发挥市场的作用，鼓励一部分人通过诚实劳动、合法经营先富起来；再分配注重公平，加强政府对收入分配的调节职能，调节差距过大的收入。"但是不久，我国收入分配领域出现了"两个比重"下降、收入差距继续扩大的趋势，其中，劳动报酬占初次分配比重明显下降问题备受关注。2007年10月，党的十七大报告回应了社会关注的问题，第一次明确提出"初次分配和再分配都要处理好效率与公平的关系"。这表明，中央对收入分配的指导思想有了新的发展。不仅再分配要处理好效率与公平问题，而且初次分配也要处理好效率与公平的关系。同时明确提出"提高劳动报酬在初次分配中的比重"。根据中央的部署，笔者结合工作实际，对初次分配问题进行了探索，撰写了一些文章。本章收录的文稿，反映了笔者在深化广东企业工资分配制度改革实践中，始终注意坚持贯彻按劳分配原则，坚持在初次分配问题上，处理好效率与公平的关系，着力提高劳动报酬在初次分配中的比重，以防止出现收入分配差距过大的情况。

第一节　落实企业分配自主权，深化劳动工资 制度改革

1986年12月国务院发布《关于深化企业改革增强企业活力的若干规定》，提出全民所有制大中型企业要实行多种形式的经营责任制。自《规定》发布以来，广东始终坚持把改善企业经营机制，深化劳动工资制度改革，落实企业劳动工资自主权作为重要配套措施来抓，并在1987年3月召开的全省市地劳动局长会议上做出部署。5月份，我们与省财厅联合在东莞召开企业工资改革会议，总结交流了企业工资总额与经济效益挂钩的经验，研究了有关政策和部署扩大改革试点面。江门市也召开了搞活企业内部分

配经验交流会。7月省委深化改革会议后，我们又于8月份在珠海召开了市地劳动局长会议，进行传达贯彻，要求各级劳动部门在提高认识的基础上，认真落实省委会议提出的深化企业改革的有关配套措施，切实把招工、用工和内部分配自主权落实给企业。9月中下旬专门举办了以深化劳动工资制度改革、增强企业活力为主要内容的市、地、县劳动局长学习班，就深化改革的重要性与迫切性，如何进一步改革劳动、工资、保险制度，搞活固定工制度，开办劳务市场、转变管理职能等八个专题进行了系统讲解，结合实际，研究了深化劳动工资制度改革、落实企业劳动工资自主权中的问题和解决措施。

一、落实企业劳动工资自主权

（一）改革企业劳动用工制度，认真落实企业招工用工自主权

落实企业招工用工自主权，是搞活企业的重要内容，也是劳动制度改革的出发点。1986年国务院发布改革劳动制度四个规定以来，我们在贯彻实施过程中，明确规定给企业下放"三个权"。

一是赋予企业招工自主权。招工制度改革，重点废除了子女顶替制度和除四个行业以外的内招子女办法，实行面向社会公开招工、择优录用办法。我省在国务院关于国营企业招用工人暂行规定的实施细则中明确规定："企业招用工人，必须在国家劳动工资计划之内，贯彻先培训，后就业的原则，面向社会、公开招收，全面考核，择优录用的原则"。"不得以任何形式进行内部招工"。这就把招工权放给了企业。但在执行中，企业普遍要求招收在本企业工作的临时工（多数是职工子女），不愿面向社会公开招工。一些劳动部门从贯彻国务院和省府规定以及照顾企业要求两方面考虑，对企业招工采取由劳动部门统一招收，实行两兼顾办法，即允许企业从内部和面向社会各招一部分。这样既照顾企业需要，又解决社会待业人员的就业要求，但企业对此仍有意见。省深化改革会议后，为了落实企业招工自主权，各地劳动部门都重新修订了具体招工办法，把招工权完全放给企业，让企业在国家计划指标内，根据生产经营实际需要自行组织招工，自主择优招用企业急需的人员。劳动部门只进行监督检查和指导服务，落实招工政策，不搞硬性搭配。同时，劳动部门还通过举办劳务市场，让企业进场设点自行招工，使劳动力需求双方直接见面，互相选择，为企业招工和劳

动力余缺调剂牵线搭桥，提供方便，进一步落实了企业的招工自主权。据深圳、广州、佛山三市在8、9月份举办的综合性劳务市场统计，进场招工企业（单位）615个，进场劳动者人数12.86万人，应招人数1.2万人，解决了一些企业（行业）招工难问题，受到企业和群众的欢迎。普遍反映，开办劳务市场，公开招工，既公平合理，又方便企业和群众，同时也杜绝了招工走后门的不正之风，使企业招工自主权进一步得到落实。目前，我省已有6个市地开办了劳务有场，为进一步落实企业招工自主权创造了条件。

二是赋予企业用工自主权。表现在：一方面随着劳动合同制的全面推行，企业用工自主权落到了实处。企业要招用什么样的工人，采取哪些具体用工形式，用工时间多长，完全由企业自行决定，并通过企业与职工签订劳动合同来实施，劳动合同期满，是否解除或续订合同，由企业与劳动者双方商定。改变了过去企业用工由国家统包统配，能进不能出，企业没有用工自主权的状况。至1987年9月底，全省合同制工人已达57.7万人。另一方面是积极探索搞活固定工制度的办法，企业结合落实经济责任制，对原有固定工采取劳动组织重新组合、择优上岗、合同化管理等办法。通过搞活固定工制度，使企业在更大范围内获得了用工自主权，这就是企业可以根据生产需要自行调整劳动组织形式和调剂使用职工。此外，在企业职工调配、调剂使用方面，劳动部门也明确规定下放权力，国营企业职工在市区、县内的调动，由职工所在企业与调进企业双方协商办理，不超过企业定员人数的，不需经过劳动部门和企业主管部门批准。

三是赋予企业辞退违纪职工的自主权。1986年以来，我们在贯彻劳动制度改革四个规定的实施细则中明确规定：厂长（经理）有权决定辞退违纪职工。各级劳动部门积极帮助企业修订厂规厂纪，加强了企业劳动纪律。

（二）探索企业工资制度改革，落实企业内部分配自主权

落实企业内部工资分配自主权，搞活企业内部分配是企业体制改革的内在要求。近几年来，全省各地积极探索改革企业工资分配制度，逐步把企业内部分配自主权落到实处，主要做法有：一是结合落实承包经营责任制，推行工资总额与经济效益挂钩办法，为搞活企业内部分配创造条件，据不完全统计，至1987年9月底，全省已实行挂钩的国营企业有400多户。挂钩后，企业工资总额的培养从主要取决于国家分配多少转变为主要取决于企业的经济效益。这样，即正确处理了国家与企业的工资分配关系，又

第四章 深化初次分配制度改革的探索

为落实企业内部分配自主权创造了条件。二是落实企业内部分配自主权。明确规定在国家规定的工资总额（包括增资指标）和政策范围内，对于企业内部职工工资、奖金分配的具体形式和办法，以及调资升级的时间、对象等，由企业自主决定，劳动部门一般不再做统一规定。目前，全省大部分企业都结合落实各种形式的经济责任制，将职工原来的工资级别记入档案，打破原来的工资级别，按职工岗位、表现和实际贡献，实行计件工资、浮动工资、定额工资或承包工资等，在奖金分配方面也不"封顶"，采用了奖金税等调节办法。奖金发放形式由企业自主决定。三是今年国营企业人均增资1.8元的实施办法，我们也放给各企业自主安排，不做统一硬性的规定，防止平均主义做法。四是制定了保障企业经营者利益的办法。根据国务院的制度，对实行任期目标责任制的厂长（经理），确实全面完成和超额完成任期内年度目标的，其个人收入可高于职工平均收入的1～3倍。我们和经委、财政厅制定了实施办法，经省府批准已下发，具体做法，可按其超额完成上缴税利的幅度大小来确定收入具体数额。这对促进企业内部分配自主权的落实，也起到了积极作用。

（三）实行劳动保险社会统筹制度，为增强企业活力创造条件

为了平衡企业负担，解除职工后顾之忧，为企业创造公平的竞争条件，广东省从1983年开始进行劳动保险制度改革。尤其是1986年以来，通过贯彻中央和省关于深化企业改革的有关指示，劳动保险制度改革取得了实质性进展，企业劳动保险正在逐步转变为社会统筹保险。目前，全省已建立了合同制工人退休养老保险制度，参加投保的合同制工人共47.21万人，投保率达81.66%（不包括农垦系统，投保率达95.2%）；全民职工待业保险制度已经建立，缴纳待业保险基金的单位共2.4万多个，职工275.5万人，占应缴职工总数的96.3%；全民单位固定职工退休基金社会统筹制度基本形成，全省各市、地、县已全部建立起社会统筹保险制度，参加投保的在职职工227.7万人，投保率为78.3%，退休职工全部参加了统筹。此外，还进行了国营企业临时工退休养老保险制度的试点。这样，国营企业内部不同用工形式的职工养老保险和待业保险制度正在逐步建立和完善，它对于落实企业用工和分配自主权起到了重要保障作用。同时结合企业搞活固定工制度，开始试行"厂内提前退休"办法。年老体弱多病而又未到退休年龄的职工，男55周岁、女45周岁以上的，可以由企业自行决定给予办理厂内提前退休手续，其在厂内提前退休期间的待遇，由企业支付。在达到

正常退休年龄后，改由社会劳动保险公司支付。

在落实企业劳动工资自主权中，虽然做了一些工作，取得了一定成效，但仍存在一些问题。当前比较突出的，一是企业招工自主权的落实遇到一些困难，有个别县（市）劳动部门下放给企业的招、调工自主权被企业主管部门截留了；有些待业人员多，就业压力大的市、县，还存在行政部门干预企业自主招工和企业在自行组织招工时出现违反政策变相内招的情况。二是在企业内部工资分配方面，有的企业把国务院规定在国家规定的工资总额和政策范围内企业有内部分配自主权，理解为不管经济效益是否增长，企业有权决定增加工资总额；有的地方把国家关于以企业为单位征收奖金税和工资调节税的规定改为以市地为单位计征，使工资基金难以控制；有的企业领导怕得罪人，内部分配仍存在吃"大锅饭"、搞平均主义和互相攀比的倾向。三是一些经济效益好、负担轻的中央、省属单位不愿参加地方退休基金统筹，而把效益差、负担重的企业推给地方统筹，使地方难以承受，还有一些经济较富裕的市、县不按省府文件规定上交统筹积累金，影响了退休保险基金社会统筹工作的开展。

二、继续推进企业劳动工资保险制度改革总体设想

按照党的十三大报告的部署，为加强对改革的指导，广东省劳动局成立了劳动工资制度改革研究小组，由局党组直接领导，副局长孔令渊同志任组长，办公室主任项光仁同志任副组长，各有关处室一位副处长为研究小组成员。改革研究小组成员不脱离本处室，重大问题由有关职能处室提出意见，经改革小组集体研究后，提交局党组审定。研究小组日常工作由办公室秘书科负责（注：笔者当时任秘书科科长）。改革小组成立后，立即着手研究起草进一步加快和深化劳动工资制度改革的方案。

（一）深化劳动工资制度改革总体设想

根据党的十三大制定的全面改革的基本方针和广东作为综合改革试验区的指示精神，广东省深化劳动工资保险制度改革总的设想是按照发展社会主义商品经济的要求和全省经济体制改革的总部署，以转变企业经营机制、增强企业活力为中心，加快深化劳动工资保险制度全面综合改革，克服"铁饭碗""大锅饭"平均主义的弊端，争取在3～5年内，建立起有利于发展社会主义商品经济，有利于提高劳动生产率，有利于对外开放，有

第四章 深化初次分配制度改革的探索

利于促进社会安定的新型劳动工资管理体制框架。主要措施包括以下三个方面。

（1）劳动制度改革。全民所有制单位招用人员计划（除国家机关行政人员仍按国家编制定额执行外），从指令性计划逐步过渡到指导性计划。目前可采取全民企业职工人数计划与非农业国民收入和劳动生产率的增长挂钩浮动办法，使职工人数增长与经济发展相适应。省内开放劳务市场，根据实际情况在所有企业职工中实行劳动（聘用）合同制。把用人权交给企业经营者，把择业权交给劳动者，并制定职工合理流动和劳动争议仲裁等相应的法规、政策。

（2）工资制度改革。企业职工工资总额计划，通过工资总额与经验效益挂钩办法，从指令性计划逐步过渡到国家征税、自主分配的指导性计划。省对市地所属国营企业全部工资总额实行与非农业国民收入增长挂钩浮动的办法进行分级管理、分层调控。各市地在省核定的挂钩基数和浮动比例范围内，有权审批本市地企业的具体挂钩基数、浮动比例和挂钩形式；市地上缴税利任务完不成的，要相应扣减工资总额。各个企业可根据不同情况实行工资总额与不同的经济效益指标挂钩；暂不具备挂钩条件的企业，可采取核定在成本中列支的基本工资总额，包干使用，奖金随经济效益浮动。落实企业内部分配自主权，企业可以根据生产经营情况自主决定分配形式和办法。政府主要通过取消工资调节税、奖金税，同时开征个人收入调节税，控制工资基金。职工工资的增长要与经济增长和市场物价变动相适应，使职工实际工资水平随着经济发展逐年提高。

（3）改革保险制度，建立和完善社会保障体系。在所有职工中逐步建立和完善待业、养老、医疗、工伤等社会劳动保险制度。要积极加快实现全省范围的社会劳动保险统筹。省可将征收的个人收入调节税，建立职工生活困难补助基金。对生活收入低于社会生活最低水平线的职工进行困难补助，以保持社会安定。

（二）进一步推进劳动工资制度改革的具体措施

1. 进一步深化劳动制度改革

要在继续贯彻落实国务院改革劳动制度四个规定，抓紧以完善劳动合同制为核心的配套改革基础上，进一步深化劳动制度改革。

（1）逐步扩大劳动合同制的实行范围。社会主义商品经济的发展和生产社会化，要求劳动力必须能够合理流动，使企业生产需要的人能进得来，不需要的人能出得去，企业才有活力。因此必须改革"铁饭碗"的固定工制度，实行劳动合同制。除了在社会上新招工人实行合同制外，还必须逐步缩小国家统包统配的范围。近几年来，已有深圳、珠海、汕头、江门、茂名、清远、龙门7个市、县对城镇复退军人和技工学校毕业生实行了劳动合同制（其中茂名市和汕头市只对技校毕业生实行合同制），效果较好，不影响征兵和技校招生。但仍有一些市地对上述两种人尚未实行合同制，这对已实行合同制的市县带来了影响，不利于改革的深化。最近，李鹏代总理在国务院常务会议上指出：城镇复退军人也要实行劳动合同制，军队也要改革，过去复退军人全部安排到全民企业，今后也可以安排到集体企业。根据国务院领导指示精神和广东改革实际情况，我们拟从1988年开始，在全省对城镇复退军人和技工学校毕业生，全面实行合同制，同时，对1983年后参加工作从外省新调入广东的固定工，不再保留固定工身份，一律改为合同制职工。

（2）进一步搞活固定工制度。目前新招工人已实行劳动合同制，但占职工总数90%左右的原有职工仍然是固定工，新旧两种用工制度长期并存，必然引起摩擦和矛盾，给管理和思想工作带来了困难，最终劳动合同制也难以巩固。特别是实行承包经营责任制和厂长负责制，如果原有固定工制度不搞活，企业经营者就没有用人自主权。这样，企业用工制度就难以发生根本变化，企业也就难以从根本上活起来。中央领导同志对搞活固定工制度与实行劳动组合问题都做了充分肯定。因此，要结合企业实行承包经营责任制和厂长（经理）负责制，加快搞活固定工制度的步伐。这是深化劳动用工制度的主攻方向和重点。原则上，凡是实行承包经营责任制的企业，都要根据自己生产经营特点，采取劳动组合，择优上岗、内部考核升降制、编制试工制或合同化管理等多种形式，逐步搞活。还没有实行承包经营责任制但已实行厂长责任制的企业，也要进行试点。不论采取哪一种形式搞活，职工都要与企业（或车间、班组）签订劳动合同，明确规定双方责、权、利，实行合同化管理，以利于今后固定工制度逐步向劳动合同制方向转变。搞活固定工制度，关键在于制定妥善安置企业富余人员的配套改革政策措施。如试行厂内提前退休、停薪留职、自谋职业、企业之间劳务协作或调剂安置等办法。对于离厂自谋职业或组织起来就业的职工，到达退休年龄后，原当固定工的工龄可按固定工退休规定计发退休金；离厂重新就业后继续参加投保时，在到达退休年龄时也可合并计算投保待遇。对于年纪较大、身体不好但达不到厂内提前退休条件的富余职工，企业自身无法消化需由其他企业安置的,可由劳动部门牵线搭桥,经双方协商,由原企业付给接受安置企业以一次性的转业训练安置费,使这些职工到新单位后能得到妥善安置和保证基本工资收入不下降。对搞活固定工制度工作,要加强领导,协同有关部门制订配套政策措施,大力推进。

(3) 加快发展劳务市场。全省各大、中城市和有条件的县城镇都要把劳务市场办起来。争取1988年年底在全省范围内建立起有领导的劳务市场框架。要逐步拓宽劳务市场的服务范围,当前,先以安排城镇待业人员就业,安置企业富余人员和促进技术工人交流为主,在此基础上,逐步做到企业需要的劳动力基本上由劳务市场调节。劳务市场的服务对象主要是为各种不同所有制的用人单位(含个体户、专业户)和城镇待业人员、待业职工、富余职工、技术工人、农村富余劳动力的供求双方提供中介、调节服务,除了对农村劳动力和外省劳动力进入劳务市场要采取适当控制措施外,其余一般不予以限制。劳务市场既是有领导的,又是开放的,既有劳动行政部门组织指导的劳务市场,也允许私人举办劳务中介机构。劳务价格可由双方按互利原则共同商定。各地可以根据行业、工种制定最低工资指导线。同时逐步建立劳务人员的养老保险社会统筹制度。要加快培养和完善以各级劳动行政部门所属的劳动服务公司组织的劳务市场为主体,社会上各方面的劳务交流协作和私人劳务介绍所为补充,专业性市场与综合性市场相结合,以大中城市市场为依托,城镇与乡村市场相联结的多形式、多层次的劳务市场体系。要认真总结经验,研究制定劳务市场管理办法,制定促进劳动力合理流动的有关政策法规,逐步完善市场机制。

(4) 改革职业技术培训制度。目前,企业职工队伍技术素质较低,高中级技工比例偏低,直接影响了企业技术改造以及劳动生产率和经济效益的提高。因此,必须改变封闭式的培训技术工人办法,要通过多种途径、多种渠道培训大量生产需要的技术工人。一是进一步健全多形式、多层次、多渠道的培训体系。多形式,就是包括技工学校、职工中学、就业训练中心、各种职业训练班、学徒培训以及在职工人培训等在内的多种形式,这些形式相辅相成,必须各负其责、协调发展;多层次,就是在培训目标上不搞"一刀切",而是分为高级、中级和初级等多个技术层次,各层次之间要有合理的比例结构。多渠道,就是多方办学,部门可以办,地方可以办;企业可以办,群体团体和各民主党派可以办;全民单位可以办,集体单位可以办,私人也可以办;可以一个单位办,也可以几个单位联办;还可以由港澳、华侨捐资、集资办,广开办学培训门路。二是培训工作必须引进市场竞争机制。培训应根据产业结构调整和技术进步的要求，适应商品经济和劳务市场的需要，培训大量"适销对路"的技术工人。技工学校要改革办学制度，招生计划根据经济发展和劳务市场需要确定，允许各市地、各部门根据企业实际需要和自身办学条件，增列地方、部门招生计划；可以实行厂校挂钩、有偿培训、考核发证、定向分配办法，也可以实行超前培训，提高培训质量；技校毕业生到用工单位后，转正定级工资可由企业考核自行确定。要进一步打破统包统配制度，通过市场竞争、人才竞争、有偿培训，加强市场信息和人才预测，把定向培训与超前培训结合起来，不断提高培训质量。三是对在职工人的技术培训，要制定工人技术职务系列和技术岗位等级系列办法，逐步建立岗位培训，考核发证，持证上岗，岗位职务聘任及岗位职务津贴配套成龙的在职工人技术培训制度。同时，要把职工技术等级作为技术岗位职务聘任和晋升工资的重要依据，促进职工学习，提高技术水平。

2. 积极推进企业工资制度改革

（1）全面推行企业工资总额与经济效益挂钩办法。凡是有条件的国营企业，首先是大中型企业，都要实行工资总额与经济效益挂钩。有条件的小型企业也要实行。实行挂钩的企业，每年随经济效益的提高，工资总额可按比例增长，并进入成本。挂钩的具体做法，可以根据国民经济发展对企业经济效益的要求和企业的生产经营特点，实行多种多样的挂钩形式：一般企业可实行工资总额与上缴税利挂钩；实行了承包经营责任制，确定了上缴税利基数或递增比例的企业，在保证完成上缴税利任务的前提下，可以实行工资总额与实现税利挂钩；能源、基础材料生产企业可实行工资总额与实物销售量挂钩；建筑施工企业继续实行百元产值工资含量包干；交通运输、邮电等行业可实行工资总额与实际工作量挂钩；出口创汇为主的企业可实行工资总额与创汇额和上缴税利双挂钩；商业企业可以实行工资总额与销售额和上缴税利双挂钩。此外，其他有利于促进生产发展，正确处理国家与企业利益关系的挂钩形式，也可试行。同时，对所有挂钩企业的经济效益均实行复合指标考核，即除了主要挂钩指标外，还要有其他辅助考核指标。如把考核质量、消耗、安全、劳动生产率等其他经济技术指标，作为工资增长的制约因素。其中，质量指标要作为主要指标。对挂钩浮动比例的固定，要考虑横向比较，在同一地区、同一行业的不同企业，要以工资税利率、资金税利率、劳动生产率和销售利润率等为主要指标来比较评价企业的经济效益水平，并确定其浮动比例。

对暂时不具备挂钩条件的企业,要严格核定在成本中列支的基本工资总额,包干使用,不能突破。奖金随经济效益按比例浮动,不得进入成本。这些企业要积极创造条件向实行挂钩过渡。

(2) 继续搞活企业内部分配。搞活企业内部分配的重点是,在普遍实行挂钩的基础上,大力推行计件工资制或定额工资制。计件工资制是指按照产品产量和计件单价计算报酬的分配办法。包括个人计件,也包括集体计件。只要具备一定条件,都可实行计件工资制。已经实行计件工资制的企业,要认真总结经验,不断改进,并报据新的情况,创造新的计件形式和办法,逐步加以完善。一些适合实行计件工资但目前尚不完全具备条件的企业,要认真做好各项基础工作,积极创造条件,逐步实行计件工资制。对不适于实行计件工资的企业,也要实行其他形式的定额工资制。定额工资制,主要是指在不适于实行计件的企业或车间、班组,实行按照职工劳动定额完成情况计发报酬的分配办法。实行定额工资制的企业,要明确劳动计量标准,这个标准不是以产品产量的形式体现出来,而是以工时定额、岗位责任、承包指标等形式体现出来,以这些标准为根据,进行严格考核。

企业实行哪一种分配形式,由企业自主决定,无论实行计件工资制还是定额工资制,对职工个人的劳动报酬要上不封顶、下不保底,鼓励多劳多得;但企业工资总额或奖励基金超过国家规定限度的,仍要照章缴纳工资调节税或奖金税。

实行了工资总额与经济效益挂钩的企业,在保证工资总额中活的部分占一定比重的前提下,可以根据经济效益提高的情况,逐步把经过考核合格的职工的内部浮动升级转为固定(一般要浮动两三年后再固定)。

(3) 要妥善处理工资与物价的关系。广东省作为全面改革的试验区,商品经济将以更快的速度发展,物价的继续上涨是不可避免的。为了保障职工实际工资水平,不因物价上涨而下降。要与有关部门协商,研究处理工资与物价关系的方案,使职工工资的增长与物价变动相适应。要具体提出物价上涨所需增加工资的分配办法,保证职工实际生活水平随着生产的发展逐年有所提高,以利于稳定人心和调动职工积极性。

3. 加快劳动保险制度改革步伐

广东劳动保险制度改革已经有了一个良好的开端。今后改革的重点是贯彻落实国务院关于国营企业职工退休费用实行社会统筹的规定(草案),加快改革步伐,巩固、发展和完善劳动保险社会统筹制度。

(1) 努力扩大社会统筹面,加快实现以省为单位统筹。扩大统筹面,首先是要解决好一些尚未参加统筹的企业都参加统筹的问题。如农垦、华侨农场系统要尽快按系统统筹；部分中央、省属企业未参加地方统筹的，要按规定参加地方统筹。其次是提高投保率，使全民单位内部全部固定职工和合同制职工都参加退休养老基金社会统筹。

（2）研究完善社会统筹管理办法。主要是研究合同制工人养老保险金和固定职工养老统筹金统一调剂使用办法；增加统筹项目，研究建立工伤保险社会统筹；改进统筹基金征集和退休金支付办法，提高社会化程度；制定统筹积累金调剂使用办法，实行省、市（地）、县三级调剂，为过渡到以省为单位统筹积极创造条件。

（3）继续推动有条件的城镇和乡镇集体所有制单位实行职工退休养老保险统筹。

（4）建立临时工退休养老保险制度。在全民所有制单位试行临时工养老保险社会统筹，以适应劳动制度改革后企业多种用工形式并存的需要。

（5）随着物价和工资制度改革的深入，研究修改职工退休费待遇的计发基数和比例，制定国营企业和"三资"企业的退休费用计发办法。

4. 改革劳动工资计划管理体制

为适应商品经济发展，劳动工资计划管理体制改革总的指导思想是，改变高度集中统一的劳动工资计划管理体制，适当扩大地方、部门和企业的自主权，充分运用经济手段与行政手段相结合的办法，实行分级管理、分层调控，逐步建立以指导性计划为主的宏观间接管理体制。

（1）职工人数计划。省对市地（部门）全民所有制单位职工人数计划，实行职工总人数与非农业国民收入或劳动生产率等经济指标挂钩按比例浮动办法，以体现市地（部门）之间经济效益高低和潜力大小的差别。非农业国民收入增长1%，全民单位职工人数可增长0.3%（或职工人数与劳动生产率挂钩按比例浮动，凡超额完成劳动生产率计划1%，职工总数可增长0.3%；劳动生产率计划超额完成3%以上的，职工总额一般可增长1%，最高不得超过1.5%）。各市地（部门）在省核定的挂钩指标基数和增长比例范围内，可自行决定职工人数计划。

（2）工资总额计划。省对市地（部门）所属企业实行工资总额与非农业国民收入增长挂钩按比例浮动分层控制办法。挂钩指标以上年实际数为基数（工资总额基数可减去不合理因素，加上合理增资部分进行核定），同时，要确定若干辅助考核指标。各市地（部门）所属企业全部工资总额及随经济效益浮动的总比例，以人均上缴税利、人均非农业国民收入、劳动生产率为主，同时考虑工资税利率，资金税利率的高低等情况，分别确定，以体现市地和部门之间企业经济效益高低和潜力大少的差别。一般经济效益指标增长1%，工资总额增长0.6%～0.9%。如市地上缴税利完不成任务的，要相应扣减工资总额，一般上缴税利指标每下降1%，扣除工资总额1%。各市地（部门）所属企业全部工资总额随经济效益浮动后，除新建、扩建项目和国家政策规定必须安排的复退兵、转业干部所需增加工资外，原则上实行增人不增工资总额、减人不减工资总额。实行企业工资分级管理体制后，各市地（部门）要保证本市地（部门）企业工资总额的增长不超过经济效益的增长，职工工资水平的增长不超过劳动生产率的增长。在省核定的挂钩基数和浮动比例的范围内，各市地（部门）有权确定对所属企业的不同的工资分配形式，有权审批企业挂钩的形式、指标、基数和浮动比例。如超过省的规定，则要在下年度予以相应调整，扣减挂钩基数或浮动比例。

对职工总数和工资总额的宏观管理，总原则是职工人数的增长，不得突破工资总额。在近两年内采取两者并重的调控办法，1990年过渡到只控制工资总额，各市地（部门）、企业在工资总额范围内，可自行决定职工人数的增减。

5. 转变劳动部门管理职能

在全面深化劳动工资制度改革情况下，劳动行政部门加强宏观调控的任务越来越重。为了适应当前深化劳动工资制度改革的需要，明年（1988年）要按照改善和加强宏观管理，有利于发展商品经济的要求，进一步理顺和转变管理职能。

（1）要抓紧调整劳动行政部门内部机构设置，重新核定人员编制。劳动部门要建立健全劳动争议仲裁机构和体改机构，配备专职人员；要加强调研、综合和立法、监督方面的力量，以有效地发挥综合协调、检查监督和指导服务的作用。

（2）要加强劳动立法，要制定广东省国营企业劳动争议处理实施细则、外商投资企业劳动管理暂行规定、对外劳务输出暂行管理办法、劳务市场管理暂行办法、企业工资总额同上缴税利挂钩浮动暂行办法、临时工养老保险办法、劳动安全卫生监察办法、乡镇煤矿安全生产管理规定8个主要法规，逐步实现依法调控和依法监察。

（3）要加强监督检查。简政放权，分级管理后，加强监督检查成为劳动部门加强宏观调控的重要手段之一。各级劳动部门要通过建立和完善劳动争议仲裁制度,妥善处理劳动关系双方发生的劳动争议,保证国家劳动工资法规、政策的贯彻执行。

(注:本文写于1987年12月。当时笔者任广东省劳动局办公室秘书科科长兼局劳动制度改革研究小组办公室副主任,牵头撰写向省体改办汇报改革进展情况的资料。有关资料由各有关处室提供,笔者负责牵头综合,此文为1988年制订全省劳动工资制度改革方案打下了基础。收录时有删节)

第二节 以改善民生为重点,深化初次分配制度改革

收入分配与人民幸福安康息息相关。党的十七大报告把深化收入分配制度改革,增加城乡居民收入作为当前改善民生的重大举措,明确提出要"处理好一个关系,完善两项制度,实现三个提高"。即"初次分配和再分配都要处理好效率与公平的关系","要坚持和完善按劳分配为主体,多种分配方式并存的分配制度,健全劳动、资本、技术、管理等生产要素按贡献参与分配的制度","逐步提高居民收入在国民收入中的比重,提高劳动报酬在初次分配中的比重,着力提高低收入劳动者收入"。认真学习中央关于收入分配的论述,笔者深刻体会到,在新的历史发展时期,应当进一步解放思想,以改善民生为重点,充分重视深化初次分配制度改革,处理好效率与公平的关系,着力建立科学合理的企业工资分配制度和正常增长机制,形成合理有序的分配格局,逐步扭转收入分配差距扩大趋势,推动和谐社会建设。

一、进一步解放思想,充分认识初次分配在国民收入分配体系中的重要地位与作用

任何一个国家的国民收入分配至少包括两个层次,即初次分配和再分配。党的十七大报告第一次明确提出"初次分配和再分配都要处理好效率与公平的关系"。这表明,中央对收入分配的指导思想有了新的发展和升华。不仅再分配要处理好效率与公平问题,初次分配也要处理好效率与公平的关系。初次分配是指在生产过程中按各生产要素对产出直接做出贡献的份额进行分配,又称第一次分配。经初次分配后,国民收入分解为劳动报酬(劳动者收入)、企业收入和国家财政收入三个部分。绝大多数劳动者

的生活来源主要是从初次分配中获得的。工资是劳动者付出劳动后依法取得劳动报酬的最基本的表现形式。而且，随着生产范围的扩展和生产方式的改变，初次分配的范围从过去仅局限于第一、二产业扩大到第三产业中的生产性服务部门。因此，在社会从业人员中，至少有80%以上的人员是通过初次分配获得其最基本的生活来源的。人民的幸福与收入分配密切相关。人民生活是否普遍得到改善，取决于劳动者的工资分配水平是否随着经济发展逐步提高，其占国民收入的比重是否随经济发展逐步提高。人们对生活是否有幸福感，主要取决于初次分配是否公平合理。

　　由此可见，初次分配在国民收入分配体系中具有十分重要的地位与作用。但是在目前的实践中，人们对收入分配的认识还存在很大偏差，主要表现为"三重、三轻"，即重市场调节，轻政府调控；重二次分配，轻一次分配；重宏观分配格局调整，轻微观制度和机制的建立。认识上的偏差，导致初次分配领域的改革不到位，相关制度不健全，宏观调控与干预乏力，出现了收入分配不公、贫富差距不断扩大的趋势。这对于指导深化收入分配制度改革、构建和谐社会十分不利，必须予以纠正。在新的历史发展阶段，我们在收入分配领域必须以科学发展观为指导，进一步解放思想，提高认识，深化改革，消除体制障碍，促进分配公平。首先，必须坚决改变重市场调节，轻政府宏观调控的思维定式。在改革开放进程中，为了培育市场主体，我国逐步把工资分配大权由国家集中管理下放给企业，让企业自主分配。于是有人片面地认为，在市场经济条件下，应当把工资分配决定权完全交给企业，即交给企业经营者，政府不要直接干预。这些认识是片面的。把工资分配自主权交给企业，是交给企业劳资双方，由双方根据市场供求情况协商决定，而不能由企业行政单方面决定。由于认识不到位，导致改革不到位。企业自主分配变成企业经营者单方面任意决定工资分配的挡箭牌，企业内部无法形成由劳资关系双方共同协商决定工资分配的机制，政府也无法对初次分配进行有效的干预和调控，在初次分配环节就难以实现分配的公正公平。其次，要坚决纠正重二次分配，轻初次分配的做法。随着改革开放的逐步深化，我国把工资分配自主权全部下放给企业后，政府有关部门把主要精力放在再分配上，对初次分配基本上是放开不管。结果导致从20个世纪90年代以来，在国民收入初次分配中，出现了分配严重向资本所有者倾斜的情形。据中国社会科学研究院统计，从1990年到2005年，我国劳动报酬占GDP的比重，从53.4%下降至41.4%，下降了12个百分点。财政收入近年来每年以高于GDP数倍的速度增长，不仅挤占了企业利润，而且也挤占了工资。导致生产一线职工的工资增长缓慢、工资偏低，收入差距扩大。针对上述问题，近年来，各级政府加大财政转移支付力度，加大了对教育、医疗、社保和一些公共服务的投入，试图通过二次分配来解决初次分配不公问题，这本来无可厚非。但是，实践证明，如果仅仅依靠再分配来解决公平问题成本很大，难度更大。再分配的功能主要是通过税收和财政转移支付等手段，重点调节地区、部门、城乡之间和不同群体之间的收入关系。如果调节力度过大，运用不当，就会出现奖懒罚勤的效应，不仅会增加调节的成本，而且会损害初次分配的公平性，也会损害效率。由此可见，初次分配是基础性分配。政府要充分重视深化初次分配制度改革，处理好效率与公平的关系，特别是当前要充分重视解决好初次分配的公平问题，如果初次分配不公平，靠再分配是难以解决的。最后，要坚决克服重宏观分配格局调整，轻微观分配制度和机制建设的做法。在市场经济条件下，宏观分配格局主要涉及国家、企业和个人的收入分配比例关系，政府宏观调控的一项重要任务就是合理调整这三者之间的比例关系。重视宏观分配格局的合理调整是应当的，也是必要的。但是宏观分配格局调整与微观层次分配密切相关。如果不重视微观层次特别是企业工资分配制度和机制建设，就难以在企业内部建立起公平合理的分配制度和正常的增长机制，难以实现初次分配效率与公平的统一，难以实现宏观分配格局的合理调整。现阶段我国初次分配水平低，生产一线员工工资增长缓慢，其根源在于初次分配领域尤其是各类企业工资分配由企业老板单方面说了算，企业内部还没有建立起一整套与社会主义市场经济发展相适应的科学合理的工资分配制度和正常增长机制。企业老板片面压低工资分配水平，尤其是一线员工的分配水平，这就不仅难以保证分配公平，更难以提高劳动报酬在初次分配中的比重，难以提高居民收入在国民收入中的比重，难以实现宏观分配格局的合理调整。因此，必须在上述三个环节进一步解放思想，充分重视初次分配的制度建设，重视通过深化企业工资分配制度改革，着力建立公平合理的分配制度和正常的工资增长机制与决定机制，才能有利于实现宏观分配格局的调整优化。

二、进一步深化初次分配制度改革的设想

针对当前我国收入分配方面存在的突出问题，笔者认为，当前和今后一个时期深化收入分配制度改革的指导思想是以党的十七大报告精神和科

学发展观为指导，以改善民生为重点，进一步解放思想，着力深化初次分配制度改革，切实改变初次分配的体制性障碍和分配不公问题，按照"处理好一个关系，完善两项制度，实现三个提高"的要求，着力在企业内部建立起科学合理的工资分配制度，推进制度和机制创新，着力消除体制性障碍，实现分配机会公平和过程公平，逐步扭转收入差距扩大（结果不公平）的趋势。

（一）要冲破体制性障碍，积极引导企业建立公平合理的工资分配制度，推进制度创新

由于受传统的城乡分割体制和企业内部多种用人制度的影响，目前不少企业在工资分配方面仍然存在着按员工身份进行分配的情况。企业的工资分配制度是按照不同的用工形式（员工身份）设计的，因而存在着以户籍制度为基础的身份性歧视而造成严重的同工不同酬现象。大量的农村劳动力进城务工，由于受城乡分割体制的影响，农民工无法与城镇劳动力享受同等的工资福利待遇；在城镇居民内部，不少企业和企业化管理的事业单位在改制过程中，沿袭了"新人新制度，老人老制度"的政策，对体制内的老员工采取了特殊保护的措施，给予较高的工资；而对新招员工和体制外、编制外的员工以及劳务工，则给予比较低的报酬。在一个企业单位内部，形成了两种不公平的分配制度，导致同工不同酬、收入分配差距扩大的趋势日趋严重。针对上述问题，当前我们要抓住贯彻《中华人民共和国劳动合同法》的有利时机，引导用人单位树立以人为本、人人平等的工资分配观，冲破劳动用工和户籍等各种体制性障碍，在企业工资分配中全面贯彻按劳分配为主的原则，通过深化工资制度改革，切实改变按员工身份进行分配的做法。对直接涉及劳动者切身利益的劳动报酬问题，坚持按照法定程序，经与职工代表或工会民主协商后，制定企业内部科学合理的工资分配制度和分配方案。不同类型企业可根据实际情况，实行不同的分配形式，但是对本企业所有员工都应当一视同仁，实行同工同酬，不能歧视。同时重视处理好初次分配中效率与公平的关系，从而实现分配起点公平和过程的公开、公平、公正。

（二）要全面推动企业建立完善工资集体协商制度，推进企业工资决定机制创新

市场经济国家的实践证明，资本与劳动的矛盾是市场经济条件下普遍

存在的。市场机制不能"自然和自动"地实现资本与劳动的平衡,劳资双方之间的谈判协商是实现这一平衡的基础。在体制转轨进程中,我国把工资分配权下放给企业,不只是下放给投资者和经营者,而是下放给企业劳资双方。特别是在目前我国仍存在着劳动力供大于求和强资本弱劳动的情况下,劳动者处于弱势地位。如果让企业老板单方面决定工资,他们受追求利润最大化本能的驱动,往往会千方百计压低劳动者的工资,赚取更多的利润,造成普通劳动者工资增长缓慢和高低收入拉大的情况。因此,必须借鉴国外成功经验,在把工资分配决定权下放给企业的同时,着力通过深化改革,依法推动建立工资集体协商制度,由劳资双方通过工资集体民主协商来决定本企业工资分配的形式和分配水平等。然而目前要推进这一工作,还存在着劳资双方协商主体严重缺位的问题。国有企业工会只是作为企业的"职能部门"而存在,难以真正代表员工的利益。非国有企业工会组织不健全或没有建立工会,行业工会也基本没有建立,无法开展集体协商。深化改革,就是要采取有力措施,在这方面探索出一条具有中国特色的工资集体协商的新路子。一是要着力培育协商主体,特别是培育企业或行业的工会组织。确实难以成立工会的企业或行业,应当通过一定的方式,选举职工代表,建立具有中国特色的企业职工代表大会制度,与企业行政方面就工资分配问题进行集体协商。二是要创造条件推进区域或行业工资集体协商。要选择有条件的行业和地区,建立行业商会和工会组织,推动它们依法开展行业性或区域性的工资集体协商,解决中小企业协调主体缺位、协调能力欠缺等问题,扩大工资集体协商的覆盖面。三是严格按照《劳动合同法》的规定,由县级以上人民政府劳动行政部门会同工会和企业方面代表,建立健全协调劳动关系三方机制,充分发挥这一平台的作用,及时研究解决工资集体协商中的重大问题,指导企业开展行业性或区域性工资集体协商,形成运行有序的工资决定新机制。

(三)要继续深化国有垄断企业的工资分配制度改革,推进国企工资分配自我约束机制和政府监控机制的创新

目前国有垄断企业工资分配方面存在的主要问题,集中表现为依托行政垄断资源和垄断价格,获取高额的利润,并凭借自主分配获得了过高的收入。此外,其内部也存在着分配不公的问题。一些企业对体制内人员给予较高的报酬,对体制外的新员工,则给予较低的工资,导致同工不同酬。这些问题的存在,其症结在于缺乏公平合理的分配制度和健全的自我约束

机制以及监控机制。有专家提出,对国有垄断企业的工资分配,其根本途径在于从外部打破垄断,引入竞争,加强税收调节,内部分配可以不管。笔者认为,对国有垄断企业的工资改革,除了打破垄断,强化税收调节外,当前要着力研究建立完善符合国企特点的工资总量决定机制和自我约束机制。主要是通过进一步完善工效挂钩办法,决定企业可供分配的工资总额,使其工资总额与经济效益实现同步增长;其次要按照《劳动合同法》的规定,通过民主程序在企业内部建立起科学规范、公平合理的工资分配制度,合理拉开不同岗位之间的分配差距,合理确定经营者收入水平。这些制度一旦建立,需向职工公布,以形成自我约束机制;第三,要全面建立集体协商制度,通过集体协商,合理确定工资分配形式、水平和增长幅度。当地劳动行政部门要依法对工资集体合同依法进行审查,以加强对工资分配的监控。通过上述三项制度创新,形成企业内部工资正常增长机制和自我约束机制以及政府监控机制,以保证其工资分配公平合理并与效益保持大致同步增长,防止企业通过过高的分配侵蚀利润,以促进社会各行业和企业间的分配公平。

（四）加快工资立法,把改革成果上升为法律,实现各类企业工资决定机制和正常增长机制的制度化

一般来说,生产决定分配。经济增长和劳动生产率的提高是工资增长的最终决定因素。但是在市场经济条件下,经济增长了,企业工资能否同步增长,则取决于企业内部工资分配的水平由谁来决定。当然,劳动力供求状况是一个很重要的决定因素。但我国目前仍然是一个劳动力供大于求的国家,单纯依靠市场调节,是难以形成正常的增长机制的。况且,工资增长机制与决定机制密切相关。要建立工资正常增长机制,首先必须进一步完善工资决定机制。因此必须加快工资立法,从法律上规定,在经济发展和劳动生产率提高的基础上,保证职工工资收入同步增长。不同类型的企业可以采取不同的工资分配决定方式和增长方式。对国有企业可以继续实行并完善工资总额同经济效益挂钩的办法,以保证职工工资随效益增长而增长;对非国有企业,主要通过实行劳资双方集体协商的办法来决定工资增长水平和速度问题。其次要通过法律明确规定,经集体协商依法确定的工资总额,允许全部进入成本,税前列支。最后要定期调整税收起征点。目前,税收起征点过低,不仅抑制了企业分配的水平,而且也抑制了职工实际的工资收入水平。因此,要通过立法明确规定税收起征点原则上每两

年至少调整一次,以保证职工工资的实质增长,防止中低收入劳动者工资增长后,国家又通过税收形式把职工个人收入转化为国家财政收入。

(五)要继续深化工资管理体制改革,推进工资分配宏观调控机制创新

改革开放以来,我国政府对工资分配的管理职能发生了重大的变化。主要是由过去直接管理转变为间接管理。但是在转制过程中,适应社会主义市场经济发展需要新的工资分配管理体制和机制尚未建立起来。集中表现为机构改革后,政府在工资管理职能上存在缺位、错位和越位现象,有的地方甚至出现了没人管、没法管和不敢管的状况,一些地方政府把主要精力放在再分配上,热衷于把公共财政拿来"施舍",做"政绩"文章,放弃了对初次分配的指导和调控。根据党的十七大报告关于着力保障和改善民生,推进社会体制改革和在全社会形成合理有序的收入分配格局的要求,我们应当在工资分配管理机构、体制、方式上进行重新设置定位。首先,在新一轮机构改革中,要加大机构整合力度,建立健全一个综合协调管理企业工资分配的职能部门。牵头建立企业工资分配三方机制,负责研究企业工资分配领域的重大问题,要牵头研究制定与工资分配密切相关的劳动定额、计件单价、工作时间等劳动标准,作为贯彻按劳分配的依据,为建立公平合理的工资分配制度奠定基础。其次,要通过科学制订工资政策和增长计划,及时发布工资增长指导线,加强对企业工资分配方面的协调、指导、监督和调控。特别是根据当前劳动报酬占初次分配比重偏低的情况,科学制定并实施职工工资倍增计划,把工资增长作为政府改善民生的重要职责,加以贯彻落实,争取在人均GDP翻两番的同时,社会平均工资也要翻两番。最后,要依法完善最低工资保障制度,逐步提高最低工资保障水平。原则上最低工资标准每两年至少调整一次,工资水平偏低的地方,可以每年调整一次,直接推动工资增长。

此外,政府在宏观层面还要重视处理好个人收入、企业收入与国家收入之间的关系。国家在初次分配和再分配环节上都要适当减税、让利于民。通过适当减税,适当降低国家财政收入所占的份额,提高劳动报酬在初次分配中所占的比重,逐步形成合理有序的分配格局。当前要重视抓好上述四个方面的工作,以实现工资分配宏观调控机制的创新。

(注:本文发表于《广东经济》2008年第2期、《中国劳动保障报》2008年1月30日)

第四章 深化初次分配制度改革的探索

第三节 从《劳动合同法》看企业工资制度改革的主攻方向

当前，国际金融危机的蔓延与扩散，对我国实体经济带来了广泛而深刻的影响，不少企业陆续出现了订单减少、库存增加、现金流量紧张等情况。于是，不少企业为了减少成本、求生存，开始收缩业务，缩减规模，压岗调薪，冻薪裁员。有些企业采取了减薪降薪措施，有的老板则欠薪逃匿，使劳资矛盾激化，影响了社会稳定。在危机面前，各类企业纷纷采取了趋同的措施，即裁员减薪。但具体操作上，却大相径庭。有的企业提出裁员减薪方案时，没有与职工平等协商，而是由企业单方面决定，从而引发了较大规模的劳动争议甚至是群体性事件。而有些企业在提出裁员减薪方案时，一般都能够在不同程度上与职工平等协商确定，得到员工的理解而达成协议，从而化解了矛盾，凝聚了人心，增强了企业应对危机的能力。现实正在向我们提出一个十分尖锐的问题：在社会主义市场经济条件下，企业工资分配应当由谁来决定？

改革开放以来，我国在改革进程中逐步把企业工资分配决定权由国家下放给企业，但并不是下放给企业投资者或经营者。企业是一条船，投资者、经营者和劳动者都是这条船上的利益共同体。没有投资者及劳动者，企业无法运营更不可能有效益。劳动者是以劳动这个商品进行交换，他们付出了劳动，企业必须支付同等的报酬。凡涉及劳动者切身利益的问题，由劳资双方进行平等协商确定，这才有利于建立和谐稳定的劳动关系。有了和谐稳定的劳动关系，企业才能够持续健康发展。由此可见，在涉及职工切身利益的企业工资分配问题上，应当由劳资双方平等协商共决，这是企业实现可持续发展的现实选择。《中华人民共和国劳动合同法》（以下简称《劳动合同法》）对企业工资分配做出的不少原则性规定，预示着企业工资决定机制必将产生重大转换。

《劳动合同法》从构建和发展和谐稳定的劳动关系的角度，对企业工资分配问题做出了深刻的阐述和明确的规定。

首先，是明确规定订立劳动合同，应当遵循平等自愿、协商一致的原则。劳动合同涉及的内容很多，其中最主要的核心内容是劳动报酬问题，法律规定涉及劳动报酬问题必须平等协商做出明确规定。

其次，是明确规定用人单位在制定、修改或者决定有关劳动报酬等直

121

接涉及劳动者切身利益的规章制度或者重大事项时，应当与工会或职工代表平等协商确定。这项规定，也充分体现了平等协商的原则，即制定工资分配的方案或规章制度问题上，企业行政方不能单方面规定，必须与职工代表或者工会平等协商确定。

再次，《劳动合同法》在第五章第五十一条，再次重申"企业职工一方与用人单位通过平等协商，可以就劳动报酬、工作时间、休息休假、劳动安全卫生、保险福利等事项订立集体合同"。这项规定，实际上为全面建立工资集体协商制度提供了法律依据，预示着在新法背景下，企业工资决定机制必须由企业行政方单方面决定转变为劳资双方共同决定。

最后，《劳动合同法》还就最低工资保障、工资支付等问题作出了原则性规定。

从上述法律规定可以看出，我国劳动法律已经为当前和今后一个时期深化企业工资制度改革做出了原则性规定。这些规定概括起来，就是在社会主义市场经济条件下，企业工资分配应当遵循按劳分配原则和建立工资集体平等协商决定的机制。特别是要贯彻平等协商原则，建立工资由企业和职工个人或集体协商决定的机制和制度。这不仅是发展完善市场经济制度的必然要求，而且也是企业实行民主管理、凝聚人心、化解矛盾、应对危机的需要。在当前国际金融危机对我国经济影响不断加深的形势下，企业不论采取裁员还是冻薪、减薪等措施，都应当认真贯彻平等协商原则，建立工资集体协商制度。

工资集体协商制度主要包括两个层面的协商：一是微观上，与劳动者个人平等协商，订立劳动合同；二是中观上，由企业与劳动者集体平等协商，订立集体合同。在现阶段资强劳弱的情况下，建立工资集体协商制度，推进企业工资分配决定权由企业老板单方面决定转变为由劳资双方共决，显得更加迫切与重要。这已成为当前深化企业工资制度改革、转换企业工资决定机制、建立工资能升能降机制（或正常增长机制）的主攻方向和重要途径。

（注：本文写于2008年3月）

第四节　进一步解放思想，着力深化初次分配制度改革

收入分配与人民幸福密切相关。党的十七大报告把深化收入分配制度改革，增加城乡居民收入作为当前改善民生的重大举措，深刻阐述了"初次分配和再分配都要处理好效率与公平的关系"等一系列有关收入分配的重要问题，充分体现了中央对初次分配的高度重视，标志着中央对初次分配指导思想有了新的发展。这对于指导我们进一步解放思想，以改善民生为重点，深化初次分配制度改革，处理好效率与公平的关系，着力建立科学合理的企业工资分配制度和正常增长机制，逐步扭转收入分配差距扩大的趋势，具有十分重要的意义。

任何一个国家的收入分配至少包括两个层次，即初次分配和再分配。企业工资分配属于初次分配。企业职工的生活来源主要是从初次分配中获得的。随着生产范围的扩展和生产方式的改变，目前我国初次分配的范围已从过去仅局限于第一、二产业扩大到第三产业中的生产性服务部门，社会从业人员中有80%以上是通过初次分配获得其基本生活来源的。由此可见，初次分配与人民幸福密切相关，在国民收入分配体系中具有十分重要的地位。人民生活是否普遍得到改善，取决于工资分配水平是否随着经济发展逐步提高；人们对生活是否有幸福感，主要取决于初次分配是否公平合理。但是在目前的实践中，人们对社会主义市场经济条件下的初次分配认识不足。不少人认为，企业工资分配应当由企业自主决定，政府不应当干预；有人认为，初次分配应当讲求效率，再分配才讲公平，把效率与公平割裂开来；还有人主张初次分配完全由市场调节，放弃政府的调节和干预等等。思想认识上的偏差，造成目前我国初次分配领域改革不到位，相关制度不健全，宏观调控与干预乏力，从而导致目前出现收入分配不公、贫富差距不断扩大的趋势。

针对上述问题，笔者认为，当前我们必须以党的十七大报告精神和科学发展观为指导，以改善民生为重点，与时俱进，进一步解放思想，提高认识，着力从以下四个方面深化初次分配制度改革，推进企业工资分配制度和机制创新，逐步形成企业职工工资正常增长机制和合理有序的收入分配格局。

一、要按照效率与公平内在统一的原则，积极引导企业建立公平合理的工资分配制度，推进制度创新

多年来，不少企业受"唯利润至上"和"效率优先论"的影响，利用目前城乡分割体制和多种用人形式存在的缺陷，普遍按照不同用工形式和员工身份设计工资分配方案，使农民工无法与城镇职工享受同等的工资福利待遇；在企业内部，不少企业沿袭"新人新制度，老人老制度"的政策，对体制内的员工给予较高的工资报酬；而对体制外、编制外的员工以及劳务工，则给予比较低的工资，从而在企业内部形成了两种不同的工资分配制度，导致同工不同酬、收入分配差距日趋扩大。对此，我们应当进一步解放思想，按照效率与公平内在统一的要求，依法引导用人单位树立以人为本的工资分配观，冲破劳动用工和城乡分割的体制性障碍，在企业内部切实按照按劳分配、同工同酬原则，进行岗位测评，科学合理地设计分配方案，制定有关劳动报酬的规章制度，并按法定程序经与职工代表或工会平等协商，合理确定企业内部不同岗位之间的分配水平与分配关系，促进分配公平。

二、要全面推动企业建立完善工资集体协商制度，推进企业工资决定机制创新

实践证明，资本与劳动的矛盾是市场经济条件下普遍存在的，市场机制不能"自然和自动"地实现资本与劳动的平衡，劳资双方之间的平等协商是实现这一平衡的基础。在体制转轨进程中，我国逐步把工资分配权下放给企业。于是，不少人就错误地认为，企业投资者（或经营者）可以单方面自主决定工资分配。实践证明，在市场经济条件下，劳资双方通过集体协商决定工资分配方式和水平，是充分发挥市场机制对工资分配的基础性调节作用，促进市场均衡工资率形成的客观要求，也是劳动力市场运行的内在规律。如果让企业老板单方面决定工资，他们受追求利润最大化本能的驱动，必然千方百计压低一线职工工资，以赚取更多的利润。特别是我国劳动力供大于求，体制不完善的情况下尤其如此。因此，必须进一步解放思想，转变观念，依法推动企业特别是非公有制企业建立工资集体协商制度，通过平等协商决定本企业工资分配形式和分配水平，探索出一条

具有中国特色的工资集体协商民主决定的新机制。这是当前我国企业工资分配领域的一项带有方向性的战略任务。它不仅有利于形成符合市场经济规律的企业工资决定新机制，而且有利于企业实行民主管理，形成公平合理的分配新格局，增强企业的凝聚力和国际竞争力。

三、要继续深化国有企业的工资制度改革，推进国企工资分配约束机制和监控机制的创新

目前国有垄断企业工资分配方面存在的主要问题，集中表现为依托行政垄断资源和垄断价格，获取高额利润，并凭借自主分配权进行过高的分配。同时，其内部也存在着分配不公问题。一些企业对经营者和体制内人员给予畸高的报酬，对体制外的新员工，则压低其工资，导致同工不同酬。存在上述问题的症结，在于国企内部没有形成工资正常增长机制、合理的决定机制、良好的自我约束机制和监控机制。按照党的十七大报告关于建立工资正常增长机制和处理好效率与公平关系的要求，当前要着力研究建立完善符合国企特点的工资总量决定机制和自我约束机制。首先必须通过工资立法，从法律上规定，在经济发展和劳动生产率提高的基础上，保证职工工资收入同步增长。其次要加强分类指导，不同类型的企业可以采取不同的工资分配决定方式和增长方式。对竞争性的国有企业可以继续实行并完善工资总额同经济效益挂钩的办法，以保证职工工资随效益增长而增长；对国有垄断企业，则应当着力建立健全经营者年薪制，在合理确定经营者年薪水平的基础上，合理确定企业内部不同岗位之间的分配关系和分配水平，并依据社会平均工资水平进行合理的宏观调控，同时加强工资内外收入检查，杜绝灰色收入；所有国企经营者不能自定薪酬，滥发奖金和津贴补贴，一般应当通过集体协商决定或由上级主管部门决定；对非国有企业，主要通过集体协商的办法来决定工资水平和增长速度问题。最后要通过法律明确规定，经集体协商或工效挂钩依法确定的工资总额，视为合理支出，允许在税前列支。政府的主要职责是加强企业工资分配监督检查、调节和干预，规范分配行为。此外，要定期调整税收起征点。目前，税收起征点仍然偏低，不仅抑制了企业分配的水平，而且也抑制了职工实际的工资收入水平。因此，要通过立法明确规定税收起征点，原则上每两年至少调整一次，以保证职工工资的实质增长。

四、要继续深化工资管理体制改革，推进工资分配宏观调控机制创新

改革开放以来，我国政府对工资分配的管理职能发生了重大变化，主要是由过去直接管理转变为间接管理。但是在转制过程中，适应社会主义市场经济发展需要的新的工资分配管理体制和机制尚未建立起来。集中表现为机构改革滞后，政府在企业工资管理职能上存在缺位、错位和越位现象，一些地方政府撤销了企业工资分配的管理机构，把主要精力放在再分配上，放松甚至放弃了对初次分配的指导和调控，致使符合社会主义按劳分配原则的科学的初次分配制度尚未真正建立起来。根据党的十七大报告关于坚持和完善按劳分配为主体、多种分配方式并存的分配制度的要求，各级政府应当在工资分配管理机构、体制、方式等方面进行重新设置定位。首先，在新一轮机构改革中，要加大机构整合力度，建立健全一个综合协调管理企业工资分配的职能部门，牵头建立企业工资分配三方机制，负责研究解决企业工资分配领域的重大问题。其次，要进一步完善工资增长指导线制度，通过科学制定工资指导线，把工资增长计划纳入政府年度工作目标责任制。特别是针对当前劳动报酬占初次分配比重偏低的情况，研究实施促进企业职工工资正常增长的相互配套的积极的工资政策，把实现工资与经济同步增长作为政府改善民生的重要职责，争取在当前和今后一定时期内，使职工工资增长幅度适当快于企业效益和国民收入增长，切实扭转劳动报酬在初次分配中比重偏低的状况。最后，要依法完善最低工资保障制度，着力提高低收入劳动者工资水平。原则上最低工资标准每两年至少调整一次。工资水平偏低的地方，可以每年调整一次。通过逐步调整最低工资标准，直接推动工资增长。各级政府要解放思想、理直气壮地加强对企业工资分配的协调、指导、监督和调控，力争尽快扭转收入分配差距扩大趋势，实现共同富裕，促进社会和谐稳定。

（注：本文写于2008年8月25日，笔者时任广东省劳动和社会保障厅劳动工资处处长）

第五节 梅州市全民所有制单位工资分配状况的调查与思考

梅州市地处闽粤赣三省相连的山区,经济底子薄,发展速度较慢。改革开放以来,职工工资分配水平发生了较大变化,人民生活水平逐步提高,但分配中还存在一些问题必须认真研究解决。

一、职工工资分配状况

改革开放以来,梅州市在全民所有制领域坚持改革工资分配制度,打破分配上的平均主义,认真贯彻按劳分配原则,执行了在发展生产的基础上逐步改善职工生活的方针,使职工的工资收入随着国民经济的发展、劳动生产率的提高而逐年增长,工资分配也逐步趋向合理。

第一,职工工资总额的增长同国民收入的增长比较协调。实行对外开放,对内搞活方针以来,梅州市一直处于徘徊的山区经济有了较大发展,10年来国民收入以平均每年26.94%的速度增长,全民所有制职工工资总额也平均以每年26.1%的幅度增长,两者之间保持了一个比较合理的增长比例。

第二,职工年人平均工资的增长与劳动生产率的提高基本相适应。据统计,1988年梅州市工业企业全员劳动生产率比1978年增长2.67倍,平均工资增长1.83倍;比1987年分别增长51.6%和23.8%。从工业全员劳动生产率指数和全民职工年均工资指数增长的比例看,劳动生产率的增长速度快于平均工资的增长速度,而平均工资的增长速度也没有过分低于劳动生产率的增长速度,二者的比例基本相适应。

第三,职工工资分配根据企业经济效益高低,拉开了档次。多年来,梅州市坚持贯彻工资收入的多少和企业经营状况的好坏相联系,实行多劳多得的分配原则,做到多贡献多收入,使企业职工的工资收入水平和人均创税利水平成正比,初步拉开了工资分配的档距。市预算内国营企业中,建材工业是"六五"计划以来发展较快、效益较高的行业,1988年人均创税利水平高于工业系统的人均创税利161.9%,因而建材工业职工的工资平均也相应增长较快,职工年平均工资超过工业系统职工年平均工资的21.5%,超过全民所有制企业职工平均工资的31.74%。由于国营企业各行业之间经济效益高低不同,行业间年均工资的高低差额在700元左右。

二、存在的突出问题

由于梅州市地处山区，经济发展速度较慢，职工工资水平仍较低，加上近年来在改革中片面强调下放企业工资分配自主权，致使工资分配方面存在不少问题。

第一，职工工资水平低。一是职工年人均工资水平低。全民所有制单位职工的工资，尽管1985年以来进行工资制度改革，提高工资标准，增加津贴、补贴和考核升级，职工工资收入逐年增长较快，但工资水平仍然很低。近几年一直居于广东省最低水平。如1988年人均工资1681元，低于全省职工人均2232元的水平。二是标准工资低。国营企业职工1987年每月标准工资人均61.76元，1988年企业职工浮动升级转为固定后，月标准工资人均增加到67.81元，仍达不到国家计算奖金发放（月标准工资人均70元）的标准。三是奖金水平低。国营企业职工年人均奖金，1986年为128.48元，1987年为130.72元，1988年为206元，加上奖励基金中用于浮动升级、计件超额工资、津贴补贴部分，也只分别为222.40元、229.07元、295元，没有达到国家规定奖金税起征点的标准，只是广东省规定发放水平的47%。四是企业职工收入低于机关事业单位职工的工资收入。1985年机关事业工资制度改革时，其职工年工资收入比企业职工少83.46元。1986年后，机关事业单位通过增加奖励工资，实行工资性补贴和升级，职工工资收入超过了企业职工的工资收入水平：1986年机关事业单位职工人均工资比企业职工多165.16元，1987年多113.24元，1988年多76.69元。

第二，工资管理上存在一个"乱"字。从调查了解到的情况看，部分企业职工工资支出已不能真实反映职工的工资水平。在企业财务管理中，尽管每年都进行财务大检查，但乱挤成本费用和设账外账等混乱现象仍然存在。在工资管理权限上，一些领导乱开口子，加剧了工资工作的混乱现象。如有的领导批文将企业的3%晋级奖励扩大到15%；职工由机关、事业单位调入企业，不按调入单位现行工资福利制度执行，搞利益双沾，造成职工内部矛盾，企业劳动管理部门无所适从。工资基金管理在一定程度上已流于形成，失去调控作用。企业承包后，一些经营者把加强工资基金管理看成侵犯企业"自主权"，错误地把承包上缴后的利润，看成自己想怎么花就怎么花的钱，总想摆脱工资基金的管理。此外，金融系统的改革，专业银行之间的竞争，一些银行营业部门为了照顾"客户利益"，企业要多少，银行支多少，不登记不控制，在一定程度上削弱了银行对事业单位工资基金支付的监控作用。

第三，工资的经济效益不高。调查表明，梅州市国营企业工资税利率较低。预算内国营企业职工每百元工资为国家创造的税利，1985年62.30元，1986年61.60元，1987年77.30元，1988年75.04元。预算内工业企业的工资税利率要高一些，1985年至1988年分别为109.96元、115.37元、123.59元、146.46元，大大低于全省国营企业平均工资税利率。市国营企业职工的人均税利1643.76元，只是省工业企业人均税利4378.84元的37.54%。

三、几点建议

鉴于梅州市全民单位工资分配方面的现状和存在问题，在当前的治理整顿中，建议在坚持改革开放的同时，着重解决分配中存在的"低、乱、差"问题。

首先，坚持把提高职工收入建立在持续向上的经济效益基础上，全面实行工资总额同经济效益挂钩，使企业职工工资随经济效益提高而增长。该市企业实行"工效挂钩"起步晚，发展慢，目前实行挂钩的企业只占少数。1988年梅州市预算内国营企业实现税利12491.91万元，比省核定的实现税利基数8735.86万元增长了43%，新增效益工资2026.32万元，职工年均工资可达1925元，但由于大部分企业没有实行"工效挂钩"，年人均工资收入实际上只有1740元，而市直11户挂钩企业，按照实现（上缴）税利的增长幅度计算，职工新增效益工资541.52万元，年人均工资2146元，高于全民单位职工年均工资540元，比1987年工资收入增长39%，实现了职工工资收入随企业经济效益增长而增长。实践证明，实行"工效挂钩"才能正确解决国家与企业的分配关系，实现权、责、利三者统一；才能使企业分配自主权真正落实，实现国家、企业、职工三者利益的统一兼顾。

其次，加强工效基金的管理。建立企业职工工资基金提取发放制度，有利于改变一些企业奖金不够福利凑，福利不足挖"三金"（生产发展基金、后备基金、新产品试制基金）的做法，实行工资、奖金和劳保福利基金统一管理。目前实行的工资总额计划，只是对工资发放实行管理，其结果往往出现缩头翘尾的现象，如近几年奖金发放表面上发放增长很小，而实际国家用于职工的劳保福利其他支出大大增加，1986年至1988年间，梅州市全民单位在职职工劳保福利费用平均每年增长25.3%。生活困难补助费、集体福利事业补贴费、洗理卫生费及其他费用增幅更大。为了防止职工个人消费基金失控，真实地反映职工货币收入水平，对属于职工个人消费基金的工资、奖金、劳保福利部分应统一纳入管理。改变过去工资基金管理中存在的"理光不理暗"的做法，把发给职工的"零花钱"统一起来，真实反映职工的货币收入水平。同时，建立职工消费基金储备调节制度，防止分光吃光，做到留有余地，以丰补歉。

再次，建立正常的升级制度。机关事业单位职工升级，按省人事部门统一安排进行；企业也应当建立正常的升级增资制度，允许企业从新增效益工资中提取一定比例，安排职工增加工资。对未实现挂钩的企业，市、县劳动部门也可根据工资包干情况，安排一定比例的职工升级。

最后，抓紧制定最低工资标准，保障职工生活水平。据统计，梅州市全民单位职工年均工资低于平均数1681元的有95585人，占全民单位职工人数的49.7%。在这部分低收入职工中，许多人难以应付最低生活费用支出。建议有关部门尽快制定实施最低工资标准法或生活困难救济办法，保障职工的基本生活，维护劳动者正常再生产的需要，维护社会的安定。职工月人均工资收入低于最低工资标准的单位，要向企业主管部门报告，并采取有力措施保障职工生活水平。属于长期亏损、濒临破产的企业及因基础和经济效益差而确实无法实施最低工资标准的企业，支付给职工的工资可低于最低工资标准的20%～30%，政府部门应研究在征收个人所得税、工资调节税和奖金税的收入中酌情调剂解决。对于因物价上涨，影响职工实际工资水平降低过大的，建议采取年终补贴的办法，以保证职工实际工资收入水平不下降。其办法是，根据统计部门公布的物价指数，剔除物价上涨因素后职工实际工资收入水平如比上年度下降，则按下降的实际幅度，报经上级主管部门批准，给予适当补贴。

（注：本文为笔者任广东省劳动厅办公室副主任时深入梅州市调研所写，梅州市劳动局工资科李玉安科长协助提供有关资料。本文发表于《岭南学刊》1990年第3期）

【参阅资料】企业享有工资、奖金分配权

1992年国务院印发《全民所有制工业企业转换经营机制条例》，对深化企业工资制度改革做出明确规定。现节选第十九条、二十四条，以供参阅。

第十九条 企业享有工资、奖金分配权。

企业的工资总额依照政府规定的工资总额与经济效益挂钩办法确定，企业在相应提取的工资总额内，有权自主使用、自主分配工资和奖金。

企业有权根据职工的劳动技能、劳动强度、劳动责任、劳动条件和实际贡献，决定工资、奖金的分配的档次。企业可以实行岗位技能工资制或者其他适合本企业特点的工资制度，选择适合本企业的具体分配形式。

企业有权制定职工晋级增薪、降级减薪的办法，自主决定晋级增薪、降级减薪的条件和时间。

除国务院另有规定外，企业有权拒绝任何部门和单位提出的，由企业对职工发放奖金和晋级增薪的要求。

第二十四条　企业必须建立分配的约束机制和监督机制。

企业必须坚持工资总额增长幅度低于本企业经济效益（依据实现利税计算）增长幅度、职工实际平均工资增长幅度低于本企业劳动生产率（依据净产值计算）增长幅度的原则。

企业职工的工资、奖金、津贴、补贴以及其他工资性收入，应当纳入工资总额。取消工资总额以外的一切单项奖。企业必须根据经济效益的增减，决定职工收入的增减。企业职工工资总额基数的确定与调整，应当报政府有关部门审查核准。亏损企业发放的工资总额不得超过政府有关部门核定的工资总额。

企业的工资调整方案和奖金分配方案，应当提请职工代表大会审查同意。厂长晋升工资应当报政府有关部门审批。企业工资、奖金的分配应当接受政府有关部门的监督，有条件的可以由登记注册并经政府有关部门特别认可的会计师事务所或者审计事务所审核。

（节选自国务院1992年7月23日发布的《全民所有制工业企业转换经营机制条例》）

第五章　探索建立企业工资正常增长机制

【内容提要】 随着我国经济的快速发展，党的十七大报告提出要深化收入分配制度改革，增加城乡居民收入。回应了人民群众关切的问题。然而，最近一个时期以来，我国企业职工工资分配方面存在着一些突出问题，主要是工资分配关系不合理，分配秩序不规范，特别是相当部分企业生产一线职工工资增长缓慢，水平偏低，与经营者的收入差距不断扩大。企业职工工资水平整体偏低，导致劳动报酬占初次分配的比重呈下降趋势，居民收入占国民收入的比重呈下降趋势。中共广东省委书记汪洋同志在省委十届二次全会上指出，2001—2006年，广东城乡居民人均可支配收入和农村居民人均收入平均每年实际增长分别为3.5%和6.7%，明显低于同期全省人均国内生产总值（GDP）增长12.5%的速度，也低于全国人均收入增长水平。这些人民群众最关心、最直接、最现实的利益问题，应当进一步研究解决。于是，省委、省政府有关部门积极开展了建立企业工资正常增长机制和决定机制的研究。

第一节　建立健全企业职工工资正常增长机制的调研报告

按照国家有关部门关于开展健全企业工资正常增长机制研究的部署要求，广东省在积极做好企业工资分配情况抽样调查的同时，组成三个调研组，分别由省劳动和社会保障厅、统计局、总工会领导带队，分赴三个抽查城市开展调研，通过召开有关部门、企业及职工座谈会，进一步了解了我省企业职工工资分配的状况。

一、精心组织，全力做好抽样调查工作

(1) 高度重视，明确任务，切实做好调查组织工作。我省领导十分重视企业工资情况调查工作。8月24日上午国家企业工资情况调查工作布置会议结束后，我省在会场立即召开了会议，研究提出了工资调查初步工作

方案和分工。8月31日，召开了省企业工资情况调查工作领导小组会议，讨论印发了《广东省企业工资情况调查工作方案》，决定成立企业工资情况调查领导小组及其办公室；进一步明确调查的对象、内容、方法、步骤和时间要求。同日，发出紧急通知，要求广州、韶关、云浮三市根据《调查工作方案》要求，选好调查指导员和调查员，并做好相关的准备工作。9月6日召开了广东省工资工作调查布置会，三个市及省有关个部门、调查指导员和调查员全部参加。会议进一步强调了国家开展工资情况调查工作的重要性，要求各地要提高认识，排除困难，高质量、按时完成国家交给的任务。会后，对调查指导员和调查进行了业务培训。广州、韶关、云浮三市高度重视，行动迅速，在很短的时间成立了市企业工资调查工作领导小组，制定了本市企业工资调查工作方案，对调查的组织实施、调查对象和内容、样本抽取方法、调查表填写、资料上报等方面都做了具体规定。选调好了31名调查指导员和54名调查员。在全省会议后召开了市级布置会，邀请被抽查企业参加，向他们讲清调查的目的、意义和操作要求，争取企业的支持和配合，保障了调查工作的开展。9月10日前，三地都已根据要求开始了调查工作。

（2）密切配合，扎实工作，认真做好调查工作。这次调查工作时间紧、要求高、任务重。三地在工作中严格按照调查方案的分工要求，强化责任意识，通力合作，保障了调查工作的顺利进行。调查员和调查指导员积极与企业进行交流，指导企业认真填写好调查表格。劳动和社会保障部门积极做好组织协调工作，统计部门认真做好指导和数据质量把关工作，总工会充分发挥工会优势、配合做好企业思想工作，国资部门督促下属企业做好配合调查工作等。在调查中，各单位认真负责，克服困难，保障了调查工作顺利开展。如广州一些企业开始不愿意配合，调查员就多次上门，积极做好说服工作，指出这是国家依法开展的调查工作，企业有义务配合。有一家企业，调查员8次登门才做好说服工作。

（3）实事求是，认真把关，按时保质圆满完成调查任务。数据质量是统计的生命，国家开展这次调查就是为了掌握准确的事实数据。我省切实认识到数据质量的重要性，企业在调查过程中，积极配合做好数据的填写工作，调查员认真指导企业填写好调查表格，在回收时认真核对。市统计局在收到各区县的调查表格时，组织专人进行数据录入和审核，对明显的错误提出疑问并要求根据事实进行纠正。省领导小组根据方案认真组织做好质量抽查工作，确保数据的真实可靠。在各方的共同努力下，我省的调查工作进行顺利，按照要求完成了调查和数据录入、数据审核等工作，有关报表已按时上报了国家统计局，圆满完成了国家交给的任务。

二、广东省企业职工工资分配及增长情况

近年来，随着广东省社会经济的稳步发展和市场经济体制的逐步完善，我省不断完善各项工资制度，初步建立了企业工资分配的宏观调控和信息指导服务制度，促进了职工工资收入水平不断提高。

（一）职工工资水平及增长情况

（1）职工工资随经济发展稳定增长。2003年以来，我省社会经济继续保持快速增长态势。2006年，全省生产总值为26204.47亿元，比2003年增长了65.4%，年均增长18.3%；人均国内生产总值28332元，比2003年增长了59.2%；地方财政预算收入2179.46亿元，比2003年增长了65.7%。经济的快速增长带动了职工工资水平的提高，全省职工工资稳定增长。2006年，全省在岗职工工资总额2413.63亿元，比2003年增长了59.3%，年均增长16.8%；企业职工工资总额1465.48亿元，比2003年增长了62.4%，年均增长17.6%。在岗职工年平均工资26186元，比2003年增长了31%，年均增长9.4%；企业在岗职工年平均工资24522元，比2003年增长了30.7%，年均增长9.4%。从总体上看，工资总额及平均工资的增长速度低于经济发展水平。

（2）行业间工资水平差距扩大，增长速度快慢不一。2003年以来，各行业在岗职工平均工资都有不同程度的增长，但增长快慢程度不同，行业间的差距呈扩大趋势。从工资水平来看，2006年，有13个行业的职工年平均工资高于全省平均水平，较2003年增加了2个行业。其中，年平均工资最高的前三位是金融业55508元，信息传输、计算机服务和软件业53121元，科学研究和技术服务和地质勘查业46587元。全省只有6个行业的职工平均工资低于全省平均工资，但涉及的职工人数较多，占全省职工总数的52.4%。工资水平最低的3个行业分别是，建筑业19462元，住宿和餐饮业18560元，农林牧渔业11185元。其中农林牧渔业2003年以来一直处于最低水平。2003—2006年，最高收入行业职工平均工资分别是最低收入行业平均工资的4.78倍、4.58倍、4.82倍和4.96倍，两者差距除2004年稍有缓和，总体呈扩大的态势。

从增长速度来看，2003—2006年，有10个行业的平均工资增长速度高于全省平均增幅，其中采矿业增长最快，2006年平均工资为26724元，比2003年的12961元增长106.2%，排位从2003年的第18位上升至2006年第13位。增长速度较慢的是房地产业，2006年平均工资为26286元，比2003年仅增长17.8%。

（3）不同类型企业职工工资总体上均有增长，但非公有制企业工资增长较慢。2003—2006年间，我省各种不类型企业职工工资稳定增长。2006年，国有企业单位职工平均工资为32377元，比2003年增长了41.7%，年均增长12.3%，高于同期企业职工工资年均增长率2.9个百分点；集体企业职工年平均工资14223元，比2003年增长了34.2%，年均增长率为10.3%，高于同期企业职工工资年均工资增长率0.9个百分点；其他类型企业职工年平均工资23785元，比2003年增长了26.7%，年均增长8.2%，比同期企业职工年均增长率低了1.2个百分点。集体企业与其他类型企业的工资差距有所减缓，但国企与集体企业和其他类型企业的差距继续扩大。

（二）逐步提高最低工资标准，推动企业工资增长

（1）最低工资标准逐步提高。根据党的十六大提出的"提高低收入者收入水平"精神，我省近年不断调整最低工资标准，逐步提高最低工资标准水平，增加低收入劳动者的工资。2003—2006年间，我省2次调整了最低工资标准，平均几乎一年半调整一次，符合国家的规定。2004年广东将职工个人应缴纳的最低社会保险费纳入了最低工资范畴，并提高了最低工资标准。2006年根据社会经济发展情况再次提高最低工资标准，从2006年9月1日起执行，全省最低工资标准从原来7个类别减少为5个类别，分别为780元/月、690元/月、600元/月、500元/月、450元/月（深圳特区内外的最低工资标准分别为810元/月和700元/月）。提高的标准与2003年执行的标准相比，平均增长了60.8%，年均增长17.1%，扣除将社会保险费纳入标准范围的因素，标准平均工资增长了40.2%，年均增长11.9%，高于同期全省平均工资年均增长幅度。最低工资标准的提高，有力地促进了低收入职工工资的增长。

（2）研究改进最低工资标准测算办法，完善最低工资制定程序。最低工资是提高低收入劳动者收入水平的最有力措施之一，但也是一把"两刃剑"，由于其与经济发展、企业成本、就业等紧密相连，标准水平不合理可能会阻碍经济的健康发展，因此，我们一直不断探索完善测算办法。2004

年，委托暨南大学开展了广东省最低工资课题研究。课题组通过近一年的调查、研究和分析，提出了以比重法、恩格尔系数法、线性支出系统法、国际收入比例法和马丁法为基础的组合测算法，课题研究成果得到了劳动保障部和省内相关专家学者的好评。目前，我省测算最低工资标准，是以组合法、比重法、恩格尔系数法等为基础，再综合考虑就业及物价等因素确定调整方案，在征求总工会、企业联合会、发展改革委、国资委等相关部门、企业和各市劳动关系三方的意见后，提交省级劳动关系三方会议讨论通过，报省政府审定向社会公布。

（3）执行最低工资制度总体情况良好。近年来，我省不断加强对劳动法有关法律法规的宣传，2004年和2005年，以劳动和社会保障部颁布《最低工资规定》和省人大出台《广东省工资支付条例》为契机，大力向企业和群众宣传最低工资制度及工资支付等规定，提高了企业对最低工资保障制度的认识，自觉执行最低工资保障制度。同时，继续加大监督检查力度，通过日常检查、专项检查、举报专查、年度审查等监察方式，加强对用人单位的监督检查，进一步加大对违法案件的查处力度，严厉查处违反最低工资规定的违法行为，确保最低工资制度落到实处。在调查中发现，广东企业执行最低工资制度总体情况较好，绝大多数企业都能依法执行最低工资规定，在举报投诉、监察和仲裁案件中，基本没有投诉低于最低工资标准的案件。

三、深化企业工资制度改革，探索建立企业工资增长决定机制

第十个五年计划实施（2001—2005年）以来，广东根据市场经济发展的需要，积极推进企业工资分配制度改革，在逐步取消工资总额计划核定等直接管理模式的同时，积极采取推进集体协商制度、建立最低工资制度、改进工效挂钩办法和完善工资指导线制度等手段，探索建立工资增长决定机制，取得初步效果。

（一）积极推行工资集体协商制度，探索建立企业工资增长平等协商机制

近年来，我省以劳动关系三方协商机制为平台，积极推动非公有制企业建立工资集体协商制度，指导企业开展工资集体协商活动，探索建立企

业工资增长平等协商机制。据不完全统计，到2007年6月底，全省累计签订工资集体协议1.4万多份，覆盖企业4.4万多家，涉及职工240多万人，集体协商确定工资的机制对工资增长的催动作用逐步显现。珠海松下马达有限公司在成立初期，曾发生过一次严重的劳资纠纷，对生产运作造成严重影响。后来该厂认真总结经验教训，从1996年超逐步确立起以协商双赢促企业发展的理念，建立起劳资协商会议制度，开展以工资为主要内容的集体协商，根据同行业工资水平、最低工资标准、工资指导线及劳动力市场价位等，每年定期进行工资集体协商，确定职工工资年平均增长水平，公司规模及员工人数不断扩大，从建厂初期的不足1000人扩大到目前的3800多人，经济效益逐年提高，职工工资水平不断提高实现了劳资双方的双赢。珠海醋酸纤维有限公司是1993年兴办的一家中美合资企业，1995年建立工会，通过推进工资集体协商，研究确定了一条工资增长的计算公式"工资增幅＝当地企业工资增长指导线×75％＋可控利润增长×0.8×25％"，这一公式成为企业协商谈判工资的具体依据，同时也把每个员工的切身利益与企业效益增长紧密联系起来，实行11年来，促进了劳资关系的和谐和企业的发展，形成了正常的工资增长机制。

（二）改进工效挂钩办法，形成国有企业工资增长的激励与约束机制

从20世纪80年代中期以来，广东省对国企一直实行工效挂钩办法来调控企业的工资总额。2003年广东省国资委成立后，国资委监管的企业由国资委继续对其实行工效挂钩办法；不属于国资委监管的国企继续由各级劳动保障部门负责对其实行工效挂钩办法，通过实行多种形式的工效挂钩来决定企业的工资总额和工资增长幅度。从实施的情况来看，工效挂钩在提高企业职工工资收入，调动职工积极性等方面起了积极的作用，不仅解决了企业工资分配的合理来源，还促使企业职工工资水平随经济效益增长而提高。虽然该制度存在一定的不足，但仍然是体制转轨时期企业工资正常增长的重要决定机制，特别是在国有企业工资增长中仍起着决定性作用。

（三）完善工资指导线及工资指导价位制度，发挥其对企业工资增长的引导作用

近年来，我省根据劳动和社会保障部的部署要求，配合全省劳动力市场建设，不断建立完善劳动力市场指导价位制度、工资指导线制度和人工

成本信息指导制度，取得了一定的成效。全省21个地级市普遍建立了劳动力市场工资指导价位制度和工资指导线制度。2006年，省劳动厅公布了珠三角地区部分工种的劳动力市场工资指导价位，18个地级市公布了当年本地区部分工种的劳动力市场工资指导价位，涉及15个行业521个工种，初步建立了以中心城市为依托，以珠三角地区为重点的覆盖全省各地、各行业、职业（工种）的多层次的劳动力市场工资价位体系，形成了以工资指导线和劳动力市场工资指导价位为主体的企业工资收入分配调控指导体系，对指导企业和劳动者合理确定工资，促进工资的增长起到积极的引导作用。在调研中发现，不少企业将企业工资指导线作为集体协商确定工资增长幅度的依据，根据工资指导线确定工资增长幅度。一些企业也逐步依据工资指导价位来调整企业相应岗位的工资水平，逐步消除行业间的工资差别，使职工工资随市场工资价位逐步提高。工资指导线和工资指导价位对工资增长的引导作用不断增强。

（四）不断调整最低工资标准，发挥最低工资标准对企业工资增长的拉动作用

根据我省的经济发展情况、工资水平和就业水平等因素，不断提高最低工资标准。一方面，由于一些企业特别是劳动密集型企业是以最低工资标准作为基本工资和加班工资基数，提高最低工资标准就直接提高了职工基本工资和加班工资，直接拉动了低收入职工工资水平的增长；另一方面，最低工资标准及其增长具有标志性作用，最低工资标准的提高催动了企业内部工资的调整带动了其他职工的工资增长，进而拉动了社会整体平均工资水平的提高。近年来企业的工资增长速度有所加快，如2006年广东全省城镇企业单位在岗职工平均工资比2005年增长10.2%，增幅比2005年提高了1.9个百分点，分别比同期机关和事业单位高了3.8和1.5个百分点。

四、存在的主要问题及原因分析

工资是劳动力价值的价格表现，工资水平主要取决于劳动力的生产费用与供求状况。工资的增长本来应当由劳动力市场供求状况决定，但是，由于目前我国劳动市场发育不成熟，劳动力供求双方地位不平等，导致劳动力价格扭曲、分配不公平。从调研的情况来看，当前企业工资分配存在的主要问题有以下几方面。

第五章 探索建立企业工资正常增长机制

（1）最低工资标准仍然偏低和制度不健全，影响一线职工的工资增长。从调查的情况来看，我省部分地区最低工资标准仍然偏低，全省仍然有5个市的最低工资标准不到社会职工的平均工资（简称社平工资）的30％，广州仅为25.5％，与一般最低工资标准占社平工资的40％仍有差距。另外以最低工资标准作为职工基本工资的情况较为普遍，大部分劳动密集型企业生产一线职工的基本工资都是按照最低工资标准来确定，部分企业特别是在劳动密集型企业存在通过提高劳动定额、蓄意降低计件单价、把加班费和食宿费作为最低工资的一部分等变相违反最低工资的行为，从而实际上在压低职工的工资，使职工工资没有随经济发展而得到增长，主要原因有：一是一些企业经营者漠视劳动保障法律法规，将经营风险转嫁到职工身上，通过压低工资来获取高额利润。二是少数地方政府存在错误的经济发展观念，片面强调招商引资的"软环境"，害怕提高最低工资标准会损坏投资环境，不愿意提高最低工资标准，个别地方甚至对部分企业违反最低工资的行为"开绿灯"，阻碍了最低工资标准的提高和执行。三是最低工资制度不健全，与经济发展、物价、人均赡养系数等因素联系不紧，增长速度较慢，高温、有毒有害等特殊工种的范围和标准不明确或偏低。四是处罚规定弱，执法力量不足，制裁措施乏力，影响了执行。

（2）企业职工工资决定机制和正常增长机制仍不健全，阻碍了职工工资水平的提高。在20世纪90年代后期，国家放开在企业工资总额调控后，企业工资总额管理处于一种无约束的自由状态，国有企业特别是垄断性国有企业通过种种渠道增加工资总额，使工资水平快速增长；而非国有企业特别是民营企业、外资企业通过压低工资来获取高额利润，使职工工资水平增长缓慢。在市场经济条件下，工资应当由市场供求双方协商决定。但目前，许多企业内部工资分配主要由企业或是经营者（股东）单方面决定，缺乏职工民主参与，没有建立工资集体协商制度，也没有按工资指导线和劳动力市场工资指导价位来确定职工的工资，增长机制不健全，工资的水平及增长的决定存在一定的随意性。主要原因有：一是国家在取消计划经济时期的工资管理办法后，在市场经济发展不够完善，企业自我激励与约束机制还未形成，未能建立一套计划经济向市场经济转轨时期的工资管理办法。二是工效挂钩只是解决了企业工资总额的合理来源，无法从根本上解决企业内部工资分配的科学决策问题。一些企业的工资总额通过工效挂钩得到了较大的提高，但普通职工的工资增长幅度却很小，有的甚至没有增长。三是工资集体协商立法层次低，强制性不足，企业不愿意实行工资集体协商。而且职工也无法与企业进行平等的工资协商谈判，难以建立正常的工资增长共决机制。

（3）工资增长指导线和工资指导价位制度的指导作用未能发挥，有待进一步完善和强化。工资增长指导线缺乏强制性，指导作用未能有效发挥，企业不按照指导线增加职工工资，政府无法干涉，职工也不敢要求。另外，由于工资指导价位的统计没有强制性，采集的渠道、手段非常有限，数据信息采集非常困难，一些企业不愿意填报相关工资数据，或是填写虚假的工资数据，使公布的工资价位不够准确，影响了数据的权威性。加上不少地区特别是困难地区由于缺乏经费和人力保障，调查的数据样本量也不足，进一步影响了数据的准确性，由此既影响了工资价位制度的发展，进而也减弱了公布的工资价位的标志性和指导性作用。

（4）工资立法滞后，监管乏力。企业工资分配立法滞后，《中华人民共和国劳动法》对企业工资分配只做了简单的原则性规定，政府应如何加强对企业工资分配的宏观调控监管、如何建立工资正常增长机制、如何缩小收入差距促进分配公平等没有具体规定和办法，对国有企业的工资总额、经营者收入水平和职务消费等也缺乏有效的约束和管理机制，放任企业自主分配，导致收入分配秩序不顺，收入差距不断扩大，职工的正常增长机制难以建立。

（5）工资分配指导思想上出现偏差。20世纪90年代以来，在工资分配问题上，一些地方政府和人们认识上存在误区，片面强调"效率优先""让一部分先富裕起来""打破平均主义、拉开差距""按要素分配"等，淡化了按劳分配的基本原则，错误认为"拉开差距"就是压低工人工资，提高高层管理人员收入。致使资本、管理等要素的收益不扩大，劳动要素参与收益分配的份额不断降低，收入差距不断扩大。一些地方还认为市场经济中政府不必干涉企业的分配，由企业自主分配，放任自流，使企业生产一线职工的工资长期偏低，未能随经济的增长而提高，工资总额占经济的份额也不断下降，职工工资总额占全省GDP的比例从1980年的17.15%下降到2006年的9.05%。

五、建立工资正常增长机制的几点建议

（1）加快企业工资分配立法。建议将制定企业工资法列入近期国家立法计划。抓紧开展工资立法调研，加快起草步伐。通过立法，明确规定建

第五章 探索建立企业工资正常增长机制

立起比较完善的最低工资保障、工资支付、工资协商、工资增长指导线以及工资监督调控等制度,为建立健全企业工资正常增长机制打下良好的法制基础。

(2)进一步完善最低工资保障制度。建立科学合理的最低工资确定机制,建立完善最低工资标准调整数据库,完善最低工资标准评估分析体系,定期对最低工资增长对消费、投资、教育、社会心理和经济发展的影响进行分析和评估,检查最低工资标准的适用性和可行性。同时,研究完善最低工资标准调整测算方法,使最低工资标准的调整随经济发展水平、物价增长和社会工资水平提高而逐步提高。另外,要制定中班、夜班、高温、有毒有害等特殊工作环境下的津贴标准,明确适用范围,并加大对违反最低工资制度的惩罚力度,强化最低工资制度的保障作用。

(3)推动企业全面建立完善工资集体协商制度,创新企业工资决定机制。在改革开放过程中,我们把工资分配权逐步下放给企业,不只是下放给企业投资者和经营者,而是下放给企业劳资双方。如果让企业老板单方面决定工资分配,他们往往会受追求利润最大化本能的驱动,会千方百计压低劳动者的工资,造成普通职工工资水平过低和高低收入差距拉大的情形。因此,必须按照《中华人民共和国劳动合同法》的规定,依法推动企业建立工资集体协商制度,由劳资双方通过民主协商决定工资分配形式和分配水平。目前要注意培育协商的主体,增强协商能力,提高依法协商水平。

(4)进一步建立健全企业工资指导线制度,加强对企业工资分配的引导,在市场经济条件下,一个地区的工资价位是劳动力供求情况的重要信号,也是引导企业合理确定工资水平的重要依据。要尽快研究建立起规范化的工资价位信息采集制度,采取科学的办法合理确定不同工种的工资价位,确保政府发布的工资价位的权威性,引导企业进行合理的分配,促进企业职工工资随经济发展而增长。同时,要规范国有企业经营者管理收入,确定管理者与职工收入合理比例。建立年薪考核与企业经济效益和职工工资增减"双挂钩",形成共享改革发展成果的同步增长机制。如果一线职工未增加工资的,经营者工资也不能增加;要建立经营者工资超过一线职工一定倍数的,一线职工的工资增长不能低于经营者工资增长幅度。

(5)进一步理顺和明确工资分配管理体制,改进企业工资管理办法。要从法律上明确劳动和社会保障部门是综合管理企业工资分配的行政部门,其主要职责是负责对各类企业工资分配宏观调控、干预和监督指导,改变政出多门的体制和状况。劳动保障部门要根据税制改革的实际情况,抓紧研究,加强分类指导,针对不同所有制、不同类型企业的特点,分别实行不同的管理和调控方式。对垄断性的国有企业,要严格实行工资总额和工资水平的"双控"办法;对竞争性的企业,重点调节其工资水平及增长幅度;对非公有制企业,重点通过贯彻执行最低工资制度和工资集体协商制度,促使其不断提高工资水平及建立内部合理的工资分配关系和分配制度。

(注:按照劳动和社会保障部的部署,广东省采取抽样调查的方法,对广州、韶关、云浮市开展了企业工资分配情况调查,在此基础上,写成这个调研报告,拟上报劳动和社会保障部。省劳动厅领导阅后批示:此调研报告很好,有针对性,分析透彻,文字简练,所提建议很有启发。笔者时任劳动工资处处长,组织牵头开展调研并撰写此文。完稿于2007年12月)

第二节 建立企业职工工资正常增长机制的思考

随着和谐社会建设的推进和经济体制改革的进一步深入,与民生密切相关的工资分配问题受到全社会的关注。党的十七大报告提出要深化收入分配制度改革,增加城乡居民收入。这对于逐步提高城乡居民生活水平具有十分重要的意义。然而,最近一个时期以来,我国企业职工工资分配方面存在的问题很突出,主要是工资分配关系不合理,分配秩序不规范,特别是相当部分企业生产一线职工工资水平偏低,增长偏慢,与经营者的收入差距不断扩大。工资是城乡居民收入的主要来源。工资水平整体偏低,导致劳动报酬占初次分配的比重呈下降趋势,居民收入占国民收入的比重呈下降趋势。广东省委书记汪洋同志在省委十届二次全会上指出,2001—2006年,广东城乡居民人均可支配收入和农村居民人均收入平均每年实际增长分别为3.5%和6.7%,明显低于同期全省人均GDP增长12.5%的速度,也低于全国人均收入增长水平。这些人民群众最关心、最直接、最现实的利益问题,有待进一步解决。现在看来,工资不仅仅是一个重要的经济变量,而且是一把"双刃剑"。工资与经济增长不相协调,不仅影响改善民生,而且会引发新的社会矛盾。目前集体上访、劳动争议案件增多且呈直线上升态势,不仅成为影响社会稳定的重要因素,而且也影响到经济的持续健康发展。因此,采取有效措施,及时解决工资分配中的突出问题,已成为深入贯彻落实科学发展观,保证广大职工共享发展成果,促进经济社会协调发展的当务之急。

第五章 探索建立企业工资正常增长机制

然而，要解决上述问题，必须寻找问题产生的原因，对症下药。当前工资分配领域出现上述问题的根本原因在哪里呢？

从改革开放的演进过程来看，上述问题是自20世纪90年代中期以来体制转轨过程中逐步积累下来的，究其原因，主要有三：一是人们在发展观念和思想认识上存在着严重的"见物不见人"的认识误区。片面追求GDP的高速增长，甚至把GDP增长与工资增长对立起来，从而抑制了工资的正常增长；有的人片面强调市场调节，削弱政府对工资分配的调控职能，导致出现企业工资分配由经营者单方面决定的情形。二是体制不完善。由于受认识不足的影响，工资立法滞后，政府主管企业工资分配的职能部门严重削弱，市、县一级政府部门几乎没有专门管理企业工资分配的机构和人员，工资分配的三方机制尚未真正建立起来，导致出现企业工资分配无人管、放任自流、任由市场调节的情形。三是机制不健全。在市场经济条件下，企业工资分配一般应当通过劳资双方集体协商决定工资分配方式和水平，但是我国在体制转轨过程中，工会体制存在着先天缺陷，加上工会组建率低，无法形成劳企双方平等协商决定工资分配的机制。加上政府职能被削弱，无法有效加强对企业工资分配的指导、调控和干预，事实上形成了企业单方面决定工资分配的机制。早在100多年前，马克思就深刻地指出："资本主义积累的本性，决不允许劳动剥削程度的任何降低，劳动力价格的任何提高，有可能严重地危害资本主义的不断再生产和它的扩大再生产。"由此可见，目前人们对社会主义市场经济条件下企业工资分配问题缺乏足够的全面的认识，适应社会主义市场经济发展要求、具有中国特色的企业职工工资正常增长机制尚未真正建立起来，这是问题产生的症结所在。

所谓企业职工工资正常增长机制，是指企业职工工资分配随经济效益提高及物价、就业等其他因素变化而相应调整提高、并保持工资持续合理增长的制度化运行方式。它是一个复杂的系统工程，其内容至少包括工资总量、工资水平和工资分配决定机制及其与经济、社会等因素的相互联系。当前要建立起这一比较完善的机制，还有不少困难。主要难点是思想认识滞后、工资立法滞后、工会体制和政府调控机制存在缺陷等。基于上述分析判断，笔者认为，当前和今后一个时期，我们应当坚持以邓小平理论和科学发展观为指导，进一步解放思想、转变观念、深化改革、破解难题，加快立法，完善制度，突出重点，理顺关系，逐步建立起"市场机制调节，劳企平等协商，政府宏观调控"的企业工资分配管理体制和运行机制，形成合理有序的分配格局，让广大人民群众分享改革发展成果。

（1）要进一步解放思想，着力破除认识上的障碍，突破企业工资分配完全由市场调节、与政府无关的认识误区，建立市场调节与政府调控辩证统一的新理念。在充分发挥市场调节基础性作用的基础上，政府要重视运用法律、经济、信息手段以及必要的行政手段，加强对企业工资分配的规范、指导、调节和监督，处理好效率与公平的关系。

（2）要通过深化改革，探索建立具有中国特色的企业工资集体协商制度和劳、资、政三方共同研究决定工资分配重大问题的三方机制。一般来说，在一个行业或企业内部，工资水平能否增长，增长多少，除了受经济效益等客观因素制约外，主要取决于由谁来决定工资增长。市场经济国家的实践经验告诉我们，企业（行业）工资分配一般由劳资双方平等协商决定。但是目前我国工会体制不完善，工会组织组建率低。我们应当针对这一问题积极培养协商主体，下大力气加强基层和企业工会组织建设，提高协商能力，充分发挥工会或职代会在企业工资决定中的作用。在集体协商不能达成一致或者出现显失公平的情况下，政府应当通过三方机制进行干预。所谓三方机制，即由代表政府的劳动行政部门、企业组织和工会组织三方平等对话的机制。在县级以上政府层面，应当抓紧建立健全三方机制，并充分发挥政府的主导作用。在市场失灵、劳资双方协商不一致，达不到政府公布的工资增长指导线预期目标的情况下，政府应当出面干预解决企业工资分配方面的重大问题。这样做了以后，工资是否应当增长，增长多少，不是由企业单方面决定，而是通过一个代表双方或三方的机制运作来民主决定。这样，企业职工工资正常增长机制就可以建立健全起来了。

（3）要指导企业深化内部工资分配制度改革，改善分配关系，形成科学合理有序的工资分配格局。当前工作的着力点是积极引导企业依照《劳动合同法》的规定，通过法定民主程序，制定符合本企业生产经营特点的工资分配规章制度（方案）；落实按劳分配为主、多种分配方式并存的分配制度和完善按要素贡献参与分配的制度，合理确定企业内部不同岗位职工的工资分配关系。这里要把握好两个关键环节，一个是严格按照法定程序办事；一个是发动职工广泛的民主参与，以保证工资分配制度的合理性和合法性。但是在资强劳弱的情况下，有些企业工资分配可能会出现一线普通职工起点工资过低，经营者的工资水平过高的情形，对此就需要强化政府对企业工资分配的指导与干预。

（4）加强政府对企业工资分配的宏观调控，形成合理有效的宏观调控机制。政府宏观调控的主要任务是"提低控高"。主要运用法律手段进行间接干预。一方面，要通过立法进一步完善最低工资保障制度，形成最低工资标准与经济发展和物价水平相协调的增长机制，着力提高低收入劳动者的收入水平。根据目前情况，政府有关部门要建立最低工资标准评估制度，定期对最低工资标准的科学性、合理性进行评估，及时提出调整最低工资标准的意见。并把提高低收入劳动者的收入作为理顺分配关系，推动工资增长、改善人民生活的重大举措，抓好落实。另一方面，要切实加强国有独资企业和控股企业、垄断企业（行业）及其经营者收入的宏观调控。主要是依法制定针对上述企业的工资分配管理办法，明确其工资总额的决定方式，探索建立具有国有企业特点的工资决定机制。目前国企存在职工利益趋同等明显的体制性缺陷。开展工资集体协商，可能会出现大家一起抬高工资挤占利润的情形。因此，目前比较可行的选择还是通过完善工效挂钩办法，决定可供分配的工资总额。同时进一步完善经营者年薪制管理办法，根据企业性质、规模和效益确定企业经营者与一般职工工资的合理比例，规范经营者收入，并通过强化税收征管，调节其过高收入，从而形成合理有序的工资分配格局。

（5）建立健全政府促进职工工资增长的目标责任制。例如，针对现阶段工资水平偏低问题，制订并实施企业职工工资倍增计划，作为政府改善民生的目标纳入社会经济发展计划，并逐级进行考核，形成促进工资合理增长的目标责任机制。要加快工资立法，明确现阶段工资的具体组成项目、工资决定机制、工资宏观调控与企业自主分配的关系，为进一步完善最低工资保障制度、工资指导线制度和工资宏观调控制度以及薪酬调查制度等，提供法律依据。通过完善各项制度建设，确保工资增长机制的正常有序运作，从而保证工资与经济保持大体同步增长，使人民充分享受经济发展成果，促进社会和谐稳定。

（注：本文写于2008年年初，发表于《南方日报》2008年4月30日B3版。收录时有删节）

第三节　全面推进工资集体协商，探索建立企业工资决定机制

近年来，广东省抓住贯彻实施《劳动合同法》的有利时机，从构建和谐劳动关系、维护社会稳定的高度，全面推进企业工资集体协商，积极探索建立企业工资决定新机制，取得了重大进展和积极成效。截至2008年年

底，全省已组建工会的 112379 户大中型企业，工资集体协商建制率达 47.78%。一些地方还通过开展行业性、区域性工资集体协商扩大了覆盖面。各地通过工资集体协商，逐步建立起企业工资分配共决机制，使职工工资水平与企业经济效益同步增长，有效地减少了劳资矛盾，促进了劳动关系的和谐稳定发展。

一、主要做法

在推进企业工资集体协商工作中，注意根据形势变化和企业实际，抓住关键环节，采取多种举措，破解难题，强力推进。主要做法可以归纳为"五个注重"。

（1）注重加强领导，形成上下联动、强力推进的工作新格局。大家都知道，建立工资集体协商制度是社会主义市场经济条件下企业工资制度改革的主攻方向，涉及企业工资决定机制的再次转换，涉及企业经营者的切身利益，最大的阻力和难点就在于企业经营者认识跟不上，又缺乏法律强制约束，推进难度很大。为了推进这项改革，2007年经省政府同意，劳动部门发出通知，明确提出全面实施"工资集体协商三年行动计划"，并将其列入各级政府工作目标责任制，确定年度目标任务，建立工作考核制度，层层督促抓落实，有效地形成了政府牵头指导、有关部门联动的工作格局。珠海、佛山、中山、江门等市成立了由市政府分管、副市长担任组长的工资集体协商领导小组，各县（市、区）相应建立了协调机构，形成了党委领导、政府牵头，劳动保障、工会和企业联合会主抓，多方共同推进工资集体协商的工作格局。部分市还注意加强同地税、统计、国资等部门的沟通，争取对企业工资集体协商工作的配合和政策支持，形成了政府部门主导、工会和企业联合会主抓，多方共同推进的工资集体协商的工作机制。各方通过宣传发动，逐步破解了部分企业经营者"不愿谈、不想谈"的难点问题，从而推动了改革的深入发展。

（2）注重深入调研，找准突破口，以点带面逐步推开。解决了"不愿谈"的问题之后，我们在推进工资集体协商过程中还遇到"谈什么"的问题。如果问题抓不准，双方不感兴趣，也谈不下去。对此，我们通过深入调查研究，发现在《劳动合同法》即将全面实施的大背景下，企业工资分配方案不完善、加班工资计发基数不明确，工资分配关系不合理、工资增长慢、水平低和计件单价不合理等问题，往往成为困扰企业发展和引发劳动争议的焦点，劳资双方都十分关注。于是，我们要求各级劳动关系三方成员单位，以帮助企业依法完善工资分配制度、理顺工资分配关系、明确加班工资计发基数和劳动定额等问题为切入点和突破口，引导企业结合本单位经济效益增长情况，根据政府发布的工资指导线、工资指导价位和本地区、本行业职工平均工资水平等因素，通过平等协商合理确定职工工资水平和分配关系，从源头上规范企业工资管理、维护双方合法权益，取得明显成效。凡是开展工资集体协商的企业，劳资纠纷明显减少，职工生产积极性也调动了起来。于是我们连续两年，通过召开经验交流会和培训班等形式，树立典型，以点带面，充分发挥典型的示范带动作用，推动各地开展工资集体协商，有效地扩大了工资集体协商的覆盖范围。

（3）注重因企制宜，加强分类指导，不断创新工作方式。在推进改革过程中，我们还发现，珠三角地区外向型加工企业多，这些企业在工资分配方面大部分实行计件工资制。实行这一分配制度，关键是要合理确定劳动定额和计件单价，否则，在新法背景下，往往会成为诱发劳动争议的重要因素。为了解决这个问题，我们指导这类企业按照《劳动合同法》的规定，开展了以劳动定额为核心内容的工资集体协商，在合理测评的基础上，通过民主程序，科学合理地确定企业劳动定额标准和计件单价。2007年以来，佛山、江门市有100多家出口加工型企业开展了以劳动定额为核心内容的工资集体协商试点，签订了工资集体合同。其中包括必达电器、海信、科龙、格兰仕、华润涂料等国内外知名企业。上述企业通过协商，科学合理地确定劳动定额和计件单价，有效地化解了劳资矛盾，大大减少了劳动争议，深受企业的欢迎。对组建工会持消极态度、不愿开展工资集体协商的一些强势企业（有些是世界500强企业），我们注意在实践中不断创新工作方式，推动建立工资集体协商制度。如广州市成立"工会组织员"队伍，通过大力宣传、发动工人主动建会，实现了从单一依靠企业建会向发动职工主动建会的工作模式转变，为开展工资集体协商奠定了坚实的组织基础。深圳市总工会牵头向驻深的世界500强、中国500强企业发出集体协商要约，依法开展"定点定时定项"集体协商，有力地指导和推动了强势企业工资集体协商工作，取得了重大进展。

（4）注重强化激励机制，增强开展工资集体协商工作的动力。我们在推进企业工资集体协商工作中，还遇到一个深层次的问题，即企业劳资双方满足现状，相安无事，缺乏改革的内在动力，靠外力推动又往往流于形式，对此应该怎么办？针对这个问题，我省鼓励各市积极探索建立推进企业开展协商的激励机制。江门市协调劳动关系三方经市政府同意，下发了《江门市创建星级劳动关系和谐企业活动方案》，把开展工资集体协商与建立和谐企业结合起来，制定了和谐企业星级标准（共分四个等级），并开展了评选活动。对达到星级标准的企业，分别授予四个等级的劳动关系和谐企业称号，如被评为二星级以上称号的企业，有关部门给予授信优惠待遇。一些市对经过工资集体确定的工资总额，依法认定为合理的工资总额，准予在税前列支。还有一些地方规定，凡没有开展工资集体协商的企业和企业工会组织，不得参加县级以上先进单位的评选活动。这些做法，形成了促进企业开展工资集体协商的利益驱动力，从而对推动这项改革产生了更积极的作用。

（5）注重三方协调配合，齐抓共促，形成推进工作的合力。推进工资集体协商工作涉及面广，政策性强，应当注意调动各方的积极性。我省在推进此项改革过程中，建立了以政府为主导的协调劳动关系三方工作体制和运行机制，注意加强三方的协调配合，完善工作机制，营造协商氛围，采取共同行动，提高工资集体协商实效。我省还建立了劳动关系三方薪酬工作例会制度，及时分析研究企业工资分配发展趋势和确定阶段性工作重点；建立了企业工资集体协商进展情况季报制度，要求各地按季度及时报送企业工资集体协商进展情况；不定期召开日常性工作例会，及时研究解决推进协商工作中遇到的重大问题。特别是2008年以来，针对国际金融危机蔓延对实体经济影响日益显现，部分企业生产经营出现困难的实际情况，我省协调劳动关系三方及时开会研究，统一思想认识，下发了《关于应对金融危机做好2009年企业工资集体协商工作的意见》，坚持把完善企业工资集体协商制度、建立企业工资调整机制作为应对危机、引导企业与职工共度时艰的重要手段，受到了企业的普遍欢迎。此外，我省协调劳动关系三方还十分重视工资集体协商指导员队伍建设，每年都举办工资集体协商指导员培训班和工资集体协商巡回报告会，年培训工资集体协商指导员500多名，提高了协商指导员的专业水平和谈判能力，推动了全省协商工作的健康发展。我省还以劳动关系三方名义每年组织开展全省性企业工资集体协商经验交流会，邀请企业介绍成功经验和做法，并通过媒体广泛宣传，营造良好的社会氛围，努力推动此项改革不断向前发展。

二、几点体会

从总体上看,我省开展工资集体协商工作,取得了积极的成效。凡是开展工资集体协商的企业,其内部工资共决机制初步形成、工资分配趋于合理、劳动争议明显减少。据调查,江门市 100 家开展工资集体协商的企业,实施《劳动合同法》以来,没有发生过一宗劳动争议。实践使我们深刻体会到:在社会主义市场经济条件下建立完善企业工资集体协商制度,对于深化企业工资改革,促进企业工资决定机制转换,实现企业内部分配的公平合理,从源头上化解劳动争议,构建和谐企业、和谐社会都具有十分重要的意义。

(1) 推进企业工资集体协商,是当前和今后一段时期深化企业工资改革、实现企业工资决定机制转换的主要途径和主攻方向。多年来,不少企业经营者片面地认为,在市场经济条件下,企业工资分配应当由企业经营者单方面决定。现在看来,这种单决机制存在很多缺陷,尤其是在强资本弱劳动的状况下,职工在企业内部工资分配上缺少话语权是导致企业内部分配不公的根源,不符合科学发展观的要求。现在,贯彻落实科学发展观,就必须通过深化改革,建立起一种适应社会主义市场经济发展需要的企业工资分配决定新机制。其主要途径和主攻方向就是通过推进企业工资集体协商,建立起劳资双方平等协商的共决机制。这既是国家法律的规定,也是实现企业可持续协调发展的内在要求。过去 30 年来的改革中,我们把工资分配决定权下放给企业,这个方向是对的。现在我们要通过深化改革,依法推动企业建立工资集体协商制度,由劳资双方通过集体协商来决定本企业工资分配的形式和分配水平等,这是当前处理好企业工资分配问题的新出路。

(2) 推进企业工资集体协商,是企业练好内功,完善内部收入分配制度、处理好效率与公平关系的必然要求。近年来,企业在快速发展过程中,习惯于由企业经营者单方面决定工资分配,导致企业工资分配制度的扭曲和分配秩序的混乱,科学合理的工资分配制度无法建立起来,从而使部分行业和企业普通职工收入水平偏低、职工工资增长缓慢、经营者与一线职工收入差距过大等问题日趋严重。工资收入是职工生活的主要来源,是职工最基本、最重要、最核心的经济利益。如果不能从制度、机制层面切实解决好职工工资正常增长问题,就无法实现职工工资与企业经济效益的同步增长，无法调动广大职工生产经营积极性，无法形成企业与职工各得其所、和衷共济的和谐局面。而工资正常增长机制的形成又受制于工资决定机制是否合理，因此，必须抓住工资集体协商这个关键环节，只有深化改革，建立起科学合理的工资分配共决机制，从而推动企业建立完善内部工资分配制度，才能形成科学合理的分配格局。

(3) 推进企业工资集体协商，是从源头上减少劳动争议，实现劳资双赢，构建和谐社会的内在要求。开展工资集体协商，为企业和职工之间构建了平等对话的桥梁，使劳动关系双方能够在合法、平等、合作的基础上协商确定双方的利益关系，有利于促进企业工资分配制度化、规范化，形成公平合理的分配机制，有利于保障职工对企业经营状况和收入分配状况的知情权、参与权、监督权，有利于劳资双方在协商过程中贯彻落实按劳分配原则，处理好效率与公平的关系，提高分配的透明度，从而有效地预防和减少劳动纠纷的发生，维护社会和谐稳定。例如，广州市好迪化妆品有限公司自实行工资集体协商制度以来，没有发生一宗劳动争议案件，职工关心企业生产经营的多了，为公司发展出点子、提建议的多了，从而为企业创造了良好的经济效益，形成了良好的工作氛围，推动了企业生产经营的稳步发展。

三、几点建议

当前广东省企业工资集体协商工作虽然取得积极成效，但在工作中仍存在一些问题，主要是立法层次低、法律约束力不强，不利于工资集体协商工作的推进；企业工会组织和体制不健全，力量较为薄弱，部分企业未建立工会，不少工会主席由企业班子成员兼任，不能真正代表职工与企业方平等协商，严重影响和制约了工资集体协商的推行；部分地方政府对工资集体协商的重要性认识不足，担心开展集体协商会影响招商引资，积极性不高；不少企业经营者习惯于单方面决定工资，认为开展工资集体协商是自找对立面、涨工资。此外，在实际操作中，协商程序不规范，协商质量有待提高等。鉴于当前推进工资集体协商工作存在的问题，我们建议：

一是要加快工资立法，依法完善工资集体协商制度，健全工作机制。建议出台"工资集体协商条例"，从法律上明确规定协商主体、程序、内容及法律责任，明确要求在各类企业中广泛建立这项制度，以利于依法推进这项改革工作。

二是充分发挥政府主导作用，积极探索具有中国特色的工资集体协商新路子。多数发达国家的实践表明，政府在工资集体协商的过程中，主要发挥制定规则、完善谈判机制、加强监督管理三方面的作用。我国政府在实施工资集体协商中的责任，原则上与上述基本内容是一致的，但基于我国社会主义市场经济的特殊国情以及社会条件、经济发展水平的制约，政府的角色具有其独特性。要适当加强行政监督和干预，建立起政府主导、劳动和社会保障部门指导、工会主动作为、各方协同推进的工作格局，把工资集体协商作为深化企业工资改革，完善工资宏观调控体系的主攻方向。各级政府要把工资集体协商工作作为实践科学发展观、构建和谐社会的一件大事来抓，纳入地方党委和政府的工作目标责任制，为推动企业建立职工工资平等协商共决机制提供强有力的政治保障。

三是依法完善三方机制，明确在劳动关系三方机制中，建立工资集体协商机构，牵头负责协调企业工资制度改革，及时研究解决深化工资改革中遇到的重大问题，切实加强分类指导，确保工资集体协商工作落到实处。

四是政府应当透过三方机制平台，依法加强对企业内部工资分配的指导，把推进工资集体协商与建立完善企业内部工资分配制度结合起来，督促指导企业通过深化工资分配制度改革和工资集体协商，依法建立健全公平合理的工资分配制度，合理确定企业内部不同岗位人员的工资水平和分配关系，形成效率与公平内在统一的科学合理的薪酬分配制度。

五是应当明确规定企业依法通过工资集体协商确定的工资薪金总额，经劳动和社会保障部门认定后可视为合理的工资薪金，准予在税前列支，使之与国务院发布的《中华人民共和国企业所得税法实施条例》第三十四条关于"企业发生的合理的工资薪金支出，准予扣除"的规定相衔接，以形成推动企业开展工资集体协商的动力机制，为今后进一步建立完善工资集体协商制度打下基础。

（注：本文是上报给劳动和社会保障部的一篇经验材料。由笔者牵头写于2009年4月10日。曾收入广东省劳动和社会保障厅劳动工资处编印的《赢在协商》一书）

第四节 依法推进企业工资分配决定机制创新

当前，国际金融危机对我国经济发展产生了重大影响，出口受阻和内需不足，成为制约经济发展的两大主要因素。在这一新形势下，能否通过提高工资，增加居民收入，扩大内需来带动经济增长，成为人们普遍关注的一个焦点问题。最近，国家发展改革委就业与收入分配司在深入调研的基础上，提出了调整国民收入分配的意见，希冀通过深化收入分配制度改革，调整收入分配结构，增加居民收入来扩大消费，拉动内需，促进经济增长。这无疑是一种有益的探索。

大家知道，国民收入分配是一个庞大而复杂的系统，涉及的内容和对象很多。总的来说，它至少包括初次分配和再次分配两个层次。笔者认为，在当前国际金融危机影响下，深化收入分配制度改革、增加城乡居民收入，除了从宏观上采取财政、税收等各项政策调整国民收入分配格局外，还必须注重深化初次分配领域的改革，特别是深化企业工资制度改革，逐步提高劳动报酬在初次分配中的比重。统计数据表明，我国GDP增长未能有效转化为城乡居民收入。这是一个全国普遍性问题，即GDP增长大大超过了居民收入与消费支出的增长。广东情况尤为突出。1978年广东省劳动报酬占GDP的比重为60.6%，2007年这一比重下降为38.8%，下降了28.9个百分点，在全国31个省份中排第22位。这表明经济增长不能有效地转化为居民收入的增加，使广大职工没有充分分享到改革开放和经济发展的成果。同时也由于工资增长缓慢，造成居民消费长期低迷不振，不利于扩大内需。那么，问题的症结在哪里呢？究其原因，主要是企业工资改革还未到位，适应社会主义市场经济发展需要的企业工资决定机制尚未建立起来。30年来，我们在改革开放进程中，逐步把工资分配决定权由国家集中管理下放给企业后，形成了企业投资者或经营者单方面决定工资分配的情形。不少企业受追逐利润最大化的本能驱动，千方百计压低生产一线员工的工资，造成生产一线职工工资增长缓慢，日积月累，出现了劳动报酬占初次分配比重逐步下降的趋势。这里面，关键是企业内部还未建立起一种适应社会主义市场经济发展需要的、科学合理的工资决定机制与正常增长机制。因此，当前抓住机遇，继续深化企业工资制度改革，建立工资集体协商制度，推动企业工资决定机制和正常增长机制创新，势在必行。

然而，有人担心，当前不少企业受金融危机影响，生产经营遇到了很大困难。深化工资改革，推进工资集体协商会增加企业用人成本，影响企业发展。其实，这是一个误解。深化工资改革，并不是马上要增加工资，目的是建立起一种好的机制，通过制度来保障工资的合理升降。世界上工业化市场经济国家在解决工资问题的成功经验，就是建立工资集体谈判机制。2009年1月，人力资源和社会保障部、全国总工会以及中国企业联合会联合发出《关于应对当前经济形势稳定劳动关系的指导意见》，要求各级劳动关系三方在危机面前要着力推动企业深化改革，加快建立集体协商制度和协商机制，并把集体协商作为职工与企业凝聚合力、共担风险、共渡难关、共谋发展的重要措施来抓，期望通过开展工资集体协商，建立起由劳资双方根据企业生产经营和经济效益等情况，平等协商决定工资分配的新机制，以增强应对金融危机的能力。

由此可见，在金融危机面前，我们应当积极引导企业抓住机遇，按照《劳动合同法》等法律规定，坚持贯彻按劳分配和平等协商两大原则，从三个层次深化工资制度改革：一是在签订劳动合同时，遵循平等自愿、协商一致的原则。劳动合同涉及的内容很多，其中最核心的是劳动报酬问题，应当由企业与劳动者平等协商确定。二是在制定涉及劳动报酬方面的规章制度时，应当按照法定程序，经与工会或职工代表平等协商后，制定企业内部科学合理的工资分配制度和分配方案，切实改变长期以来按职工身份进行分配的做法，合理确定企业内部不同岗位之间的分配关系，从制度上保证分配起点和分配过程的公平和公正。三是在签订集体合同时，要贯彻平等协商原则，在企业中全面建立工资集体协商制度，形成具有中国特色的、由企业或行业劳资双方通过平等协商决定工资分配形式和分配水平的新机制。企业效益增长时，职工工资要随之增长；企业效益下降或者亏损时，职工工资可以随之下降。

总之，要依照《劳动合同法》的规定，通过平等协商，大力推进企业工资决定机制的再次转换，积极探索建立健全企业工资分配由劳资双方共决的新机制，形成促进企业工资正常增长的长效机制。此外，依法建立健全协调劳动关系三方机制，发挥三方机制的平台作用，通过抓紧工资立法，依法完善最低工资保障制度，着力提高低收入职工的工资水平，推进工资正常增长；通过科学制定和发布工资增长指导线，为企业劳资双方开展工资集体协商提供依据；通过着力研究建立完善符合我国国情的国企高管薪酬管理制度，加强对高管过高薪酬的干预与调节，促进分配公平等。

（注：本文写于2009年5月11日，曾发表于《南方日报》2009年5月20日）

第六章 探索实行积极工资政策

【内容提要】

实行积极的工资政策，是笔者从培训就业处转任劳动工资处处长后，根据党的十六届六中全会《中共中央关于构建社会主义和谐社会若干重大问题的决定》和党的十七大报告精神，结合广东实际，率先提出来的。改革开放以来，广东在经济快速发展的同时，企业职工工资却增长缓慢，甚至出现了收入差距拉大的新趋势。原因是什么？在一次调研中，笔者发现，广东承接的国际产业转移主要是劳动密集型、技术含量低的制造业，两头在外，主动权掌握在资方手中。资方极力压低工人的工资，使企业劳动者特别是生产一线职工的工资收入长期维持在较低的水平，导致劳动密集型企业大量存在，产业转型升级难，转变发展方式难，造成广东的高能耗和环境污染严重，内需严重不足，甚至经济发展的成果通过非正当途径向资方转移或向少数人集中，导致收入分配严重不公和社会两极分化。

面对这些情况，笔者借鉴我国实行积极就业政策的经验，率先提出要实行积极的工资政策。所谓积极的工资政策，是指由政府依法制定并实施一系列着力提高低收入劳动者工资水平为重点的相互配套的工资政策（包括完善工资立法），形成积极的工资政策体系和制度安排，通过对企业工资分配进行积极的干预、指导和调控，不断着力提高低收入劳动者的收入水平，扩大中等收入者的比重，加强对过高收入的监控与调节，形成按劳分配和生产要素参与分配的合理格局及工资收入与经济同步增长的机制，努力缩小收入差距，促进分配公平，实现社会和谐稳定。本章收录的四篇文章，都是2007年至2008年间撰写的文稿，反映了笔者创造性地贯彻科学发展观的理性思维和改革初心。

第一节 我国应当实行积极的工资政策

温家宝总理在2007年全国人大会议《政府工作报告》中指出："深化收入分配制度改革，既可以缓解收入差距扩大的矛盾，又可以有效增加消费需求。要采取各种措施，努力增加城乡居民收入特别是中低收入者的收

第六章 探索实行积极工资政策

入。合理调整和严格执行最低工资制度,落实小时最低工资标准,加强企业工资分配的调控和指导,建立健全工资正常增长机制和支付机制。"温总理的讲话,高屋建瓴,指明了当前我国收入分配制度改革的方向和原则。联系当前广东社会经济发展现状和企业工资分配实际,认真学习温总理的讲话,我们体会到,在我国经济社会进入新的发展阶段后,按照科学发展观和构建和谐社会的执政理念,及时调整并实行积极的工资政策,着力增加中低收入者的收入,加强对企业工资分配的指导、干预和调控,对于贯彻总理讲话精神,逐步缩小收入差距,促进分配公平和社会和谐稳定,具有十分重要的意义。

长期以来,由于受计划经济思维定式的影响,我国在改革开放近30年的进程中,一直实行偏于保守的低工资政策,劳动者的工资被压在较低的水平,各地凭借低廉的人工成本优势,实行对外开放,吸引外商投资,促进经济增长,努力扩大就业。这一政策对于实现我国经济起飞起到了积极的作用。但是由于长期实行保守的工资政策,加上在体制转轨期间,政府对企业工资分配的监管和调控缺乏经验,措施乏力,从而产生了一些负面效应。从目前来看,主要表现为分配不公,企业生产一线工人收入过低,城乡劳动者收入差距过大,基尼系数超过了0.40的警戒线,现仍呈扩大趋势,导致社会经济领域出现内需不足、投资消费关系不协调、产业发展不平衡、城乡和地区发展不平衡、低收入群众生活比较困难、社会治安问题增多等。这些问题的存在,给社会经济的可持续健康发展带来了严重影响。

发达国家的实践经验证明,在人均 GDP 达到 1000 美元的水平后,经济结构将出现较大的变动,经济发展往往进入高速增长的"起飞"阶段,GDP 中劳动报酬部分的增长将明显加速,工资水平相应会有一个较大幅度的上升。这是经济发展到一定水平的必然反映。在近30年的改革开放进程中,我国经济一直保持持续快速增长的势头,据统计,从 1980 年至 2005 年,我国 GDP 年均增长速度为 15.8%。至 2006 年 GDP 总量达 20.94 万亿元,人均 GDP 接近 2000 美元。东部沿海省市的人均 GDP 已超过了 3500 美元。例如,广东省 1980—2006 年 GDP 年均增长 19.6%,至 2006 年年底,全省人均 GDP 达 3509 美元。这标志着,我国社会经济发展进入了工业化、城镇化和现代化快速发展的重要阶段。在这样一个阶段,工资水平应当有一个较大幅度的增长。但是,从工资变动情况来看,多年来我国企业职工工资水平上升幅度不大,一直低于经济增长速度。据统计,自 1980 年至 2005 年,我国职工平均工资年均增长仅为 13.6%,其中广东增长 14.5%,

均低于经济增长速度；特别是"十五"期间，广东 GDP 年均递增 15.9%，而职工工资年均实际增长 11.49%。职工工资总额占 GDP 的比重从 1980 年的 17.1% 下降为 2005 年的 10.8%。特别是为数众多的企业生产一线工人的工资水平，多年来没有显著增长。由于分配过度向资本倾斜，出现了资本侵蚀劳动，广大普通劳动者工资收入过低，贫富两极分化现象日益严重的状况。据全国总工会 2005 年对 10 个省份中的 20 个市（区）1000 个各类企业以及 10000 名职工的问卷调查，2002—2004 年 3 年中，企业职工工资低于当地社会平均工资的人数占 53.1%，只有当地平均工资一半的占 34.2%，低于当地最低工资标准的占 12.7%。部分企业效益明显增长，但职工工资几乎没有增长。这种状况导致出现了上述严重的社会问题，影响了社会和谐稳定。

面对新形势下出现的新情况新问题，政府要不要依法加强对企业工资分配的指导、干预和调控？在这个问题上，多年来，人们在认识上存在着不少误区。有人认为，搞市场经济，工资应当由市场供求决定，政府不能干预；有人认为，在市场经济条件下，企业有分配自主权，政府不该干预；有人认为，工资分配是企业的商业秘密，不能向社会公开，政府无法监管；还有人认为，工资分配是企业的事，与政府无关等。这些认识上的偏差，一直干扰着政府依法对企业工资分配的指导、干预和宏观调控。2007 年，温家宝总理在《政府工作报告》中明确指出要"加强企业工资分配的调控和指导"。由此可见，加强对企业工资分配的调控是政府的重要职能。特别是在人均 GDP 接近 2000 美元这一新的发展阶段，工资仍然是广大劳动者收入的主要来源。政府应当审时度势、坚决按照中央关于"提低、扩中、控高、打非，促进共同富裕"的目标要求，深化企业工资制度改革，制定以着力提高低收入劳动者收入水平为重点的积极的工资政策，加强对企业工资分配的干预、指导和调控，规范企业工资分配秩序，建立正常的增长机制，促进分配起点、过程和结果的公平。这对于促进合理分配，缩小收入差距，体现社会公平和建设和谐社会，都显得很有必要。

所谓积极的工资政策，是指由政府依法制定并实施一系列着力提高低收入劳动者工资水平为重点的相互配套的工资政策（包括完善工资立法），形成积极的工资政策体系和制度安排，通过对企业工资分配进行积极的干预、指导和调控，不断着力提高低收入劳动者的收入水平，不断扩大中等收入者的比重，不断加强对过高收入的监控与调节，形成按劳分配和按要素参与分配的合理分配机制以及工资收入与经济同步增长的机制，努力缩小收入差距，促进分配公平，实现社会和谐稳定。

这个政策体系包括以下基本内容：

一是抓紧制定最低工资法，依法建立最低工资保障制度，着力提高广大低收入劳动者的工资水平。目前，我国最低工资立法层次低，规定不具体，缺乏刚性制裁措施，执行难度大，难以发挥保障和逐步提高广大低收入劳动者工资水平的作用。针对这一情况，政府应当加快完善工资立法，提高最低工资法的立法层次，进一步明确规定不同地区要根据当地经济发展水平、就业状况和物价以及人口赡养系数等因素，合理确定并不断调整提高最低工资标准的原则和方法，形成最低工资水平同经济发展同步增长的机制；要抓紧完善劳动标准，明确规定加班加点、休息休假、灵活用工的工资及特殊工种津补贴的发放办法等，规范企业分配秩序；严格执行最低工资制度，保障劳动者在超额劳动等特殊情况下获得报酬的权利；要完善工资支付保障制度，明确规定执法主体、违法责任及处理办法，加强对最低工资标准及工资支付情况的检查，确保法律规定落实到位，以保障劳动者取得合法收入的权益，体现社会公平。

二是要积极指导企业按照按劳分配的原则，深化工资分配制度改革。在我国社会主义市场经济条件下，按劳分配是基本分配制度，按要素分配是从属于这一基本制度的。因此，首先政府要积极引导企业准确理解并坚持完善"按劳分配为主体、多种分配方式并存"这一基本分配制度的内涵，引导企业依据按劳分配原则和企业生产特点，对不同岗位进行科学的测评，合理确定企业内部不同岗位人员的工资水平，形成合理的薪酬结构体系，使分配向劳动（技术、管理也可以考虑属于劳动要素）要素倾斜。其次要抓紧研究制定工资集体协商条例，积极引导企业建立健全工资集体协商制度，形成企业工资的微观决定机制和利益制衡机制。当前要明确两个协商主体的法律地位和责任，培育协商主体，制定谈判规则，建立民主管理制度，特别是着重建立一个真正独立行使工会权利、代表职工利益的工会组织，提高平等协商的能力。政府主管部门要加强对工资集体协商和集体合同的管理与监督，保证集体协商过程的公开、公平、公正，真正形成集体平等协商决定本企业工资分配水平和增长幅度的机制。

三是政府要转变执政理念和管理方式，通过各种经济、法律手段加强对企业工资分配的宏观指导。政府在制订国民经济和社会发展年度计划时，要根据国内生产总值增长的预期，合理确定劳动者工资收入增长的预期目标，并通过完善企业工资增长指导线、市场工资价位和人工成本预测制度，定期向社会公布相关信息，积极引导企业合理确定工资水平和增长幅度，合理调节企业内部各类人员的工资收入关系，合理调节本企业工资分配水平和行业、社会平均工资水平的关系，以实现劳动者工资收入与生活水平在经济发展基础上稳步提高的目标。

四是切实加强对垄断行业工资分配的监控。目前我国正处于体制转轨期间，市场制度还不完善，一些垄断企业凭借垄断资源、垄断价格，获得高额利润，实行过高分配。这些情况迫切要求政府必须采取有效措施加强对垄断企业工资分配进行监控。其主要措施是：①对垄断企业严格实行工资增长控制线办法。垄断企业工资增长速度要低于当地政府规定的工资增长指导线，平均工资水平超过当地企业人均工资3倍以上的，要严格控制；②要建立完善国有垄断企业经营者年薪制，根据经营规模、投入产出、社会贡献、资本保值增值、本企业职工人均工资及同行业工资水平等因素，合理确定垄断企业经营者工资水平及其与本企业职工工资收入的比例关系，把经营者年薪制与实行股票期权结合起来，使其自身利益与企业利益、长远发展紧密联系起来，从而形成对经营者的激励约束机制，通过控制经营者年薪水平，调控职工分配水平；③要进一步完善税收调节办法，加大调控力度。当前要通过逐步提高个人所得税起征点来减轻中等收入者的税负，加大对垄断行业以及工资水平过高的企业和个人的税收调节，抑制过高收入。此外还要成立垄断行业薪酬管理指导委员会，由劳动保障、财政、审计、国资委、工会和企业组织以及社会上办事公正、业务精湛的会计师、审计师组成，负责根据社会经济发展总体情况，加强对垄断企业财务、人工成本、工资分配状况及列支渠道的监管，严格监管各项人工成本费用的列支渠道，严格控制工资总额的过快增长。

五是要建立健全企业工资分配的监测、预警体系。政府要完善企业工资分配统计制度和抽样调查分析制度，企业要依法如实报告工资分配的情况，帮助政府及时、全面、准确掌握企业工资分配的信息，为调节工资分配提供决策依据。此外，还要进一步完善财政转移支付政策，加大财政对教育、医疗、住房等社会公共事业和低收入者或贫困家庭的扶持力度；进一步完善国家机关及事业单位工资分配政策，理顺公务员、事业单位工作人员及企业职工的工资分配关系；进一步建立规范的工资分配秩序，清理工资外收入，打击非法收入，以体现分配公平。

总之，上述政策要以提高低收入劳动者收入水平为重点，以促进公平，实现共同富裕为目标，形成相互配套的、完整的政策体系，使广大劳动者的工资收入水平随经济发展而得到持续合理的增长,保证广大劳动者能够真正分享改革发展的成果。

当然,我们还应当清楚地认识到,工资是经济发展中的一个重要变量,是一把"双刃剑"。实行积极的工资政策,也可能会产生一些负面影响。例如增加企业人工成本,减少企业利润,影响扩大社会投资的积极性,从而影响到扩大就业;也可能会推动企业成本上升而刺激通胀,或者增加出口企业的成本而削弱其产品在国际市场上的竞争力等。然而,我们相信,只要我们能够预见到这些情况,并在实际工作中。根据社会经济发展状况适时适度适当地调整积极的工资政策,既能让广大职工分享改革开放的成果,又能控制工资的过快增长,控制过高收入,促进分配公平,就能够收到预期的积极的效果。

(注:本文按照党的十六届三中全会《中共中央关于完善社会主义市场经济体制若干问题的决定》和六中全会通过的《中共中央关于构建社会主义和谐社会若干重大问题的决定》精神,提出实施积极的工资政策,着力提高低收入群体的收入水平,防止出现两极分化,建设和谐社会的政策主张。这是作者根据中央精神和广东实际提出的一项重要的具有创新意义的政策建议。本文发表于《21世纪经济报道》2007年4月30日"中国观察"栏目,《中国劳动保障报》《广东经济》等杂志也先后刊登,受到社会普遍关注)

第二节 以科学发展观为指导,做好企业工资分配工作

当前,以全面落实科学发展观为主题的新一轮思想解放热潮,正在南粤大地深入展开。联系2007年笔者发表《我国应当实行积极的工资政策》一文所引起的争论,笔者感到当前人们对企业工资分配制度改革问题的认识,还没有统一到科学发展观的要求上来。笔者认为,当前很有必要以科学发展观为指导,在收入分配领域来一次大的思想解放,通过进一步解放思想,在新的历史起点上统一认识,努力探索制定符合我国国情的积极的工资政策,加强政府对企业工资分配工作的指导,促进分配公平与社会稳定。

全面深刻理解和把握科学发展观的内涵和本质要求,进一步解放思想,着力破除当前工资分配领域不适应不符合科学发展观的思想观念。

党的十七大报告明确提出："科学发展观，第一要义是发展，核心是以人为本，基本要求是全面协调可持续发展，根本方法是统筹兼顾。"科学发展观这四个方面的基本内涵，是一个相互联系的有机整体，我们要全面地辩证地理解和准确把握科学发展观的内涵、本质和根本要求。

首先，要全面理解科学发展观的内涵，破除以物为本、见物不见人的传统落后的发展观念，把工资分配放在经济社会发展更加突出的位置。传统发展观认为，发展即是经济增长，把经济增长等同于经济发展，又把经济发展代替社会发展。因而在具体工作实践中表现为"以物为本的GDP崇拜""唯GDP论"，片面地把物质产品的生产和GDP增长作为发展的目标和评价政绩的尺度，把GDP的增长放在突出位置加以强调，片面追求GDP的增长，导致出现重生产轻分配，重积累轻消费的倾向。这种以物为本的传统发展观很少考虑到人本身的发展和人在发展中的核心作用，偏离了发展的方向。党中央提出以人为本的科学发展观，对发展的内涵做出新的界定，强调发展的立足点和出发点都是为了人。人是发展的主体，也是发展的最终动力，强调经济社会与人的全面协调、可持续发展。如果只重视生产，不顾环境资源的代价，突出强调GDP的增长，而把分配与消费放在次要位置，这是漠视民生的表现。实际上，在生产、分配、消费与交换四个经济运行环节中，分配是最具人性的重要环节。同样，在市场经济条件下，目前分配这一环节相对薄弱不受重视。针对这一情况，我们应当把工资分配放在经济社会发展更加突出的位置，予以高度重视。坚持在发展生产的同时，努力解决好人民群众最关心、最直接、最现实的收入分配问题，切实做到科学发展成果由人民共享，不断改善人民的生活，让人们有获得感，促进人的全面发展。

其次，要全面理解和把握科学发展观的本质要求，破除企业工资分配应当由市场调节，政府无须干预的传统观念，坚持实行积极的工资政策，加强政府对工资分配的指导、调节与干预，处理好效率与公平的关系，促进分配公平，实现社会和谐稳定。

党的十七大报告深刻揭示了科学发展观的核心是以人为本。这是科学发展观的本质要求。它与党全心全意为人民服务的根本宗旨是相一致的。以人为本中的"人"，是现实的个人，其主体是最广大的人民群众。党的一切奋斗和工作都是为人民谋利益，造福人民。当前人民群众最关心、最直接、最现实的利益问题，就是收入分配问题。在当前的城乡居民收入中，工资性收入约占80%，是居民收入的主要来源，是改善人民生活的最基本的物质保障。合理的收入分配制度是社会公平的重要体现。但是由于受西方传统经济理论的影响,在工作实践中,不少人主张初次分配由市场调节,片面追求效率,反对政府干预,导致收入分配差距拉大,趋势无法从根本上予以扭转,损害了人民群众的根本利益,也影响了社会公平。当前贯彻落实科学发展观,就是要按照以人为本的本质要求,在尊重市场经济规律的基础上,加强政府对工资分配的调节与干预,运用统筹兼顾的方法,把市场调节与政府调控有机结合起来。对市场失灵、市场缺陷、制度不健全等薄弱环节,加强政府的宏观调控与干预。要做到这一点,就要与时俱进,制定相互配套的积极的工资政策和工资分配制度,以便进行合理有效、正当的干预,着力提高低收入者的收入水平,处理好效率与公平的关系,促进分配公平和社会稳定。

最后,要牢牢把握科学发展观的基本要求和根本方法,处理好国家、集体、企业和个人之间的分配关系,处理好当前利益与长远利益、局部利益与全局利益的关系,促进收入分配与生产、消费各环节的全面协调持续健康发展。

站在新的历史起点上,以全球眼光全面审视我国社会主义发展的阶段性特征和存在的问题,我们应当看到,在经济实力显著增强的同时,我国(尤其是广东)经济社会发展方面存在着发展不平衡等许多严重问题。长期以来,主要依靠投资、出口拉动经济增长已走到尽头,迫切需要转到依靠消费、投资、出口协调拉动增长的轨道上来,过去主要依靠增加物质资源消耗来促进经济增长,已经难以为继,要坚决转到主要依靠科技进步、提高劳动者素质和管理创新的轨道上来。说到底,就是要全面转入科学发展观的轨道上来。据统计部门发布的数据表明,2007年广东完成的GDP达30673.7亿元,比2006年增长14.5%,按常住人口计算的人均GDP达4273美元,标志着广东经济提前13年超过国家提出的全面小康指标中人均3000美元的指标,达到中等收入国家(或地区)的水平,并正向中上等收入国家或地区的水平(5625美元)迈进。然而在人均GDP快速增长的同时,城乡居民收入水平并没有显著提高。据统计,2007年广东城镇居民人均可支配收入仅17699.30元,同比增长10.5%,农村居民人均纯收入5624元,同比增长10.7%,扣除物价因素明显低于GDP的增长。居民收入占国民收入的比重和劳动报酬占初次分配的比重,均呈下降趋势。专家认为,人均GDP超过3000美元后,往往是一个国家或地区经济社会的转型期,也是社会矛盾的凸现期、多发期,弄不好,就无法跳出"中等收入陷阱",跨不上

"高收入国家的台阶"。特别是如果收入分配问题处理不好,差距过大,就会造成分配不公,出现社会动荡、经济停滞的局面。

因此,当前必须实行积极的工资政策,切实加强对企业收入分配的干预,切实提高低收入者的收入水平,促进分配公平,改善人民生活,增加有效消费,促进经济增长和社会稳定。

(注:《我国应当实行积极的工资政策》一文,发表于《21世纪经济报道》2007年4月30日。当时争论的主要观点,归纳起来主要有三:一是有人认为,搞市场经济,企业工资分配应当由市场调节,政府不应当干预;二是有人认为,工资分配问题很复杂,弄不好会影响经济发展,不想干预;三是有人认为,工资分配是最大的民生问题,是"双刃剑",政府应当干预,但目前无法干预。本文写于2008年,原文标题为《再论我国应当实行积极的工资政策》)

第三节 实行积极的工资政策势在必行

党的十七大报告提出:"合理的收入分配制度是社会公平的重要体现。""初次分配和再分配都要处理好效率和公平的关系。"要"着力提高低收入者收入,……逐步扭转收入分配差距扩大趋势"。党的十七大报告关于收入分配的重要论述,为我们指明了当前我国收入分配制度改革的方向。联系当前我国社会经济发展现状和企业工资分配实际,认真学习党的十七大报告,我们体会到,在我国社会主义经济进入新的发展阶段后,贯彻以人为本的科学发展观,构建和谐社会,必须及时调整并实行积极的工资政策,着力提高低收入劳动者的收入水平,逐步缩小收入差距。这对于促进分配公平和社会和谐稳定具有十分重要的意义。

在人均GDP接近2000美元这一新的发展阶段,工资仍然是广大劳动者收入的主要来源。我们应当审时度势,坚决按照中央关于"提低、扩中、调高、打非,促进共同富裕"的目标要求,深化企业工资制度改革,制定并实施以着力提高低收入劳动者收入水平为重点的积极的工资政策,加强对企业工资分配的干预、指导和调控,规范企业工资分配秩序,建立正常的增长机制,促进分配起点、过程和结果的公平。这对于促进合理分配,缩小收入差距,体现社会公平和建设和谐社会,显得很有必要,势在必行。

实行积极的工资政策,当前要重点抓好以下主要改革工作:

一是要着力提高广大低收入劳动者的工资水平。目前,我国最低工资立法层次低，规定不具体，缺乏刚性制裁措施，执行难度大，难以发挥保障和逐步提高广大低收入劳动者工资水平的作用。针对这一情况，我们应当加快工资立法，提高最低工资的立法层次，依法建立健全最低工资保障制度，进一步明确规定不同地区要根据当地经济发展水平、就业状况和物价以及人口赡养系数等因素，合理确定并不断调整提高最低工资标准的原则和方法，形成最低工资水平同经济发展同步增长的机制；要抓紧完善劳动标准，明确规定加班加点、休息休假、灵活用工的工资及特殊工种津补贴的发放办法等，严格执行最低工资制度，保障劳动者在超额劳动等特殊情况下获得报酬的权利。

二是要积极指企业深化工资分配制度改革。党的十七大报告提出，要"坚持和完善按劳分配为主体、多种分配方式并存的分配制度，健全劳动、资本、技术、管理等生产要素按贡献参与分配的制度"，阐述了按劳分配和生产要素按贡献参与分配的关系，我们要深入领会，准确把握其内涵。在我国社会主义市场经济条件下，按劳分配是基本分配制度，按要素分配是从属于这一基本制度的。政府要积极引导企业准确理解其内涵，引导企业依据按劳分配原则和企业生产特点，对不同岗位进行科学的测评，合理确定企业内部不同岗位人员的工资水平和工资关系，形成合理的薪酬结构体系，使分配向劳动要素倾斜；资本、知识、技术、经营管理等生产要素，可以按其贡献参与分配。但具体所占份额多少，需要进一步研究。

三是要积极引导企业建立健全工资集体协商制度，形成企业工资决定机制和利益制衡机制。当前要依据《劳动合同法》，抓紧制定"工资集体协商条例"，明确两个协商主体的法律地位和责任，培育协商主体，制定谈判规则和程序，特别是着重提高工会组织平等协商的能力。政府主管部门要加强对工资集体协商和签订集体合同的指导与监督，保证集体协商过程的公开、公平、公正，真正形成通过集体平等协商，决定本企业工资分配水平和增长幅度的机制，以此来确立企业工资分配的决定机制和合理增长机制。

四是要通过各种间接手段加强对企业工资分配的指导和调控。在社会主义市场经济条件下，积极的工资政策，不需要政府直接干预企业分配，而是需要政府采取经济、法律等间接手段，对企业工资分配给予积极的引导和调控。这些手段主要包括：①通过完善企业工资增长指导线、市场工资价位和人工成本预测制度，定期向社会公布相关信息，积极引导企业合理确定工资水平和增长幅度，合理调节企业内部各类人员的工资收入关系，以实现劳动者工资收入与生活水平在经济发展基础上稳步提高的目标。②完善工资支付保障制度，明确规定执法主体、违法责任及处理办法，加强对最低工资标准及工资支付情况的检查，规范企业分配秩序，确保法律规定落实到位，以保障劳动者取得合法收入的权益，体现社会公平。③切实加强对垄断行业工资分配的监控，包括对垄断企业严格实行工资增长控制线办法。垄断企业平均工资水平超过当地企业人均工资3倍以上的，要严格控制；要建立完善国有垄断企业经营者年薪制，合理确定经营者工资水平及其与本企业职工工资收入的比例关系，通过控制经营者年薪水平，调控职工分配水平；要进一步完善个人税收调节办法，加大调控力度。要通过逐步提高个人收入所得税起征点来减轻中等收入者的税负，加大对工资收入水平过高的企业和个人的税收调节，抑制过高收入。

总之，上述政策要以提高低收入劳动者收入水平为重点，以促进公平，实现共同富裕为目标，形成相互配套的、完整的政策体系，使广大劳动者的工资收入水平随经济发展而得到持续合理的增长，保证广大劳动者能够真正分享改革发展的成果。

（注：2007年，全国人大常委会先后颁布了《中华人民共和国劳动合同法》和《中华人民共和国就业促进法》，这两个重要法律对促进就业、建立和谐劳动关系，保障劳动者合法权益起到了积极作用。当年10月，党的十七大顺利召开，十七大报告全面阐述了科学发展观的科学内涵、精神实质和根本要求，明确指出"合理的收入分配制度是社会公平的重要体现"。"初次分配和再分配都要处理好效率和公平的关系"。要"着力提高低收入者收入，……逐步扭转收入分配差距扩大趋势"。根据十七大报告精神和当时的形势，笔者再次撰写了此文，强调实施积极的工资政策势在必行。本文写于2007年10月25日）

【参阅资料】党的十七大报告关于工资分配的论述

党的十七大报告提出实现全面建设小康社会奋斗目标的新要求，确保到2020年合理有序的收入分配格局基本形成，中等收入者占多数，绝对贫困现象基本消除。加快推进以改善民生为重点的社会建设。

深化收入分配制度改革，增加城乡居民收入。合理的收入分配制度是社会公平的重要体现。要坚持和完善按劳分配为主体、多种分配方式并存的分配制度，健全劳动、资本、技术、管理等生产要素按贡献参与分配的制度，初次分配和再分配都要处理好效率和公平的关系，再分配更加注重公平。逐步提高居民收入在国民收入分配中的比重，提高劳动报酬在初次分配中的比重。着力提高低收入者收入，逐步提高扶贫标准和最低工资标准，建立企业职工工资正常增长机制和支付保障机制。创造条件让更多群众拥有财产性收入。保护合法收入，调节过高收入，取缔非法收入。扩大转移支付，强化税收调节，打破经营垄断，创造机会公平，整顿分配秩序，逐步扭转收入分配差距扩大趋势。

第七章 实施工资倍增计划

【内容提要】 2007年，广东省委、省政府印发的《关于争当实践科学发展排头兵的决定》（粤发〔2008〕5号）第一次明确提出"实施城乡居民收入倍增计划。深化收入分配制度改革，力争至2012年实现城乡居民总收入比2007年翻一番"。这是实践以人为本，全面改善民生，符合民意的重要决策，对广东落实科学发展观，推动经济转型和发展方式转变，让人民群众充分分享发展成果具有十分重要意义。广东省委作出决定前，曾委托广东省社会科学院进行了研究，并形成《广东城乡居民收入倍增计划研究报告》，于2008年年初提交省委决策参考，同时部署有关部门进行了研究。实际上，广东提出实施收入倍增计划的客观背景是，近年来居民收入增速明显滞后于经济增长和财政增长速度，劳动报酬在初次分配中的比重持续下降，居民收入在国民收入中的比重持续下降。省社科院研究结果显示：从1998年至2007年，广东城镇居民人均收入增速与国民收入增速相差近一倍，工资涨幅已连续6年低于全国平均水平，职工工资绝对额水平低于上海、北京、西藏、浙江和天津，加上物价迅速上涨，低收入群体生活困难，内需不足，经济转型乏力。基于上述分析，省社科院认为，在未来5年内，广东省国民收入若按10%增长，物价指数保持在目前水平，居民收入年均增长10%至11%，就可以实现翻一番的目标。当时，笔者任劳动工资处处长，按照厅领导的部署，依据党的十七大报告精神，进行了相关研究。笔者认为，居民收入的80%源于工资，能否实现居民收入倍增，关键在于能否有效提高企业职工工资，尤其是低收入职工的工资水平。然而，工资分配是一把"双刃剑"，实施工资倍增计划有利有弊，要注意防止出现负面影响。实施工资倍增计划，要着力提高低收入者的工资收入水平，同时控制过高收入。政府要加强对企业工资分配的指导，建立企业工资正常增长机制，不能强迫企业给职工增加工资。本章收录的几篇文章，反映了笔者的上述观点。2009年年初，国务院召开常务会议讨论并原则通过《关于2009年深化经济体制改革工作的意见》，提出要加快出台关于加强收入分配调节的指导意见及实施细则，期望通过调整收入分配，增加居民收入，切实启动内需和消费，推动转变发展方式，为我国经济发展注入持续的动力。实践证明，实施工资倍增计划是积极工资政策的组成部分。在当时情况下，实施工资倍增计划，对于提低、控高，推动经济发展方式转变起到了积极作用。

第一节　收入分配领域要来一次大的思想解放

党的十七大报告指出："解放思想是发展中国特色社会主义的一大法宝。"时任广东省委书记汪洋同志在广东省委十届二次会议上强调："广东要争当实践科学发展观的排头兵，首先必须争当解放思想的排头兵，把思想从不适应、不利于科学发展的认识中解放出来，以新一轮思想大解放推动新一轮大发展。"这些重要论述为我们在新的发展起点上继续解放思想，深化改革，开拓创新指明了方向。当前我们的一些思想认识滞后于形势的发展，有的认识偏差甚至已成为发展的障碍。特别是在收入分配领域，思想认识上的误区和困惑，严重阻碍着改革的深化，阻碍着新制度新机制的建立和形成，亟须来一次大的思想解放，以推动分配制度创新，加快形成科学合理的收入分配格局，促进分配公平和社会稳定。

收入分配与人民幸福密切相关。合理的收入分配制度是社会公平的重要体现，是社会主义国家的本质要求，也是社会经济发展的主要动力。从企业工资分配制度改革历程及变化轨迹看，人们对收入分配的认识是随着改革进程而不断深化的。近30年来，我国收入分配领域的指导思想曾有三次重大的变化，或者说是三次大的思想解放。第一次是在改革开放初期，为了打破计划经济时期形成的平均主义"大锅饭"制度，邓小平同志多次提出："要让一部分地区，一部分人先富起来。"这一论述成为当时工资分配制度改革的重要指导思想，有力地指导人们大胆冲破计划经济时期工资分配观念的束缚，改革平均主义的工资分配制度，激发了人们的生产劳动积极性。第二次思想解放是在党的十四大确立了社会主义市场经济改革目标后，1993年11月召开的党的十四届三中全会报告进一步提出："个人收入分配要体现效率优先，兼顾公平的原则。劳动者的个人劳动报酬要引入竞争机制，打破平均主义，实行多劳多得，合理拉开差距。"这一重大指导思想，是围绕确立市场经济体制，坚持继续打破分配上的平均主义，充分发挥市场机制作用而确立的。它对于引导人们进一步冲破旧观念、旧体制的束缚，逐步建立与社会主义市场经济相适应的新型收入分配制度，调动人们的积极性，促进经济发展起到了十分重要的作用。但是，随着经济快速发展,长期实行这一政策,使社会成员之间的收入差距迅速扩大,基尼系数达 0.45 以上。有些地方甚至出现分配不公现象,严重影响了社会和谐稳定。针对这一新情况新问题,党的十七大报告在阐述深化收入分配制度改革时强调,要进一步解放思想,与时俱进。并明确提出:"初次分配和再分配都要处理好效率与公平的关系。"这是党中央针砭时弊,对收入分配指导思想的又一次重大转变和新的飞跃,是收入分配领域新一轮的思想大解放。认真回顾近 30 年来党中央关于收入分配指导思想的重要论述,我们深刻体会到党中央审时度势,不断根据变化了的形势,解放思想,与时俱进,及时提出新时期收入分配的新的指导思想。这对于指导我们在新的历史时期进一步解放思想,深化改革,建立新制度,促进大发展,建设和谐社会都具有十分重要的现实意义。

然而,当前在收入分配领域,我们不少实际工作者甚至一些理论工作者还没有充分认识党中央关于新时期收入分配重要论述的重大意义,思想认识还跟不上科学发展观的新要求,观念陈旧,认识滞后,严重制约着收入分配制度改革的深化。按照科学发展观的要求来衡量,笔者认为,当前在收入分配方面要继续在以下五个方面解放思想。

(1) 在市场调节与政府调控的关系上要继续解放思想,破除市场自动调节论、树立市场调节与政府调控辩证统一的新理念。一个时期以来,不少人受"倒 U 假说理论"的影响,片面地认为在市场经济条件下,收入分配应当由市场调节。通过市场调节,经济增长前期收入差距会扩大,而到了后期收入差距会自然而然自动缩小,实现分配公平。因而主张作为劳动力市场价格的工资,应当完全由市场调节,政府不要干预。实践证明,这些认识与"先污染后治理"的发展观如出一辙,片面强调市场的作用,而置人本身的利益于不顾,其思想根源在于片面追求 GDP 的增长,导致劳动报酬占 GDP 的比重过低,据国际劳工组织公布的数据显示,2000—2005 年,我国人均产出增长了 63.4%,而同期工资总额占 GDP 的比重却从 12% 下降到 10.91%,是 1978 年以来的最低点。科学发展观要求克服"见物不见人"的观念,树立以人为本的发展理念,在经济建设、社会发展等方面都要充分体现这一要求。以人为本,是科学发展观的核心,说到底就是走共同富裕的道路,促进人的全面发展。在收入分配这个问题上,我们应当充分认识到我国社会主义制度的性质和基本国情,不能寄希望于市场的自动调节。政府必须按照科学发展观的要求,进一步解放思想,重新认识与处理好市场与政府的关系,在充分尊重市场规律、发挥市场调节的基础性作用的同时，大胆采取适当有效的措施，加强政府对收入分配的宏观调控与干预，防止收入差距扩大和两极分化。

（2）要在处理效率与公平的关系上继续解放思想，破除唯效率至上的思想观念，树立以民为本、效率与公平内在统一的新分配理念。一个时期以来，我国在收入分配方面实行"效率优先，兼顾公平"的原则。这对于打破平均主义，激发人们的劳动积极性，提高经济效率起到了积极的作用。然而，在长期实行过程中，不少单位和企业片面强调效率、不顾公平。甚至认为"重视公平就要牺牲效率"。这是认识上的一个误区。这些不合时宜的思想观念和做法严重干扰了科学合理的收入分配体制和制度的建立，使社会公平明显失衡，使经济发展过程中效率与公平之间的矛盾不断深化，从而成为当前和今后进一步持续健康发展的障碍。所谓效率，是指投入产出的关系，通常用资源的量或制度运行的结果来表示。一般理解为在生产过程中所投入的生产要素没有出现浪费和以最低成本获得最大的产出（收益）。所谓公平，一般指分配的起点、过程和结果的公平、公正，保证收入差距适度，不能过大。可见效率与公平的关系是辩证统一的关系，要使两者互为条件，互相依存，互相促进。当前在收入分配方面解放思想，就是要按照中央的要求，在初次分配和再分配两个环节，都要处理好效率与公平的关系。特别是在初次分配领域，不能片面强调效率优先，忽视公平。如果只对少数经营者和技术人员给予畸高的报酬，对生产一线员工则尽可能压低工资，这不仅会损害公平，也会损害效率。因此，当前在初次分配的指导思想上，一定要注意处理好效率与公平的关系，更加注重公平。在具体工作上，要指导企业依法与工会或职代会平等协商，制定完善企业工资分配制度（方案），处理好企业内部不同岗位之间的分配关系，通过完善企业内部工资分配制度建设，实现效率与公平的内在统一。

（3）要在初次分配与再分配的关系上继续解放思想，改变初次分配重效率，由市场调节；再分配讲公平，由政府调控的旧观念。树立无论是初次分配还是再分配都要处理好效率与公平，市场与政府的关系，把两者放在同等重要的位置，重视抓好两次分配的新理念。一个时期来，不少人片面地认为，在市场经济条件下，初次分配讲效率，主要由市场机制调节。市场调节成为"放任自流"的代名词和挡箭牌，要求政府不要直接干预。在这种思想认识的支配下，政府主管工资分配的部门，不敢理直气壮地指导和管理企业的工资分配，初次分配中政府调控机制缺失，导致初次分配秩序混乱。同时，政府只是把主要精力放在再分配上，试图通过再分配的调节，实现社会公平。实践证明，如果初次分配只讲效率，不讲公平，就会导致分配差距过大。在这种情况下，靠再分配来调节，不仅成本很大，而且局面也很难扭转过来。在整个国民收入分配的体系中，初次分配是基础性的分配。特别是在社会主义初级阶段和人口众多、劳动力长期供大于求的特殊国情下，政府在初次分配领域如果无所作为，管理缺位，就难以保证实现社会的公平、公正。按照社会主义的本质要求，我们在这个问题上必须进一步解放思想，通过重视加强初次分配领域各项制度和机制建设来规范企业工资分配行为，为市场机制的运行提供良好的制度基础，从而实现效益与公平、市场调节与政府调控的内在统一。

（4）在按劳分配与按要素分配的关系上要继续解放思想，改变重资本、土地要素，轻劳动要素的观念，坚持树立以按劳分配为主的理念。党的十四大报告曾提出"生产要素按贡献参与分配"的理念。这对于增加生产要素的投入，刺激经济发展起到了很大的作用。但是一个时期以来，在执行过程中出现了偏差，不少人把劳动、资本、技术、管理、土地等生产要素并列起来，排在同等位置进行分配，结果导致劳动要素收入逐步下降，劳动报酬占初次分配的比重逐年下降。认识上长期的偏差，形成了重资本要素、轻劳动要素的惯性思维，阻碍了科学发展观的落实。在新的形势面前，我们要按照社会主义的本质要求，打破思维惯性，进一步解放思想，坚持以按劳分配为主的理念。首先，要充分认识到按劳分配中的"劳"不仅仅是劳动者的体力劳动，还包括智力、技术、管理等因素。其次在各要素中，要以"劳动"要素为主，劳动要素收入在各要素收入中应当占主体地位，要适当降低土地、资本要素的收益，提高劳动报酬在初次分配中的比重。最后，要坚持和完善按劳分配为主体，多种分配方式并存的分配制度，健全劳动、资本、技术、管理等生产要素按贡献参与分配的制度。在这两项制度中，按劳分配居主导地位，其他要素是参与分配的，居次要地位。在分配的理念上，要牢牢把握这一原则。

（5）在企业投资经营者（简称"企业主"）与职工的关系上，要破除企业自主分配就是企业主自行分配，职工不能参与分配的旧观念，树立企业工资分配由劳资双方平等协商决定的新理念。改革开放以来，我国逐步把工资分配权由国家集中管理下放给企业，让企业自主分配。这并不是把分配权交给企业主单方面决定，而是交给企业劳资双方，由双方根据本单位的经济效益和市场供求情况，通过平等协商确定。实践证明，如果企业工资分配变成企业主单方面任意决定，职工没有民主对话的权利，政府又没有进行有效的干预，那么就会导致分配不公，差距拉大。在这个问题上，我们要进一步解放思想，确立企业工资分配应当由劳资双方平等协商决定的机制，以利于体现民主自治，实现公平公正，形成企业工资正常增长机制。

在新的历史发展时期，上述收入分配领域五个方面不合时宜的旧观念，是唯 GDP 论的具体体现，是"见物不见人"观念的表现，它是与科学发展观相对立的。科学发展观说到底就是要以人为本，坚持可持续协调发展，走共同富裕的道路。因此，我们在收入分配领域要以科学发展观为指导，坚持按照社会主义的本质要求，来一次大的思想解放，采取有效措施，推动收入分配工作的大发展。当前要针对劳动报酬占初次分配的比重偏低问题，围绕建立正常的工资增长机制，深化以下几个方面的改革。

（1）在收入分配的微观方面，要指导企业依法建立科学合理的内部工资分配制度和工资集体民主协商制度，形成符合市场经济要求的企业民主自治、平等协商的工资决定机制、正常合理的增长机制和公平合理的工资分配制度。

（2）在中观层次，政府要进一步健全工资指导制度，及时发布劳动力市场工资指导价位、工资指导线和人工成本信息，以及国家有关工资分配政策法律，加大政策宣传引导力度，强化信息对企业工资分配的正确引导。

（3）从宏观层面来说，政府要着力围绕提高低收入劳动者收入水平和工资保障问题，主动根据经济增长、物价水平和就业状况，实施工资倍增计划，连续 3 年调整提高最低工资标准，着力提高低收入劳动入者收入水平；同时加强对垄断企业、国有企业工资分配的监督检查，规范分配秩序，防止收入差距过大；依法加强对非公有制企业工资分配监察，及时处理拖欠克扣工资等违法行为，健全工资支付保障机制，保护劳动者的正当合法收入。

此外，树立现代薪酬理念，积极探索实行员工持股计划，资本、技术、知识和管理等生产要素按照市场经济规则依法参与企业收益分配，使员工分享企业发展成果等。

总之，要按照科学发展观的要求，进一步解放思想，大胆突破体制上的障碍，在中央和省一级建立统一的收入分配咨询决策机构（委员会），积极引导用人单位建立起一整套适应社会主义市场经济发展需要的收入分配制度和正常增长机制，促进社会公平和可持续健康发展。

（注：本文针对劳动报酬占初次分配的比重偏低问题，提出围绕建立企

业工资正常增长机制，着力提高低收入劳动入者收入水平，促进工资合理增长问题，引起社会重视。本文发表于《广东经济》2008年4期，《南方日报》2008年3月18日以《走出收入分配领域的认识误区》为题，予以发表，多家报刊予以转载。收录时有删节）

第二节　坚持以人为本，积极实施企业职工工资倍增计划

最近广东省委发布《关于争当实践科学发展观排头兵的决定》，明确提出"实施城乡居民收入倍增计划，力争至2012年实现城乡居民收入比2007年翻一番"。这不仅充分体现了以人为本科学发展观的根本要求，而且充分反映了广大人民群众的期盼，充分表达了广东各级党政领导改善民生的决心。我们必须全力以赴，采取多项措施，坚定不移地贯彻执行。

城乡居民收入，一般包括工资性收入、经营性收入、财产性收入和转移性收入等。据统计，目前，在城镇居民人均可支配收入中，工资性收入约占80%。可见，能否实现城乡居民收入倍增计划，在很大程度上取决于劳动者工资性收入能否有一个较大幅度的增长。因此要保证实施城乡居民收入倍增，其中最重要的是要把全面实施企业职工工资倍增计划作为促进居民收入倍增的重要措施来抓。

然而，对于提高职工工资水平问题，目前仍有许多不同看法，在一定程度上影响了城乡居民收入倍增计划的实施，必须予以澄清。有人认为，"在市场经济条件下，工资分配应当由市场调节，政府不应干预"。笔者认为，在市场经济条件下，工资分配应当遵循市场规律，充分发挥市场的基础性调节作用，这是不容置疑的。但是如果没有政府干预，完全由市场调节，必然出现贫富悬殊和两极分化。尤其是在我国劳动力长期供大于求的情况下，任由市场调节，其结果是企业人为地压低生产一线职工工资。据调查，目前广东劳动密集型企业大多数以当地最低工资标准作为职工的起点工资，企业一线岗位工资水平低于当地平均工资的职工人数占71.5%，其中低于当地平均工资50%的职工占26.9%。工资低导致居民收入减少，显失公平。有人认为，"提高工资水平，会增加企业成本，妨碍经济发展"。其实，这是一个认识上的误区。长期以来，我们片面地把追求GDP增长视为衡量经济发展的唯一尺度，过度依赖增加投资和扩大出口来拉动经济增长，过度压低职工工资，形成了高投入、高消耗、高污染、低效益的发展

模式。这些以廉价劳动力为主要竞争手段的企业，不愿提高工人工资。一旦提高职工工资，就大呼会增加成本，这样企业办不下去了。实际上，目前我国企业人工成本相对来讲是比较低的，工资只相当于美国的 1/20，日本的 1/24。在出口受阻和银根紧缩的新形势下，如果我们不及时转变发展思路和转换发展方式，通过扩大内需来拉动经济增长，就难以实现经济的持续快速健康发展，甚至会陷入滞胀的状态。然而，要扩大内需就必须重视逐步提高职工工资水平，增加居民收入，提高居民实际购买力。这不仅不会阻碍经济发展，反而可以通过扩大内需来促进经济增长。

还有人说，目前"提高工资会促使工资与物价轮番上涨"。这个观点也是站不住脚的。专家认为，近年来，随着物价、房价和股价等因素的变动，导致在按生产要素分配中，资本所得占比越来越大，劳动所得占比越来越小。据统计，1990—2005 年，劳动报酬占 GDP 的比例从 53.4% 降至 41.4%。经济增长的成果向富人倾斜，劳动人民得到的实惠却相对减少。尤其在目前物价上涨的情况下，中低收入群体不仅住房难、看病难、上学难，而且连基本生活支出都感到困难。在这一情况下，采取适当措施，较大幅度地提高职工工资水平尤其是低收入者的工资水平，不仅不会促使工资物价轮番上涨，而且可以通过改善民生，扩大内需，促进经济正常增长。

马克思经济理论告诉我们：劳动力是一种特殊商品，工资是劳动力商品价值或价格的转化形式。劳动力价值包括三个部分：第一，维持劳动者自身生存所必需的生活资料的价格；第二，劳动者繁衍后代所需要的生活资料的价格；第三，劳动者接受教育与培训所支出的费用。由此可见，在增加居民收入这个问题上，我们要坚定不移地坚持以人为本的科学发展观为指导，进一步解放思想，真正把思想认识从"重物轻人"的桎梏中解放出来，真正把思想认识转到科学发展观的轨道上来，把改善民生，促进人的全面发展作为经济社会发展的最终目的。只有如此，才能增强我们对实施居民收入倍增计划的信心和决心。

那么，在解放思想，解决好思想认识问题的同时，我们应当采取哪些措施，保证实现城乡居民收入倍增计划呢？笔者认为，现阶段工资仍然是城镇居民收入的重要来源，要实现城乡居民收入倍增目标，就必须采取有力措施，实施积极的工资政策和企业职工工资倍增计划，使占从业人员大多数的企业职工工资水平有一个较大幅度的增长。总的思路是，围绕倍增计划目标，推进制度创新，建立两大机制，形成合理格局，共享发展成果。

（1）要创新工资分配制度，建立完善最低工资保障制度，着力提高低收入劳动者的工资水平。国家要尽快通过完善工资立法，全面建立与经济发展及物价增长相适应的最低工资标准调整机制，在当前物价上涨幅度大、工资水平偏低的情况下，要坚持做到最低工资标准每年调整一次；同时充分考虑城镇居民生活费用支出、职工个人缴纳社会保险费和住房公积金等因素，科学合理地确定调整方法和幅度，使最低工资能够满足赡养人口的基本生活和繁衍后代的需要。任何单位和任何工资分配形式，都要执行最低工资保障制度的规定，否则要追究法律责任，以便形成最低工资标准随经济发展逐步提高的正常调整机制。

（2）要大力推动企业建立具有中国特色的工资集体协商制度，形成符合市场经济发展需要的企业工资决定机制。当前要着力培育工资协商主体，解决好职工代表缺位以及企业工会真正代表工人，维护职工权益问题，形成劳资双方主体地位平等、力量均衡的协商机制；要鼓励工会组织积极开展工资集体协商要约行动，促进集体协商的健康有序发展。同时加强业务培训，逐步提高协商主体的谈判能力，通过合理有序的协商，切实解决好企业或行业内部工资分配的重大问题。各级政府要通过依法完善三方机制，加强对集体协商的指导。在协商不成时，要加强干预，促成协商，及时解决工资分配中的重大问题，促进企业工资分配微观决定机制的形成。

（3）要指导企业依法建立科学合理的工资分配制度。在体制转轨期间，计划经济时代实行的一整套工资分配制度被打破后，目前大部分企业内部适应市场经济发展的科学合理的工资分配制度尚未形成，导致企业内部工资分配关系不合理、分配秩序混乱两大问题十分突出。具体表现为企业经营者及高管人员工资水平偏高、增长快、灰色收入多；普通职工工资水平低、增长慢、福利待遇少。用资本赚钱越来越多，靠劳动尤其是体力劳动收入越来越少，劳动报酬占初次分配中的比例逐步下降，经济增长的成果向富人过度倾斜，企业职工难以享受到发展的成果。对此，政府应当依法加强企业工资分配的指导和干预。着重指导企业通过法定的民主程序制定工资分配方案，合理确定经营者年薪水平，合理确定企业内部不同岗位的工资分配关系，切实改变企业工资分配由老板单方面说了算的状况。这要形成一个制度。对没有通过法定程序制定工资分配方案或工资集体协议，不依法报送劳动行政部门备案的，政府要依照《劳动合同法》进行干预，促使企业工资分配合理化、规范化。

此外，还要进一步建立完善工资指导线制度、工资支付保障制度和收入分配联席会议制度，加强企业工资分配的宏观调控，适时采取经济、信息、法律、税收等多种手段,加强政府对企业工资分配的指导、调节和干预,着重研究解决工资分配中的突出问题,规范企业工资分配行为。

总之,我们要通过上述制度创新,在全社会真正形成符合市场经济发展要求的企业工资决定机制和工资正常增长机制。一方面,通过劳资双方平等协商决定企业薪酬分配的总额、方式和增长幅度,逐步形成适应市场经济的工资决定机制。另一方面,通过上述制度的相互作用,形成企业职工工资水平随经济增长及物价变动等相应增长的机制和调控机制。特别是使普通职工在企业效益增长的基础上,其工资按劳动贡献,以较快的速度增长,以真正体现以按劳分配为主,共享经济发展成果的正常增长机制,从而扭转收入分配差距扩大的趋势,逐步形成合理有序的分配格局,最终实现共同富裕。

(注:本文发表于广东省企业联合会主办的《调查与研究》2008年第38期,《南方日报》曾以《把实现企业职工工资倍增作为重要措施》为题,于2008年7月2日摘要发表)

第三节 工资倍增计划是可以实现的

近日来,不少媒体对广东准备实施"企业职工工资倍增计划"(以下简称"工资倍增计划")进行了连续报道,一时成为热议的焦点,反映出社会各界对实施"工资倍增计划"的期盼和忧虑。有人说,"工资倍增计划"是画饼充饥,难以实现。有人担心,此项计划是指导性的意见,在企业难以实施。有的企业担心,提高工资,增加强企业成本,企业没有效益,哪有钱来涨工资?笔者认为,上述担心和顾虑是可以理解的。其原因在于人们对此项计划的内涵还缺乏足够的认识和了解。

实施"工资倍增计划",是广东省劳动和社会保障厅贯彻落实省委、省政府《关于争当实践科学发展观排头兵的决定》(粤发〔2008〕5号)中关于实施城乡居民收入倍增计划而采取的一项重要措施。反映了广大群众的期盼,也充分表达了广东各级党政领导坚持以人为本、改善民生的决心。在经济不出现大波动的情况下,这项计划目标是可以实现的。所谓"工资倍增计划",是指从2008年起,通过实施积极的工资政策,力争用5年左右的时间实现全省企业在岗职工人均工资年均递增12%以上,力争到2012年全省企业在岗职工年人均工资比2007年翻一番,比2000年翻两番,重点是提高低收入劳动者的工资收入水平,让广大职工分享到改革发展的成果。

这里讲的"人均工资"是指全省企业在岗职工平均工资，这意味着工资倍增不是要求每个企业工资都要翻一番，而是效益好的企业，工资增长可以快一些，效益不好的企业不一定同步增长；也不是要求每个职工的人均工资都要倍增，而是着力提高低收入职工的工资水平，从而做到"社会人均工资"倍增。具体到每个企业、每个职工的工资能否实现倍增，取决于各个企业的劳动生产率和经济效益，取决于职工个人的劳动能力和劳动贡献。效益好的企业工资可以多增长一些，劳动贡献大的员工的工资可以多增长一些。反之，则有可能增长少一些。我们必须对"工资倍增计划"有一个全面的理解。它确实是政府遵循市场经济规律即将出台的一项宏观指导性计划，是政府根据社会经济发展需要提出来的，体现了政府改善民生的决心。其目的是从整体上提高职工的工资水平，从而增加城乡居民收入。重点是通过着力提高低收入企业职工收入，从而推动企业职工工资水平的整体提高。同时要调节过高工资收入，扩大中等收入者队伍，改善工资分配关系，促进分配公平，逐步形成科学合理的工资分配格局，促进经济社会持续、协调、健康发展。据统计资料显示，改革开放30年来，我省经济持续快速发展。近10年全省GDP总量年均增长15.42%，人均GDP年均增长12.08%，企业在岗职工人均工资年均增长10.69%。劳动者报酬占GDP的比重从1978年的60.6%降至2006年的38.7%，企业所得的营业盈余却从1978年的14.6%逐年攀升到2006年的31.3%，导致劳动报酬占GDP的比重越来越低，居民收入占国民收入的比重越来越低。职工工资水平长期偏低，不仅不利于扩大内需，制约着经济的持续健康发展，而且也影响了社会稳定。因此，及时提高企业职工工资水平就显得十分必要。

然而，在社会主义市场经济条件下，"工资倍增计划"总体上是指导性的。对企业来讲，是软约束。那么，政府怎么保证实现这一目标呢？政府应当遵循市场经济规律，采取如下措施：一是依法完善最低工资保障制度，着力提高低收入职工的工资水平。力争从2008年起，连续几年调整提高企业职工最低工资标准，至2012年实现最低工资标准比2007年翻一番以上，从而推动职工工资水平整体提高。由于最低工资保障制度是国家法律规定的，这对企业来说，是一项硬约束，各类企业都必须严格执行。当然，政府制定最低工资标准，必须依据经济增长、物价、就业状况和人口赡养系数等多个因素，用科学办法合理确定，必须充分考虑企业的承受能力，企业不必担忧。二是切实加强对企业工资增长的指导。政府每年都应当根据宏观经济形势状况及时发布企业工资指导线，引导企业合理确定年度职工工资增长幅度。企业要根据政府发布的工资指导线和本企业效益情况，通过民主程序制定本企业工资指导线的实施方案，并报同级劳动和社会保障部门备案，以保证"工资倍增计划"落到实处。有人说指导线也是软的，企业不执行怎么办？这就需要采取第三条措施——全面推行工资集体协商制度，形成适应市场经济发展要求的企业工资决定机制和正常增长机制。在市场经济条件下，企业职工工资能否增长，增长多少，不能只是由企业资方单独决定，而是应当由企业劳资双方根据市场供求情况协商决定。我国劳动力长期供大于求，目前仍存在着强资本弱劳工的状况，劳动者往往处于不利地位，难以与资方开展平等的工资集体协商，因此政府要进行干预。及时发布工资增长指导线，让全社会都知道政府的宏观调控意图。这就是一种间接的调节和干预。企业劳资双方依据政府发布的工资指导线和本企业劳动生产率、经济效益等情况进行平等协商，依法确定本企业（行业）的工资分配制度和分配水平，形成适应市场经济发展的企业工资共决机制和正常增长机制。在这里需要加强基层工会组织建设，充分发挥工会的作用，积极开展平等、民主的集体协商，这对于落实工资倍增计划有着十分重要的作用。

此外，还必须强调指出的是，提高企业职工工资水平涉及广、政策性强，是一项系统工程。当前我国经济社会发展已进入重要的转型关键期，经济增长速度有可能放缓。在这种情况下，能否较大幅度地提高职工工资水平，将是我们面临的一个难题。这对政府和企业是一个考验。当前和今后一个时期，各级政府应当坚持以科学发展观为指导，拿出最大的勇气，正确处理好经济发展与改善民生的关系，在宏观经济政策方面，要依靠科技进步加快产业调整升级，同时通过减税让利、稳定汇率、稳定物价等调控政策，为企业生存发展营造良好的环境。企业必须加强内部管理，通过技术改造等多种途径，降低生产成本，提高经济效益，增强人工成本提高的承受能力，以保证"工资倍增计划"目标的全面实现。我们相信，只要全社会共同努力，采取措施得当，"工资倍增计划"目标是可以实现的。

（注：本文写于2008年6月，《羊城晚报》以《工资倍增计划需有多种措施配套》为题于2008年7月16日摘要发表，《南方日报》等多家报刊也曾发表）

广东企业工资制度改革探索与创新

第四节 关于实施工资倍增计划的几个热点问题解答

一、广东为什么要实施"工资倍增计划"

实施居民收入倍增计划,是广东省委省政府根据我省经济社会发展目标要求提出来的。省劳动和社会保障厅根据省委的部署要求,制定了工资倍增计划。计划从2008年开始到2012年左右全省在岗职工人均工资比2007年翻一番,比2000年翻两番,实现职工工资与经济发展实现同步增长,使广大人民充分享受到改革发展的成果。

党的十七大报告提出"到2020年全国实现人均国内生产总值比2000年翻两番"的目标。同时提出,"社会建设与人民幸福安康息息相关。必须在经济发展的基础上,更加注重社会建设,着力保障和改善民生"。从我省经济社会发展情况来看,至2007年全省国民生产总值已达30606亿元,比2000年翻了一番多。截至2007年上半年,全省在岗职工人均工资约为2.8万元,已经实现比2000年在岗职工人均工资1.38万元翻一番,但居民收入占GDP的比重还比较低。按照党的十七大报告的精神,结合我省实际,我们明确提出要实施"工资倍增计划",在未来几年中根据我省经济发展和物价增长等因素,以政府为主导,采取有力措施,逐步提高居民收入在国民收入中的比重,提高劳动报酬在初次分配中的比重,特别是通过着力提高低收入劳动者的工资水平,推动广大劳动者工资水平有一个明显的增长,力争用5年左右的时间,实现在岗职工人均工资比2007年翻一番。这是在特定的历史时期和特定的条件下提出来的着重提高低收入者收入水平的应对举措,不是任何时候都要实行的。

二、什么是"工资集体协商三年行动计划"?我省将采取哪些具体举措推动工资集体协商

工资集体协商是用人单位工资分配决定的基本方式。《劳动合同法》明确规定要建立工资集体协商制度。根据法律规定和广东省实际情况,省劳动和社会保障厅与省总工会、企业联合会联合发文,明确提出从2008年开始,广东省将全面依法实施"工资集体协商三年行动计划",力争到2010

年年底，全省已组建工会的企业建立工资集体协商制度的比例达到60%（其中2008年的目标为35%），未组建工会的企业，要通过开展行业（区域）性工资集体协商，扩大覆盖面。

工资集体协商的内容一般包括企业工资总额、工资分配水平、工资分配标准、形式和工资调整幅度、职工特殊情况下的工资待遇以及劳动定额、计件单价等事项。由企业和工会或职工代表在国家有关法律法规及宏观调控政策的规范下，根据政府发布的工资指导线、市场工资指导价位、城镇居民消费价格指数以及企业劳动生产率、经济效益和人工成本水平等因素进行平等协商，签订工资集体合同。

广东省自2001年开展工资集体协商试点工作以来，各地积极推进工资集体协商工作，取得重要进展，目前全省已有7万多家企业开展工资集体协商，签订了工资集体合同，实现了职工工资水平与企业经济效益同步增长，对于推动企业建立职工工资正常增长机制，维护劳动者的合法权益，发展和谐稳定劳动关系起到了重要作用。实践证明，建立工资集体协商制度，是市场经济条件下企业工资决定机制的重要表现形式。在新的形势下，按照党的十七大报告精神，广东省将通过深化企业工资改革，采取有力措施，实施"工资集体协商三年行动计划"，推动企业建立工资正常增长机制。一是加强宣传引导，形成开展企业工资集体协商的良好社会氛围。二是着力培育协商主体，增强协商能力。当前要着重在企业建立工会组织或职工代表大会制度，加强基层工会组织建设，调动职工民主参与工资集体协商的积极性。三是加强工资集体协商指导员业务培训，实行持证上岗，形成一支精通劳动法律法规政策，会协商的高素质的工资集体协商指导员队伍，提高工资集体协商的质量和实效。四是进一步健全劳动关系三方机制。县以上政府要依法建立完善劳动关系三方机制，充分发挥三方机制的作用，加强引导和推动，形成工作目标趋同、政策指导到位、通力合作的工作格局，推动工资集体协商工作深入开展。

三、广东应当如何建立企业工资正常增长机制和调控机制

改革开放以来，随着我省工资分配改革的不断深入，职工的工资水平也得到稳步提高。但在工资分配领域中仍存在不少问题，主要表现在：垄断行业职工收入过高，收入分配秩序混乱；劳动密集型行业和企业职工工

资收入过低,尤其是一线生产岗位职工工资增长缓慢;社会从业人员之间的工资收入差距不断扩大,劳动报酬占初次分配的比重偏低,与我省经济发展水平不相适应,影响了和谐社会的建设。

党的十七大对收入分配问题做出了一系列重要论述,明确提出"深化收入分配制度改革,增加城乡居民收入。要坚持和完善按劳分配为主体、多种分配方式并存的分配制度,健全劳动、资本、技术、管理等生产要素按贡献参与分配的制度,初次分配和再分配都要处理好效率和公平的关系。要逐步提高居民收入在国民收入分配中的比重,提高劳动报酬在初次分配中的比重。着力提高低收入者收入,逐步提高扶贫标准和最低工资标准,建立企业职工工资正常增长机制和支付保障机制"等。根据党的十七大报告的部署要求,在新的一年里,广东省要加大工作力度,深化企业工资分配制度改革,进一步建立健全企业工资正常增长机制和调控机制,逐步扭转收入分配差距扩大趋势。主要采取以下四项措施。

(1) 进一步完善最低工资保障制度,着力提高低收入劳动者的工资水平。要根据实际,实施最低工资标准调整计划,建立起与社会经济发展同步增长的最低工资调整机制,计划从2008年起,连续3年提高最低工资标准,使最低工资标准水平以略高于经济发展水平的速度增长,推动低收入劳动者工资收入水平整体提高,使广大劳动者充分享受社会经济发展的成果。

(2) 进一步完善工资指导线和劳动力市场工资指导价位制度。建立完善市场工资指导价位和工资指导线制度,是当前政府加强企业工资分配宏观调控和指导的重要内容。目前要进一步完善这项制度。一是建立全省统一的薪酬调查和信息发布制度,增强劳动力市场工资指导价位的真实性,提高制定工资指导线的科学性和合理性。二是定期向社会公布劳动力市场工资指导价位和工资指导线,加强工资指导线对企业工资增长的引导和调控。三是引导企业依据政府发布的工资指导线和劳动力市场工资指导价位,合理安排工资增长幅度,确保职工工资适度增长,逐步形成新的工资正常增长机制。

(3) 切实加强对国有垄断企业工资分配的宏观调控。要通过深化改革,进一步完善国有企业工效挂钩办法或工资总额管理办法,建立企业工资总额、职工工资随经济效益增长而提高的工资正常增长机制。对于在岗职工平均工资相当于当地城镇在岗职工平均工资3倍(含3倍)以上的垄断企业,要在实行工效挂钩基础上,严格实行分档计提办法,适当降低增长速度，防止工资过快增长。对非公有制企业，重点推行工资集体协商制度，经依法协商确定的工资总额，经当地劳动和社会保障部门审核同意，允许据实在税前列支，以提高工资分配水平。

（4）进一步完善企业工资内外收入检查制度。要依法建立政府有关部门在企业工资分配方面的协调机制和监督机制，规范企业工资分配秩序，加强对国有企业特别是国有垄断性企业执行国家劳动工资政策情况，进行定期或不定期抽查，合理规范国有企业及其经营者收入分配秩序，消除灰色收入，打击非法收入，促进分配公平。

（注：实施工资倍增计划，曾一度引起社会热议。本文是笔者任广东省劳动厅领导时接受记者采访的文稿，目的是进一步澄清，实行工资倍增计划是在特定的历史时期和特定的条件下提出来的，目的是着重提高低收入者收入水平，来增加人民群众的获得感，是一个特定条件下的应对举措，不是任何时候都要实行的。本文写于2008年1月18日）

【参阅资料】广东省委、省政府《关于争当实践科学发展观排头兵的决定》（摘要）

为全面贯彻党的十七大精神，深入贯彻落实科学发展观，继续解放思想，坚持改革开放，争当实践科学发展观的排头兵，特作出如下决定。

七、以增加城乡居民收入为重点，全面提升民生质量

坚持民生为重，促进社会公平正义，努力使全体人民学有所教、劳有所得、病有所医、老有所养、住有所居，实现幸福安康，推动和谐社会建设。

（1）实施城乡居民收入倍增计划。深化收入分配制度改革，力争到2012年，实现城乡居民总收入比2007年翻一番。全面建立与经济发展及物价增长相适应的最低工资标准调整机制，加快最低工资标准法制化进程。推进企业职工工资集体协商制度，完善企业工资正常增长机制和支付保障机制，建立科学合理的国有企业职工薪酬制度，逐步提高企业退休人员收入福利水平。构建创业服务平台，以创业带动就业。落实涉农补贴到户政策，强化农业服务体系建设，促进农业增产农民增收。建立健全机关事业单位人员工资正常增长机制，合理调节地区间机关事业单位工作人员收入差距。增加城乡居民财产性和转移性收入。建立收入分配联席会议制度。

（2）加快完善覆盖城乡惠及全民的社会保障网。建立广覆盖、保基本、多层次、可持续的社会保障体系。建立健全公共财政政策体系，促进

社会福利和基本公共服务均等化。积极探索财政补助、国有资产收益划转等多渠道社保资金筹集方式。改革养老保险省级调剂金办法，强化富裕地区支持欠发达地区的责任机制。2009年实现养老保险省级统筹和省内无障碍转移。完善城镇职工基本养老保险制度，加快建立农村养老保险制度，积极探索以个人账户为核心的养老保险制度改革，实现人人享有养老保障。全面推进城镇基本职工医保、城镇居民基本医保、新型农村合作医疗、城乡医疗救助制度建设，加快实现全民医保。有条件的地方实行城乡医保一体化管理。健全以低保和救灾救济为主体的社会救助，以优抚和退役士兵安置为重点的优抚安置，以服务老年人、残疾人、孤儿为主的社会福利服务三大保障体系。根据经济社会发展水平调整低保标准。提高优抚对象抚恤补助标准。依法落实农村"五保"、城镇"三无"救济对象不低于当地群众平均生活水平的政策。提高贫困线标准，完善扶贫开发机制，做到规划到户，责任到人，加快消除绝对贫困现象。创新社会福利服务管理体制，率先建立社会工作职业制度，拓展社会志愿服务，大力扶持和发展社会慈善事业，加快发展老龄事业，全面提升我省社会福利的整体水平。

（3）切实解决住房、医疗和教育等突出民生问题，构建住房保障体系。继续实施农村安居工程，加快完成农村危房和泥砖（茅草）房改造。加快生存环境恶劣的边远山区、贫困地区人口的搬迁安置工作。加快建设廉租房、引导开发中低价商品房，逐步解决和改善中低收入群体的住房问题，深化货币分房制度改革。构建覆盖城乡的公共卫生服务体系，加强社区和乡镇医疗机构建设。改革创新公立医院管理体制，健全公共卫生服务经费保障机制，提高群众的医疗保障水平。建立基本药物制度和药品供应保障机制，完善医疗价格管理体系。加强食品药品监管，保障人民群众饮食用药安全。推进中医药强省建设，发挥中医药在基本医疗卫生制度中的作用。构建和谐医患关系。鼓励社会资金投向医疗卫生事业。改进机关事业单位工作人员医疗保障政策。加快推进农村改水工程，全面解决饮水安全问题。落实家庭经济困难学生资助政策，逐步解决进城务工人员子女平等接受义务教育问题。严格控制人口增长，提高人口质量，调整人口结构。确保粮食安全。

各地各部门要根据本决定精神，制定有关行动纲要、实施意见和配套措施。

（此件发至县）

（注：此文为党的十七大后，广东省委、省政府印发的一个重要文件。全文共十大部分，这里仅摘录第七部分，表明"实施城乡居民收入倍增计划"是省委、省政府根据当时经济社会发展的形势明确提出来的。文号为粤发〔2008〕5号，2008年6月19日印发）

【参阅资料】实施居民收入倍增计划的背景资料

广东省社会科学院《广东城乡居民收入倍增计划研究报告》披露：与本省经济增长速度相比，广东城乡居民收入增长速度尤其偏低。从1998年至2007年间，广东国民生产总值增长非常快，大部分年份都保持在两位数的增幅，2004年增幅高达19.1%，10年间国民生产总值的年均增长速度超过14.5%。但是城乡居民收入增长速度则远比不上国民生产总值增长速度。在这10年里，城镇居民人均可支配收入年均增长速度只有7.6%，与国民生产总值增长速度相差近一倍。而且，从2003年以来，城镇居民可支配收入的增长速度还有逐年滑落的迹象，农村居民人均纯收入增长速度更慢。1998年至2007年间，农民人均纯收入平均每年只增长5%，有些年份几乎停滞不前。历年广东农村居民收入增长量几乎在一个水平线上，而国民生产总值却是快速向上飙升。这表明，广东经济高速发展的同时，人民群众并没有充分分享到发展的"红利"。广东的工资水平与其经济社会发展水平也不相称，工资增幅不仅没有与国民生产总值同步，而且还严重滞后于国民生产总值的增长。2006年工资增幅落后国民生产总值近5个百分点，达到7年来的最大差距。

报告指出，与全国平均水平相比，城乡居民收入增长速度明显偏低。广东国民生产总值连续19年全国居首，10年来增长幅度平均达到14.5%。但是，广东城乡居民收入增幅却一度低于全国平均水平。统计显示，1998年至2007年间，广东城镇居民人均可支配收入，除了2003年外，其余9年均低于全国平均水平，而且差距相当大。其中，1999年、2002年、2007年的增幅仅为全国的一半左右。10年平均增幅，全国为10.5%，广东仅为7.6%。

资料还显示，广东已连续6年工资增幅低于全国平均水平，特别是2005年广东工资涨幅降到近几年的最低点8.8%。2007年，这种趋势继续延伸：第二、三季度，广东职工工资的平均增幅为10%、10.1%，低于同期全国18.5%、18.8%的平均水平，位列全国倒数第一。2001—2006年，上海、江苏甚至辽宁等省市，其工资增幅14%以上，广东的年均增幅只有

11%左右。

（注：《研究报告》是省社科院根据省委的部署组织撰写的，曾摘要发表于《广州日报》2008年7月16日要闻版）

第八章　规范收入分配秩序，保障分配公平

【内容提要】 2006年10月，党中央召开十六届六中全会通过的《关于构建社会主义和谐社会若干重大问题的决定》（简称《决定》），针对当时收入分配领域存在的突出问题，明确提出把"完善收入分配制度，规范收入分配秩序"作为构建和谐社会的重要内容。根据中央的部署和广东工资分配的实际情况，笔者从建立适应社会主义市场经济发展需要的企业工资分配制度角度，提出完善企业工资分配制度，规范收入分配秩序，保障分配公平，推动和谐社会建设的政策建议。本章收录的几篇文章，集中讨论了这些问题。

第一节　加强制度建设，保障分配公平

当前企业分配不合理与收入差距拉大问题已成为社会各界关注的焦点。党中央对收入分配问题十分重视。党的十六届六中全会《决定》明确提出要"完善收入分配制度，规范收入分配秩序"。"在经济发展的基础上，更加注重社会公平，着力提高低收入者收入水平，逐步提高中等收入者比重，有效调节过高收入，坚决取缔非法收入，促进共同富裕"。认真学习六中全会的有关论述，我们深刻体会到，当前及今后一个时期，切实加强企业工资分配制度建设，对于保障分配公平，建设和谐社会，具有十分重要的现实意义。

制度是实现社会公平正义的根本保证。在市场经济条件下，保障收入分配公平，关键在于加强企业工资分配制度建设。近年来在体制转轨过程中，我们在深化企业工资分配制度改革方面，积极推进制度创新，初步建立了一些保障公平的企业工资分配制度。例如，①建立了最低工资保障制度。广东自1994年开始建立最低工资保障制度，制定并颁布最低工资标准，到目前为止，已对最低工资标准进行了7次调整，使最低工资标准中一类地区的标准从1994年的320元提高到2006年的780元（深圳810元），逐步提高了低收入者的收入水平。②初步建立了市场工资价位和工资指导线制度。2001年，广东省劳动和社会保障厅发出《关于企业建立企业工资指导

线和劳动力市场工资指导价位的通知》，提出以中心城市为依托，建立覆盖全省各地、各行业（职业）的多层次的劳动力市场工资价位信息发布制度和工资增长指导线。目前广州、深圳等15个地级市已基本建立起这项工资制度，公布了近500个工种的工资价位信息，初步发挥了市场工资价位和工资增长指导线对企业工资分配的引导作用。③积极探索建立工资集体协商制度。自2000年劳动和社会保障部发出《工资集体协商试行办法》以来，广东各地积极在非公有制企业探索建立工资集体协商制度，由企业主和工会组织根据社会平均工资水平、本企业经济效益状况，参照本地区政府公布的企业工资增长指导线和市场工资价位，通过平等协商，决定工资增长水平和企业内部职位工资。目前全省已有43700多家企业签订了工资集体协商协议，开始建立工资集体协商制度，初步形成企业工资增长决定机制。④继续探索建立国有企业工资分配宏观调控制度。近年来，各地不断推进国有企业工资分配制度改革，将工资分配权由过去的行政直接控制向间接控制转变，对已完成公司制改造、法人治理结构完善的企业，在工资总额增长幅度低于本企业经济效益增长幅度，职工实际平均工资增长幅度低于本企业劳动生产率增长幅度（两个低于）的原则下，由企业自主确定工资总额，自主决定内部员工工资，初步形成了国有企业工资增长的决定机制。⑤建立工资支付保障制度。针对一些用人单位恶意拖欠、克扣劳动者工资的情况，省人大常委会于2005年1月颁布了《广东省工资支付条例》，明确要求建立工资支付预警、监督检查制度，依法对用人单位工资支付情况进行监督检查，及时处理拖欠、克扣、压低劳动者工资的违法行为，保障劳动者获得合法工资报酬的权利。

上述五项制度的建立，对于保障工资分配公平，缓解收入差距拉大等问题，起到了积极作用。但是在体制转轨期间，影响收入分配的因素十分复杂，上述制度还不完善，覆盖面窄，落实不到位、执行乏力，难以对企业内部及企业之间、行业之间进行有效的干预和调节，致使工资分配不公问题依然存在，收入差距继续扩大。据统计，1995—2004年，全省GDP增长179.7%，人均GDP增长132%，职工平均工资增长168.1%，但最低工资标准平均只增长89%，扣除物价因素，仅增长65.7%。最低工资标准增速明显低于经济增长速度和职工平均工资增长速度，致使低收入者的收入水平没有与经济发展水平保持同步增长，从而使行业、地区和城市劳动者之间收入差距仍呈扩大之势。据统计，全省城镇从业人员平均工资水平最低的城市与最高的城市相比，其差距由1990年的1:2.46已扩大到2004年的1:3.36;

行业之间，职工平均工资最低与最高者之比由 1990 年的 1∶1.72 扩大为 2004 年的 1∶4.58；农村居民可支配收入与城镇居民相比，其差距由 1990 年的 1∶2.21 扩大为 2004 年的 1∶3.12。如果加上城镇居民社会保险、医疗和福利制度等方面的收入，差距就更大。

产生上述问题的原因是多方面的。其主要原因是，在向市场经济转轨过程中，国家在初次分配方面，尚未建立起适应社会主义市场经济发展需要的保障收入分配效率与公平的比较完善的制度。制度缺失，使分配秩序混乱，政府无法进行适当的干预。因此，在当前和今后一个时期，我们必须把推进工资分配制度创新，进一步加强和完善收入分配制度建设作为保障分配公平、构建和谐社会的一项主要任务来抓，继续着力推进五项分配制度建设。

（1）要进一步完善最低工资保障制度。这一制度的核心是定期公布最低工资标准。最低工资标准是指劳动者在法定时间内或劳动合同约定的工作时间内提供正常劳动的前提下，用人单位应当依法支付的最低劳动报酬。它不是用人单位给劳动者支付工资的标准。此项制度实施 10 年来，还有许多不完善的地方。目前政府颁布的最低工资标准，是在法定工作时间内提供正常劳动的月最低工资，尚未包括从事非全日制工作的灵活就业人员的小时最低工资标准。最低工资标准仍然偏低，特别是地区之间的最低工资标准差距较大，调整的时间没有相对稳定，企业难以做出人工成本预算，执行效果较差等。针对上述问题，今后要进一步完善最低工资保障制度，进一步完善确定和调整月最低工资标准的测算办法。即月最低工资标准，应参考当地就业者及赡养人口的最低生活费用、城镇居民消费价格指数、职工个人缴纳的社会保险和住房公积金、职工平均工资、经济发展水平和就业状况等因素来确定，同时规定每两年至少调整一次，最好是当年 9 月份公布，次年 1 月 1 日起执行，让用人单位有充分时间做出第二年的人工成本预算。对实行计件工资、提成工资或承包工资等工资分配形式的用人单位，要引导他们科学合理地确定劳动定额和计件单价，总的原则是在法定工作时间内提供正常劳动的，劳动者的工资不得低于当地月最低工资标准。要进一步缩小地区之间的差距，尽可能做到在经济发展水平相当的区域内，实行统一的标准，从而保证公平。此外，还要充分考虑从事灵活就业人员的特殊情况和实际需要，研究制定和完善非全日制小时最低工资标准，保障从事灵活就业人员取得合法收入的权利。

（2）着力推进劳动力市场工资指导价位和工资增长指导线制度建设。

在市场经济条件下，工资价位作为劳动力的价格，是劳动力市场的重要组成部分，是政府对企业工资分配进行宏观间接调控和指导的重要手段。着力推进劳动力市场工资指导价位制度建设，有利于政府转变管理职能，由直接行政管理转变为充分利用劳动力市场价格信号，引导企业合理确定工资水平和理顺各类人员的工资关系，增加分配的透明度和公正性。目前此项制度建设还不够科学，缺乏法律规范。作为一项制度建设，国家应当尽快通过立法，明确该项制度的内涵，执法主体，数据资料采集的范围、对象和方法，尽快建立起规范化的信息采集制度，科学化的工资价位确认办法，现代化的信息发布手段，确保市场工资价位的权威性，引导企业进行公开、公平、合理的工资分配。同时，要根据经济发展水平、物价和就业状况，合理确定年度企业工资增长指导线，使企业工资分配水平与经济发展保持同步增长的态势，使广大劳动者能够分享改革开放和经济发展的成果。

（3）着力建立企业工资集体协商制度。工资集体协商制度是在市场经济条件下，企业代表和本企业职工代表依法就企业内部工资分配制度、工资分配方式及分配水平等事项进行平等协商，在达成一致的基础上签订工资集体协议的规定。现阶段，我国存在着"强资本弱劳动"的情况，劳资双方协商地位不平等。推进工资集体协商，首先应当着力培养两个协商主体，形成三方共决机制。特别是依照法律程序，培育职工代表和工会这个协商主体，组织双方认真学习国家有关工资分配的政策法律，维护协商双方的合法权益。其次要明确规定协商的内容和范围，提供企业人工成本水平、职工平均工资水平、工资增长指导线和市场工资价位等有关信息，作为双方协商的参考依据。此外，政府还要加强对协商情况进行指导，形成三方共决机制，保证工资集体协商程序和结果的公平、公正，并符合国家法律和有关工资分配的宏观调控政策。

（4）着力完善国有企业工资分配监管制度。国有企业的工资分配，是初次分配的重要组成部分，对其他各种类型的企业工资分配有着重要的影响。党的十六届六中全会《决定》提出，应当"加快垄断行业改革，调整国家和企业分配关系，完善并严格实行工资总额控制制度"。笔者认为国有企业是由国家出资兴办的企业，政府理应代表国家对其分配行为进行调控和干预。然而我们目前对国有企业工资分配的放任自流，监管无力，存在着多头管理和管理不到位的情况。在新的历史阶段，我们必须按照中央提出的原则要求，继续采取多种有效的办法，包括实行经营者年薪制和工效挂钩办法,加强对国有企业工资总额和工资增长水平以及内部工资结构体系的调节、监控。特别是对垄断企业,要严格核定人工成本的比重,严格控制工资总额,严格控制经营者工资的过快增长,合理确定经营者工资与本企业职工人均工资的关系,防止有些行业或企业利用垄断性的国家资源,实行过高分配,破坏社会分配的公平、公正。

(5)着力完善工资支付保障制度。工资是民生之本。在工资支付方面,应当坚持贯彻"按时足额、优先支付"原则,坚决制止用人单位恶意拖欠、克扣或变相压低工资的行为。目前广东省不少劳动密集型企业拖欠员工工资现象比较严重,各级政府劳动和社会保障部门应当建立健全对用人单位工资支付行为的监督检查制度,规范监督程序,依法对用人单位支付工资情况进行检查;要充分发挥劳动监察机构的作用,对违法行为及时进行处理,从而形成工资支付预警机制、信用评价监督机制和应急处置机制,以保障劳动者获得劳动报酬的权利,从而逐步建立起和谐的劳动关系,为促进社会公平和经济发展、构建和谐社会做出贡献。

(本文发表于《广东经济》2007年5期、《中国劳动保障报》2007年1月27日)

第二节 以邓小平理论为指导,建立与现代企业相适应的收入分配制度

邓小平分配理论是建设有中国特色的社会主义理论的重要组成部分。在《邓小平文选》1~3卷共222篇文章中,有21篇文章紧扣中国特色社会主义的本质,多角度多层次阐述了社会主义分配问题。这一系列深刻的、具有独创性的重要论述,从建设现代中国特色社会主义的实际出发,把按劳分配与市场机制调节结合起来,把按劳分配与共同富裕有机地结合起来,突破了传统的社会主义分配模式,丰富和发展了马克思的按劳分配学说,形成了独具特色的社会主义分配理论。认真学习掌握这些理论,对于贯彻落实党的十五届四中全会《中共中央关于国有企业改革和发展若干重大问题的决定》关于"建立与现代企业制度相适应的收入分配制度,形成有效的激励和约束机制",具有十分重要的现实意义。

一、邓小平分配理论的基本内容

马克思、恩格斯在他们所处的时代和环境中,深入分析了资本主义的分配问题,同时认为社会主义是在资本主义高度发达的社会生产力基础上建立起来的,因而把公有制和按劳分配作为社会主义经济制度的基本特征,并在《哥达纲领批判》一书中科学地阐述了按劳分配的内涵和实现形式。即按劳分配的实质是等量劳动相交换,其赖以实现的经济条件是一个以共同占有生产资料为基础的、不存在商品交换的产品经济社会。但是,我国社会主义制度是在生产力不发达状况下建立起来的。经过50年的探索,目前我国初步建立起社会主义市场经济体制。在这一新形势下,要不要坚持按劳分配,如何建立与社会主义市场经济相适应的个人收入分配制度?这是新形势下建设中国特色社会主义遇到并且必须解决的一个很大的问题。

邓小平同志以其特有的魄力和政治家的勇气,高瞻远瞩,敏锐地抓住社会主义的本质,在论著中多次阐述了社会主义分配问题。他认为"坚持按劳分配原则,这在社会主义建设中始终是一个很大的问题"。他的分配理论,就是在不断思考与总结社会主义建设的实践经验,尤其是总结改革开放实践经验的基础上,逐步形成和发展起来的。早在1954年邓小平同志就提出"我们不能讲平均主义"。1975年8月,邓小平同志主持国务院工作,狠抓各项工作的整顿时,就针对"四人帮"在"文革"中否定按劳分配,搞平均主义和"极左"的"按需分配"问题,强调指出:要恢复和坚持"按劳分配原则""奖金制度也要恢复""不能搞平均主义,不能吃'大锅饭'"。1980年1月16日,邓小平同志根据改革开放初期变化了的新形势,第一次明确提出:"我们提倡按劳分配,对有特别贡献的个人和单位给予精神奖励和物质奖励;也提倡一部分人和一部分地方由于多劳多得,先富裕起来。这是坚定不移的。"后来,邓小平同志冷静地分析了我国经济发展不平衡这一最基本的国情,总结了过去搞一刀切的经验教训,在许多场合,从不同角度论述了让一部分人和一部分地区先富起来的实现形式,形成了"先富论"的观点。这是邓小平分配理论的一次大的突破和创新。随着改革开放的深入发展,邓小平同志抓住社会主义的本质,对分配问题再次做出了更加深刻全面的阐述,他强调指出:"我的一贯主张是,让一部分人、一部分地区先富起来,大原则是共同富裕。一部分地区发展快一点,带动大部分地区,这是加速发展、达到共同富裕的捷径。"此后,邓小平同志在南方谈话等多篇文章中反复阐述了以"部分先富"带动后富,最终达到共同富裕的途径和办法,形成了"共富论"的观点,从而把按劳分配和共同富裕与社会主义本质有机地结合起来。从这些论述中,可以看出邓小平社会主义分配理论从"先富论"到"共富论"有一个逐步形成和发展的过程。

归纳起来,邓小平分配理论是富国富民的理论,其基本内容包含相辅相成、紧密联系的两个方面:一是微观方面,提出"让一部分地区、一部分人先富起来"的理论,即"先富论";二是宏观方面,提出要通过先富带后富,逐步实现共同富裕的理论,即"共富论"。

(一)从微观层次看,"先富论"具有以下深刻内涵,它冲破了旧体制的束缚,为深化企业分配制度改革提供了有力武器

邓小平同志长期思考在经济落后国家如何建设社会主义问题。他认为,我们国家这么大,这么穷,经济发展不平衡,不努力发展生产,日子怎么过?我们坚持走社会主义道路,根本目标是实现共同富裕,然而平均发展是不可能的,全社会的同步富裕、同时富裕也是不可能的。因此,他提出"要让一部分人、一部分地区先富起来",通过先富带动后富,这样就会使整个国民经济不断地波浪式地向前发展,最后实现共同富裕。这是一个大政策,一个能够影响和带动整个国民经济发展的政策。这个大政策形成了"先富论"。具体说来,"先富论"包含以下内容。

1. 旗帜鲜明地反对平均主义

早在1954年7月,邓小平同志在国务院221次会议上强调:"我们不能讲平均主义。""将来工资的差距要拉大些,真正有本领的人,对国家贡献很大的人,工资应该更高一些。"长期以来,由于受"左"错误思想的影响,我国的经济制度上一味追求"一大二公"的纯而又纯的全民所有制,把商品经济等同于资本主义,体制上实行高度集中的计划经济,分配上实行统收统支,把社会主义与按劳分配对立起来,把共同富裕与平均主义混为一谈,认为平均就是社会主义,极大地压抑了广大劳动者的生产积极性。对此,邓小平同志强烈提出,搞平均主义,吃"大锅饭",人民生活永远改善不了,积极性永远调动不起来。他科学地论证了打破平均主义,建设有中国特色的社会主义分配理论:"我们的政策是让一部分人、一部分地区先富起来,以带动和帮助落后的地区,……我们坚持走社会主义道路,根本目标是实现共同富裕,然而平均发展是不可能的。过去搞平均主义,吃'大锅饭',实际上是共同落后,共同贫穷,我们就是吃了这个亏。改革首

先要打破平均主义，打破'大锅饭'，现在看来这个路子是对的。"关于如何打破平均主义，邓小平同志指出，"打破'大锅饭'"的政策不会变，工业有工业的特点，农业有农业的特点，具体经验不能搬用，但基本原则是责任制，按劳分配。

2. 提倡贯彻按劳分配原则

在1978年"拨乱反正"的时候，邓小平同志强调："我们一定要坚持按劳分配的社会主义原则。按劳分配就是按劳动的数量和质量进行分配。根据这个原则，评定职工工资级别时，主要看他的劳动好坏，技术高低，贡献大小。政治态度也要看，但要讲清楚，政治态度好主要应该表现在社会主义劳动好，作出的贡献大。处理分配问题如果主要不是看劳动，而是看政治，那就不是按劳分配，而是按政分配了。"1984年邓小平同志在《建设有中国特色的社会主义》一文中指出："在中国现在落后的状态下，走什么道路才能发展生产力，才能改善人民生活？……如果走资本主义道路，可以使中国百分之几的人富裕起来，但是绝对解决不了百分之九十几的人生活富裕的问题，而坚持社会主义，实行按劳分配的原则，就不会产生贫富过大的差距。"后来，在从计划经济向社会主义市场经济转变的条件下，邓小平同志始终坚持按劳分配原则，同时又赋予新的内涵。他认为在社会化大生产的前提下多劳应多得，"如果不管贡献大小、技术高低、能力强弱、劳动轻重，工资都是四五十钱，表面上看来似乎大家是平等的，但实际上是不符合按劳分配原则的……"

由此可见，邓小平同志始终把按劳分配看作社会主义的一个基本原则和避免两极分化的根本措施，同时又把按劳分配与市场经济条件下的效率优先原则结合了起来，承认人的差别和劳动力的价值。在邓小平分配理论指导下，党的十三大报告明确提出："社会主义初级阶段的分配方式不可能是单一的。我们必须坚持的原则是，以按劳分配为主，其他分配方式为补充。"在此基础上，党的十四大、十五大报告对个人收入分配问题又做出了新的重大发展。

3. 致富不是罪过

在"文化大革命"期间，有一种"极左"的观点，即"宁要穷的共产主义，不要富的社会主义"，致使许多人想富不敢冒富，生产停滞不前。1986年9月2日，邓小平同志接受美国记者迈克·华莱士采访时说："社会主义时期的主要任务是发展生产力"，"不能有穷的共产主义，同样也不能有穷的社会主义。致富不是罪过。""我的一贯主张是，让一部分人、一部分地区先富起来，大原则是共同富裕。一部分地区发展快一点，带动大部分地区，这是加速发展，达到共同富裕的捷径。""致富不是罪过"的观点，突破了传统分配观念的长期束缚，极大地激发了人们勤劳致富的热情。

4. 实行多种分配形式

在各种经济成分并存和发展的条件下，邓小平同志提出先富带后富，最终实现共同富裕的理论，包含在个人收入分配中可以实行多种分配形式。例如，按劳分配也可以采取多种实现形式。邓小平同志提出：①实行考核制度，合格的就提（工资），而且允许跳级，不合格的就不提；②恢复奖金制度。对发明创造者要给奖金，对有特殊贡献的也要给奖金；③搞科学研究出了重大成果的人，除了对他们发明创造给予奖励外，还可以提高他的工资级别；④稿酬制度也要恢复；等等。此外，还可以实行其他分配方式。这都是社会主义市场经济条件下一部分人先富起来的实现形式。这些观点为建立起以按劳分配为主体的各种分配形式的分配体制奠定了理论基础。

5. 允许资本、土地、技术等生产要素参与分配

改革开放初期，通过勤劳致富获得合法收入而先富起来，是正常现象。但是，随着市场经济的发展，在多种经济成分并存和发展的条件下，如何通过使人们得到较多的经济利益来刺激多种经济成分的发展，并通过它们的发展，使一部分地区和一部分人先富起来，使国民经济得到迅速发展呢？邓小平同志主张：①在农村实行家庭联产承包责任制。它的最大优越性，就是彻底打破平均主义，打破"大锅饭"，使农民真正获得对土地这一基本生产资料的经营自主权，调动千家万户发展生产的积极性，使一部分农民先富起来。②在城市，把企业效益与职工收入挂钩，充分体现效益优先原则，反对平均主义，使一部分人先富起来。因此，邓小平同志说："新办法比老办法好。"也就是说，新的分配办法比传统的分配模式好。③鼓励引进外资，大力发展"三资"企业。邓小平同志说过，我国现阶段的"三资"企业，按照现行的法规政策，外商总是要赚一些钱。但是，国家还要拿回税收，工人还要拿回工资，我们还可以学习技术和管理，还可以得到信息，打开市场。我们吸收外资，允许个体经济发展，不会影响以公有制经济为主体这一基本点。相反，吸收外资也好，允许个体经济的存在和发展也好，归根到底，是要更有力地发展生产力，加强公有制经济。只要我们经济中公有制占主体地位，就可以避免两极分化。允许外资、国内个人资本通过投资办企业"赚一些钱"，实际上蕴含着允许资本参与收益分配。根据邓小平同志的有关论述，党的十四届三中全会《决定》明确指出，"允许属于个

人的资本等生产要素参与收益分配"。因此，在分配领域，形成了按劳分配和按生产要素分配相结合的新格局。

（二）从宏观层次看，邓小平同志提出"共富论"的观点，为加强分配领域的宏观调控指明了方向

共同富裕是人类梦寐以求的梦想和渴望。马克思创立科学社会主义时就预言：社会主义将"通过社会生产"，"保证一切社会成员有富足的和一天比一天充裕的物质生活"。邓小平同志在谈到分配问题时，反复强调，"我们坚持走社会主义道路，根本目标是实现共同富裕"，"社会主义最大的优越性就是共同富裕，这是体现社会主义本质的一个东西"。邓小平的"共富论"，是从整个社会角度来说的。因此，它属于宏观层次的问题。那么，实现"共同富裕"有哪些途径和方式呢？邓小平同志提出了以下重要论述。

1. 要解放和发展社会生产力

邓小平同志十分重视发展生产力，认为这是实现共同富裕的物质基础，也是体现社会主义本质的两大内容之一。邓小平同志在总结新中国成立30年的经验时指出："讲社会主义，首先就要使生产力发展，这是主要的。只有这样，才能表明社会主义的优越性"，"只有在发展生产力的基础上，才能随之逐步增加人民的收入。我们在这一方面吃的亏太大了。"后来，邓小平同志反复强调，"社会主义的首要任务是发展生产力，逐步提高人民的物质文化生活水平"，邓小平同志依据马克思主义的原理，明确提出生产力水平最终决定个人收入分配的方式和水平，使人们认识到，只有发展生产力，使社会物质财富不断增长，才能逐步实现共同富裕。

2. 要消灭剥削，消除两极分化

邓小平同志说，在中国现在落后的状态下，"如果走资本主义道路，可以使中国百分之几的人富裕起来，但是绝对解决不了百分之九十几的人生活富裕问题。而坚持社会主义，实现按劳分配的原则，就不会产生贫富过大的差距"。"社会主义的本质，是解放生产力，发展生产力，消灭剥削，消除两极分化，最终达到共同富裕。"

3. 鼓励"部分先富"带后富，发动后富赶先富，不断波浪式地向前发展，这是实现共同富裕的捷径

邓小平同志指出，我国目前还处于社会主义初级阶段，经济发展不平衡是最基本的国情，一部分经济比较发达的地区同广大不发达地区和贫困地区同时并存，这就决定了不可能实现全社会同步富裕。只能是有先有后

地发展，以先富带后富，逐步实现共同富裕。邓小平同志从实际出发，总结了过去"一刀切""刮共产风"的经验教训，于1987年指出："在经济政策下，我认为要允许一部分地区、一部分企业、一部分工人农民，由于辛勤努力成绩大而收入多一些，生活先好起来。一部分人生活先好起来，就必然会产生很大的示范力量，影响左邻右舍，带动其他地区、其他单位的人们向他们学习。这样就会使整个国民经济不断地波浪式地向前发展，使全国各族人民都比较快地富裕起来。"在这里，邓小平同志深刻揭示了"先富"与"共富"的关系，指出了实现共富的捷径。

4. 运用经济杠杆，防止两极分化，实现共同富裕

邓小平同志指出："如果富的愈来愈富，穷的愈来愈穷，两极分化就会产生"，"解决的办法之一，就是先富起来的地区多交点利税，支持贫困地区的发展。"邓小平同志借鉴市场经济国家的成功经验，重视运用税收等经济杠杆调节个人收入分配。

5. 采取技术转让办法，扶持落后地区发展

邓小平同志多次讲到，经济发展得快一点，必须依靠科技和教育。发达地区在人才、技术和管理方面都有明显的优势，除了通过税收等经济杠杆的调节，支持不发达地区外，邓小平同志还特别提出要利用技术转让等方式，刺激和带动不发达地区的发展。这是很有战略目光的。与此同时，邓小平同志还强调要根据生产力发展状况，适时采取缩小差别的措施，以达到共同富裕。主张全国达到小康水平的时候，要突出地解决贫富差别问题。

总之，邓小平同志十分重视社会主义分配问题。他从社会主义本质的高度阐述了他的分配理论，其主要内容包括"共富论"与"先富论"两个方面。共同富裕是社会主义的目标和本质要求，让一部人、一部分地区先富起来，通过先富带动后富，推动生产力的发展，这是实现共同富裕的基础、途径和手段。两者相辅相成，辩证统一。

二、邓小平分配理论的独特价值和现实指导意义

综上所述，可以看出，邓小平同志坚持解放思想、实事求是的思想路线，从新的历史条件和新的实践出发，以深邃的目光，对改革传统的社会主义分配理论进行了长期深入的思考，从建设现代社会主义的实际出发，把按劳分配与市场经济结合起来，把按劳分配和共同富裕以及坚持社会主

义道路有机地结合起来，突破了传统社会主义分配模式，丰富和发展了马克思的按劳分配学说，摒弃了传统的以国家作为分配主体的分配模式和长期以来拘泥于传统按劳分配理论而忽略社会主义本质的错误倾向，深刻揭示了社会主义市场经济条件下收入分配的本质内涵和实现途径，科学地继承和发展了马克思按劳分配学说，形成了独具特色的社会主义分配理论。认真学习这一理论，对于贯彻落实党的十五届四中全会《中共中央关于国有企业改革和发展若干重大问题的决定》关于"建立与现代企业制度相适应的收入分配制度，形成有效的激励和约束机制"的部署，对于指导深化企业工资制度改革，解决我国社会主义初级阶段改革与发展进程中遇到的收入分配问题，具有独特的价值和十分重要的现实指导意义。

（一）继承和发展了马克思按劳分配学说的"合理内核"，赋予了按劳分配原则新的内涵

马克思的按劳分配学说，主要包含以下内容：①按劳分配所分配的消费品，是社会产品中经过扣除后那部分消费资料；②消费资料分配的同一尺度是劳动；③按劳分配的实质是等量劳动相交换；④按劳分配赖以实现的经济条件是一个以共同占有生产资料为基础的、不存在商品交换的产品经济社会。邓小平同志从我国还处在社会主义初级阶段的实际出发，继承了按劳分配的实质是"等量劳动相交换"这一合理内核，突破了按劳分配只能在产品经济条件下实行的学说，提出在社会主义市场经济条件下，也要坚持按劳分配原则。这是邓小平同志的一贯主张。1990年12月，邓小平同志在同中央负责同志谈话时强调，"我们必须从理论上搞懂，资本主义与社会主义的区分不在于计划还是市场这样的问题。……不要以为搞点市场经济就是走资本主义道路，没有那么回事。"他接着说，"社会主义最大的优越性就是共同富裕，这是体现社会主义本质的一个东西"。按劳分配，让一部分人、一部分地区先富起来，是逐步实现共同富裕的捷径。联系起来看，邓小平同志是把按劳分配放在社会主义市场经济条件下阐述的。他既坚持了马克思关于按劳分配的社会主义原则，又把按劳分配同市场经济结合起来。这意味着：①在社会主义市场经济条件下，实行按劳分配，实际上就是使等量劳动相交换通过价值形式转化为市场的等价交换，为按劳分配市场化奠定了理论基础。②在市场竞争中，不论什么性质的企业，都是平等的主体，它们从劳动力市场上招聘劳动者，必须按价付酬，实行按劳分配。这就使按劳分配突破了所有制的限制，因而能够在全社会范围内实

行，使所有劳动者能够真正凭劳动"本事"吃饭，勤劳致富。对此，《劳动法》第四十六条也做出了明确规定。③虽然劳动力也是一种生产要素，按劳分配属于按生产要素分配范畴，但是在社会主义制度下，劳动者是社会的主人，它决定着按劳分配必须从生产要素分配中独立出来，并居主导地位，使劳动收入所占份额最大，以保证不会产生贫富过大的差距。

（二）突破了我国传统的分配体制，把分配主体从国家转移给企业（单位），构筑了微观分配主体

我国传统的分配体制，在很大程度上是从苏联照搬过来的。在高度集中统一的工资分配体制下，国家作为分配主体，通过制定全国统一的工资等级标准和工资计划，以月为时间单位计量职工的劳动量，由国家直接负责按每一名职工每月工资标准发放工资。结果，造成严重的平均主义，职工劳动贡献与收入脱节，严重压抑了地方、企业和劳动者的生产劳动积极性、创造性，使社会主义经济失去了活力。邓小平同志提出让一部分人先富起来的理论，有着以下独特的价值：①突破了压抑劳动者积极性的高度集中统一的平均分配的工资管理体制，实现了分配主体由国家向地方和企业的转移，落实了企业分配自主权，激发了广大劳动者的积极性，解放了生产力；②承认人的差别和物质利益，启发求富心理，策动一部分人敢于先富，带头致富，突破普遍贫穷的格局；③产生示范效应，一部分地区、一部分人通过诚实劳动，善于经营而先富起来，就能对周围群众产生影响和示范作用，形成普遍求富的社会氛围；④打破单一的按劳分配模式，允许实行多种分配形式，为部分人因各种不同的贡献而富起来创造条件。比如，在企业内部，先是实行按劳分配，然后允许生产要素参与收益分配，这就在企业内部把按劳分配与按生产要素分配有机地结合起来，形成多种分配方式并存的格局。劳动者可能通过劳动取得合理报酬，还可以通过入股分红、技术转让等方式取得收入，从而形成有力的分配激励机制。

（三）把共同富裕作为社会主义分配的最高原则，从宏观上为构建新型收入分配管理体制奠定了理论基础

我国传统的工资分配管理体制是单一层次的分配体制，分配大权集中在中央，基层和企业没有自主分配权。邓小平同志在分配问题上提出"先富论"和"共富论"，实际上是把收入分配分为两个层次，即企业自主分配和政府宏观调控。这是符合社会主义市场经济条件下多种经济成分长期并

存、共同发展和分配主体多元化、分配形式多样化的要求的。企业根据市场供求情况自主分配。在这个基础上,为防止两极分化,逐步实现共同富裕,政府要运用多种手段,进行必要的宏观调控。这就为我们提出市场经济条件下我国新型收入分配管理体制的框架。

三、以邓小平分配理论为指导,积极探索建立与现代企业相适应的收入分配制度

党的十五届四中全会《中共中央关于国有企业改革和发展若干重大问题的决定》提出:面向市场着力转换经营机制,建立与现代企业制度相适应的收入分配制度,形成有效的激励与约束机制。这是当前国有企业改革与发展的重要任务之一。积极探索建立与现代企业相适应的收入分配制度,必须以邓小平分配理论为指导。总的思路是,在现代企业内部,结合制度创新,着力塑造企业对收入分配的自主决定和自我约束机制,坚持贯彻按劳分配为主、多种分配方式并存的制度,把按劳分配与按生产要素分配有机地结合起来,以体现效率优先、兼顾公平的原则,形成有效的激励机制和自我约束机制,从而逐步建立"市场机制决定,企业自主分配,政府宏观监控"的新型收入分配管理体制。

(一)结合现代企业制度创新,着力创建企业收入分配的自主决定和自我约束机制

20年来的企业工资制度改革,多次强调下放企业分配自主权,实际上下放的只是企业对职工个人的分配自主权。由于国企产权关系不明晰,对收入分配的自我约束能力差,政府一直通过采取"工效挂钩"等形式控制着国企工资总量的决定权。随着现代企业制度的建立,我们必须结合企业制度创新,采取有效措施,着力创建企业收入分配自我约束机制,使企业工资总量自主决定权真正落实到位。

(1)建立工资总量自主决定机制。对已建立起规范的法人治理结构的现代企业,可以停止实行"工效挂钩"办法,其工资分配的总量由企业董事会根据企业效益和员工工资水平等因素自主决定。董事会、监事会要维护出资者权益,认真履行对企业工资分配的决策权和监督权。

(2)建立工资集体协商机制。现代企业制度真正建立起来后,经营者的行为目标将转向追求利润最大化,这就有可能产生抑制工资增长、把人

工成本尽可能压低的倾向。在这一情况下，为了维护职工的合法权益，贯彻按劳分配为主原则，需建立由职工（或工会代表）同企业经营者集体协商的利益制衡机制。这是大多数市场经济国家比较成功的做法。在我国，政府要根据经济增长、物价水平和劳动力市场供求状况，发布工资指导线和市场工资率，供协商双方参考，最后由资产所有者代表和员工代表（或工会）共同商定本企业年度工资增长水平，确定新创造价值中各自的分配份额。

（3）建立对经营者的激励和约束机制。经营者年薪制是市场经济的产物，现代企业应当按照市场规律和市场机制，设计实行经营者年薪制的方案。其内容一般包括：①建立适应现代企业制度要求的选人用人新机制，把党管干部原则和引入市场机制、公开从社会上招聘经营者结合起来。对企业经营者不再确定行政级别。对优秀的，予以聘用；对不称职的，即予解聘，由市场调节。②经营者年薪和职工工资在性质、来源和作用等方面都不同，应把经营者收入与职工工资收入区分开来。经营者年薪从利润中开支，分为基本年薪和效益年薪两部分。基本年薪根据企业规模和本行业职工工资水平的一定比例确定，按月兑现；效益年薪根据所在企业经济效益、资产保值增值状况等因素确定，一般在年终经考核、审计后兑现。③允许经营能力要素参与收益分配。经营者的经营能力是一种稀缺的生产要素，按照四中全会关于允许生产要素参与收益分配的规定，除了实行年薪制外，还应视其经营成果，给予一次性的奖励或给予本企业的股票或股票期权等非固定性收入，使经营者利益与企业效益更密切地联系起来。④实行经营者个人资产风险抵押经营。从经营者效益年薪或奖励奖金中拿出一部分，用于购买本企业股票或股票期权，作为经营者风险抵押，待任期届满考核合格后才予以兑现，不合格的按规定比例予以扣减。以此形成经营者的激励与约束机制。

（二）坚持按劳分配为主原则，在现代企业内部把按劳分配和按生产要素分配有机地结合起来，以形成持久有效的激励机制

近年来我国个人收入分配制度在坚持以按劳分配为主，多种分配方式并存的制度基础上有了重大发展：一是提出个人收入分配要体现效率，兼顾公平的原则，这意味着个人收入分配将主要遵循市场调节的原则，从而为按劳分配市场化奠定了理论基础；二是允许和鼓励资本、知识、技术等生产要素参与收益分配，使按生产要素分配在理论上得到承认。这样，按

劳分配和按生产要素分配在现代企业中可以共同发挥作用，形成两者内在的结合，共同构成我国社会主义初级阶段个人收入分配制度的基本结构和实现形式。然而，必须指出，在这个分配结构中，按劳分配仍居主导地位，生产要素只参与收益分配。因此，在现代企业中，有两个层次的分配，我们应当首先实行按劳分配，然后才实行按生产要素分配。

1. 关于第一层次的分配——按劳分配

根据邓小平分配理论，我们认为在市场经济条件下，按劳动分配的实现形式，是融于市场，通过市场实现的。它应当体现效率优先，兼顾公平的原则，对劳动者的实际劳动贡献给予相应的工资回报，体现多劳多得，少劳少得，不劳不得。同时，按劳分配是一种基础性分配，不仅要先进行按劳分配，而且在个人收入分配总量中，按劳分配所占的比例应当大一些，以保证劳动力的生产和再生产，不断提高大多数劳动者的收入水平和生活水平。具体可采取如下步骤：一是确定初次录用工资。在统一开放的劳动力市场上，所有劳动者和企业都参与市场供求竞争，从而形成不同职业以及同一职业内不同等级的劳动力价格，即市场均衡工资率。这是实现按劳分配的前提和基础。在这个基础上，劳动者从自己的能力和效用最大化出发选择职业，企业则根据生产经营实际需要招聘劳动者，并根据劳动者潜在的劳动能力、同类劳动力市场供求状况和市场工资率，与被录用人员协商确定进入企业时的起点工资。这是目前在社会主义市场经济条件下实现按劳分配的一种常见的重要形式。二是合理确定工资标准。企业要根据本身的生产经营特点，探索建立适合生产经营要求的基本工资制度。例如，岗位技能工资制，计件工资制等。各类劳动者进入企业参加工作一定时间后，由企业根据劳动者实际劳动表现、劳动贡献和所在岗位的劳动强度、劳动条件以及企业经济效益等因素进行评估，确定各类人员的工资标准，并做到随行就市，同市场工资衔接，使人员招得进，留得住。这是企业作为分配主体，贯彻按劳分配原则的具体体现。这里必须强调指出，现代企业还要通过深化住房、福利、保险制度改革，进一步把各种福利性支出转化为工资，使工资成为劳动力价格的真实信号，防止因价格扭曲误导劳动力供求的情况。三是计件超额奖励工资。这是企业依据劳动定额，对劳动者超额劳动的数量和质量按计件单价计算的计件超额工资。这是按劳分配的又一种表现形式，可以把分配搞活，充分体现多劳多得，少劳少得。

2. 关于第二层次的分配——按生产要素分配

按生产要素分配，就是根据要素所有者投入生产的各种要素在生产中的地位和作用进行分配。必须明确的是，供分配的资金是企业收益即利润中的一部分，因而它在企业分配中，属于第二层次的分配。有人把它与按劳分配混为一谈，甚至认为劳动也是一种生产要素，提出以之取代按劳分配，这是值得商榷的。因为中央文件规定很明确，生产要素只参与收益分配。这是必须引起注意的。至于在现代企业中实行按要素分配，可考虑以下具体实现形式：

（1）按资本要素分配。即允许企业职工运用自有资金购买企业股票（包括未上市公司内部职工股和上市公司社会公众股）或合资经营，获得红利、股息或利润。这将成为个人收入分配的一种重要形式。

（2）按技术要素分配。即技术要素所有者以自有技术投入生产而获得的相应报酬。一般表现为以技术专利权转让的形式获得收益；或以技术入股形式获得利润分红。

（3）按经营管理要素分配。在现代企业中，经营是复杂的劳动，而且是能够创造更大价值的劳动。拥有经营管理才能的企业家（经营者）将自己的经营才能投入企业生产中去并做出贡献的，应当按其贡献大小给予相应报酬。在这里必须指出，经营者具有双重身份。作为企业职工的一员，它应当以劳动者的身份参与按劳分配，取得基本工资收入，以保障其本人及赡养人口的基本生活；作为企业经营者，在市场经济条件下其经营收入具有很大的风险性，企业可以按其经营业绩给予本企业的股票或股票期权等非固定收入，也可以在年终给予一次性奖励，以形成有效的激励和约束机制。有些企业实行经营者年薪制后，经营要素作为一种生产要素还可以参与收益分配。

（4）按土地要素分配。在我国，土地是国家或集体公有财产，虽不能买卖，但拥有一定时期土地使用权者，可以通过出售、出租而获得租金。

（5）按劳动力要素分配。即劳动力的所有者作为企业的员工，除了以按劳分配形式取得工资收入外，企业还应当根据当年经济效益状况和每个职工的劳动贡献大小，以货币或实物形式给予一次性奖励；或按职工的贡献大小，给予股票期权，参与收益分配，获得分红。

（三）按照兼顾公平，逐步实现共同富裕的原则，抓紧建立个人收入分配宏观调控体系，加强政府对个人收入分配的宏观间接调控

按照邓小平关于先富带后富，逐步实现共同富裕和防止两极分化的理

论，我们在建立现代企业个人收入分配制度的基础上，必须坚持效率优先，兼顾公平的原则，建立与之相适应的个人收入分配宏观调控体系。这是社会主义的一个本质要求，也是正确处理效率与公平的关系，保证我国社会经济稳定发展的需要。宏观调控的主要任务是，调节过高收入，保障最低收入，协调不同社会群体之间的分配关系，防止出现贫富悬殊和两极分化。宏观调控的对象和方式要从主要调控国有企业工资分配转向调控整个社会的收入分配，从实行直接的宏观调控转向间接的宏观调控。主要措施是：

（1）完善征收个人所得税办法。这是调节过高收入的主要手段。在社会主义初级阶段，我们对过高收入者，不应采取"剥夺"的办法，而应主要运用税收的办法。近年来，我国先后开征了工资调节税、奖金税、个人收入调节税，1994年开始实施统一的个人所得税。但是基于居民纳税意识淡薄，收入分配透明度不高等原因，个人所得税征管难度大，漏洞多。今后应通过完善税制，包括完善个人所得税、开征遗产与赠予税等新税种，建立个人收入申报制度，存款实名制等办法，尽快完善征管办法，并合理确定个人所得税起征线和征收税率，加强对过高收入的调节力度。

（2）严格取缔非法收入。对侵吞公共财产、偷税逃税、走私骗汇、行贿受贿、权钱交易等非法手段牟取利益的，要依法惩处。

（3）规范收入分配秩序，整顿不合理收入。对凭借行业垄断和某些特殊条件取得丰厚收入的，国家要通过合理控制工资总额和人均工资水平的增长，协调好行业之间、社会群体之间的收入差距，对过高收入的要依法征税。

（4）制定并向社会公布工资增长指导线。工资指导线已成为市场经济国家间接调控和指导企业工资水平和工资总量合理增长的主要方式。我国政府应通过对国内外企业人工成本水平进行分析，并根据经济增长、物价水平和劳动力市场供求变动趋势，定期发布不同行业人工成本信息和劳动力市场价格，提出企业工资年度增长指导线和相关经济信息，通过运用信息手段，引导企业合理确定工资分配水平和控制人工成本，避免出现盲目攀比和分配不公的问题，促进市场均衡工资率的形成，从而间接地实现宏观调控目标。

（5）采取有效措施保障城乡居民的最低收入。当前应当着重采取的对策措施是：①建立完善最低工资制度，最低工资率由政府劳动部门根据当地就业者及其赡养人口的最低生活费用、人均工资、劳动生产率、城镇就业状况和经济发展水平等因素确定，并定期调整。最低工资水平应高于失业保险金标准。②建立完善"三条保障线",即规定国有企业下岗职工基本生活费标准,合理确定失业救济金标准,全面建立城乡居民最低生活保障制度。③进一步建立健全统一的社会保险制度。当前要突出完善养老、医疗、工伤社会保险制度,合理确定统一的费率,努力扩大实施范围,完善社会养老金发放办法,把职工养老、医疗等服务职能从企业分离出来,减轻企业负担。同时要建立省级社会保障调剂金制度和基本养老金的正常调整机制,以保证企业离退休人员的基本养老金随经济发展同步增长。

(注:邓小平分配理论是建设有中国特色的社会主义理论的重要组成部分。本文论述了邓小平分配理论的基本内容及其意义,提出以邓小平理论为指导,加快建立与现代企业制度相适应的收入分配制度的政策建议。本文是笔者任广东省劳动和社会保障厅综合规划处处长时,于1999年下半年到广东省委党校中青班学习时撰写的学习体会文章。本文发表于《南方经济》2000年第2期、《中国劳动保障报》、劳动和社会保障部工资研究所编的《劳动工资动态》2000年第2期等。各报刊发表时有删节,此为整理后的全文)

第三节 劳动报酬是劳动关系的核心内容

2007年颁布的《劳动合同法》,给人一种耳目一新、特色鲜明的感觉。它不仅对劳动关系的确立、劳动合同的订立、履行、变更、解除和终止等环节做出了明确的规定,而且对劳动关系确立之后用人单位应当如何支付劳动报酬问题及违法责任问题做出了许多具体、明确、有力的规定。《劳动合同法》全文8章98条,涉及劳动报酬的至少有33条,约占1/3,从16个方面对劳动报酬(广义工资)问题做出了详细、具体、明确的规定。从这些规定中可以看出,劳动报酬是劳动关系的核心内容。作为规范劳动关系,保护劳动者合法权益的一部重要法律,最核心的内容就是要求用人单位公平、合理、及时、足额地向劳动者支付劳动报酬。这是贯穿《劳动合同法》的主线,充分体现了该法立法宗旨和特色。认真学习领悟《劳动合同法》有关劳动报酬的规定,对于指导做好当前的工资分配工作,保护劳动者合法权益具有十分重要的意义。

一、关于实行同工同酬问题

同工同酬是《劳动法》确立的一项分配原则。《劳动法》第四十九条规定，工资分配应当遵循按劳分配原则，实行同工同酬。在经济形式多元化、收入分配差距逐步拉大的情况下，《劳动合同法》再次明确提出要求实行同工同酬，体现出国家对于这一分配原则的重视。《劳动合同法》对同工同酬的规定，主要是：

第十一条 用人单位未在用工的同时订立书面劳动合同，与劳动者约定的劳动报酬不明确的，新招用的劳动者的劳动报酬按照集体合同规定的标准执行；没有集体合同或者集体合同未规定的，实行同工同酬。

第十八条 劳动合同对劳动报酬和劳动条件等标准约定不明确，引发争议的，用人单位与劳动者可以重新协商；协商不成的，适用集体合同规定；没有集体合同或者集体合同未规定劳动报酬的，实行同工同酬；没有集体合同或者集体合同未规定劳动条件等标准的，适用国家有关规定。

第六十三条 被派遣劳动者享有与用工单位的劳动者同工同酬的权利。用工单位无同类岗位劳动者的，参照用工单位所在地相同或者相近岗位劳动者的劳动报酬确定。

上述条款，分别从宽限期内劳动报酬的确定、合同期劳动报酬的确定、劳务派遣劳动者劳动报酬的确定三个方面对同工同酬做出了具体的解释。

一直以来，一些人认为同工同酬就是相同的工作岗位必须支付相同的工资报酬，不能存在差距，这其实是对同工同酬的认识存在的偏差。同工同酬，应当是指用人单位对于同一工作岗位，付出相同劳动的劳动者应当支付大体相同的劳动报酬。同工同酬是一个原则，是相对的，不是绝对的，即使是同一岗位的劳动者，也有资历、能力、经验等方面的差异，劳动报酬有一些差别，只要大体相同，也不违反同工同酬的原则。具体来讲，包含两层意思，一方面，同工同酬是为了进一步贯彻按劳分配的原则，体现出提供了同等价值的劳动者享受同等的劳动报酬；另一方面，为了防止工资分配总的歧视性行为，保护不同性别、不同年龄、不同身份的劳动者公平获得劳动报酬。在这里，同工同酬不是"大锅饭"和平均主义的回归，而是以按劳分配为基础，是在追求效率基础上兼顾公平。

在实践中，用人单位与劳动者订立书面劳动合同需要一定的时间，特别是招用大批劳动者时，很难做到一经招用就订立合同。考虑到用人单位的这一实际情况,《劳动合同法》第十条给用人单位一个月作为签订劳动合同的宽限期。《劳动合同法》对宽限期的规定,弥补了现有的法律规定对建立劳动关系和订立劳动合同之间关系的空缺。对一个月宽限期劳动报酬的规定,是一个突破。一些用人单位为了降低成本,在宽限期乃至合同期内不明确约定劳动报酬或者按照最低工资标准支付劳动者报酬,造成不同劳动者之间较大的收入差距。劳务派遣工与正式工之间虽然从事相同的工作,但工资待遇相差较大。有的企业中劳务派遣工与正式工的基本工资相差30%～40%,同时在社会保险缴费基数方面,两者也存在较大的差距。《劳动合同法》规定被派遣劳动者享有与用工单位劳动者同工同酬的权利,这不仅是一个法律问题,同时也是一个社会问题,是构建和谐社会的必然要求。

同时,《劳动合同法》第六十三条对用工单位无同类岗位劳动者时,劳务派遣工工资可参照用工单位所在地或者相近岗位劳动者的劳动报酬的规定,也暗含了同工同酬的原则,只是这种原则在更大的范围,乃至整个社会范畴的横向比较,肯定了劳动力市场工资指导价位的参考作用。

所以,在当前企业工资分配中实行同工同酬,将使社会财富分配更合理、社会更和谐,而不会像有些人担心的那样,限制了用人单位工资分配自主权。

二、关于建立工资集体协商机制问题

工资是劳动合同、集体合同的核心内容。过去对工资问题的规定,只体现在劳动合同或集体合同的某些条款中。《劳动法》第四十七条规定,用人单位根据本单位的生产经营特点和经济效益,依法自主确定本单位的工资分配方式和工资水平。既然工资分配方式和工资水平都是由用人单位单方面说了算,那么工资就没有协商的余地了。劳动者的权益也就很难得到切实保障,法律滞后和不完善已经对工资集体协商机制的建立和发展形成制约。2000年劳动和社会保障部颁布的《工资集体协商试行办法》规定,我国境内的企业依法开展工资集体协商,签订工资协议;已订立集体合同的,工资协议作为集体合同的附件,并与集体合同具有同等效力。开始出现的工资集体协议,只作为集体合同的附件,法律层次较低。在这种情况下,必须尽快调整相应的法律规定,使工资集体协商真正做到有法可依,有章可循。

新出台的《劳动合同法》，弥补了这一法律上的空缺，旗帜鲜明的提出要依法进行工资集体协商。确立了开展工资集体协商，订立工资专项合同在集体合同制度中的法律地位。

《劳动合同法》第五条，县级以上人民政府劳动行政部门会同工会和企业方面代表，建立健全协调劳动关系三方机制，共同研究解决劳动关系方面的重大问题。

第六条，工会应当帮助、指导劳动者与用人单位依法订立和履行劳动合同，并与用人单位建立集体协商机制，维护劳动者的合法权益。

上述两个条款分别对三方机制和集体协商机制做出了原则规定。由于工资是"劳动关系方面的重大问题"，因此，这两个条款隐含着工资决定的两个重要机制，即三方机制和集体协商机制。《劳动合同法》第六条规定了工会的作用，实质上是确认了工会在帮助或代表劳动者与用人单位建立集体协商机制的地位与作用。同时从法律上规定要在企业内部建立工资集体协商机制。

一般来讲，集体协商的内容主要包括职工的民主管理，签订集体合同和监督集体合同的履行，涉及职工权利的规章制度的制定、修改，企业职工的劳动报酬，工作时间和休息休假，保险福利，劳动安全卫生，女职工和未成年工的特殊保护，职工培训及职工文化体育生活，劳动争议的预防和处理，以及双方认为需要协商的其他事项11个方面。从实际操作来看，劳动者在进行集体协商的过程中，最关心的问题都是劳动报酬问题，因此劳动报酬也成为集体合同的核心内容。

劳动和社会保障部日前提出，中国将力争在5年内，使各类企业都建立工资集体协商制度，形成正常的工资增长机制；全国总工会随后也提出，开展创建劳动关系和谐企业活动，努力推进工资共决机制建设。有了《劳动合同法》强有力的支持，在中国开展工资集体协商，形成和谐稳定的劳动关系，实现劳资双方的"共赢"将是可以实现的。

三、关于建立工资正常增长机制的问题

近年来，国有垄断行业及经营者的收入水平高、增长幅度大，而相当一部分地方国有企业、民营企业（包括改制企业）职工和农民工工资增长缓慢甚至工资多年得不到增长，导致高低收入者之间的差距继续扩大，收入分配的"金字塔"结构进一步强化。一项调查表明，我国企业经营者年

薪是企业员工平均工资的 13.6 倍，最大差距达到 50 倍以上。企业职工工资增长缓慢，不仅是影响职工队伍稳定的重要因素，也是造成社会贫富差距扩大和消费不足的重要根源，严重制约国家经济社会的发展。2000 年 5 月，劳动和社会保障部发出《关于开展健全企业工资正常增长机制调研》的函，要求各地对进一步健全企业工资正常增长机制提出初步意见，显示出国家职能部门对建立企业工资增长机制的问题日益重视。因此，企业工资分配必须要坚持"按劳分配""同工同酬"的原则、坚持企业与职工共同决定企业工资分配的原则、坚持职工工资应与企业效益同步增长的原则。

《劳动合同法》对前两个原则，都做了明确的规定，对于"坚持职工工资应与企业效益同步增长的原则"，则需要从《劳动合同法》字里行间来分析解读。从宏观来看，《劳动合同法》第五、六条对建立健全三方机制和工资集体协商机制做出了明确规定。2000 年劳动和社会保障部颁布的《工资集体协商试行办法》第七条规定，工资集体协商的内容包括职工年度平均工资水平及其增长幅度，第八条规定协商确定职工年度工资水平应综合考虑当地政府发布的工资指导线、劳动力市场工资指导价位等因素，因此，《劳动合同法》实质上对工资正常增长机制也做出了规定。从微观上来看，《劳动合同法》第二十二条规定，用人单位与劳动者约定服务期的，不影响按照正常的工资调整机制提高劳动者在服务期期间的劳动报酬，第六十二条规定，用工单位对劳务派遣工作者连续用工的，实行正常的工资调整机制。这些都对工资增长问题做出了规定，从不同角度保障了劳动者工资增长。

四、要进一步完善最低工资保障制度

最低工资保障制度是国家实行的一项基本社会制度，旨在提高低收入劳动者的收入，保障劳动者个人及其家庭成员的基本生活。最低工资保障制度建立和发展随着社会的发展不断变化，制度内涵和适用范围不断调整，2003 年 12 月 30 日，劳动和社会保障部颁布了新的《最低工资规定》，进一步明确了最低工资标准的适用范围和最低工资标准的测算方法。同时明确规定，只要劳动者在法定的工作时间内或约定的工作时间内提供了正常劳动，用人单位支付的工资都不得低于当地的最低工资标准。

《劳动合同法》第二十条、第五十八条、第七十四条、第八十五条从试用期工资标准、劳务派遣工工资标准、劳动行政部门对最低工资标准的监督检查职责、企业违反最低工资规定的违法责任等方面对最低工资制度做出了相应规定，进一步完善了最低工资保障制度。

《劳动合同法》第二十条，劳动者在试用期的工资不得低于本单位相同岗位最低档工资或者劳动合同约定工资的百分之八十，并不得低于用人单位所在地的最低工资标准。

第五十八条第二款，被派遣劳动者在无工作期间，劳务派遣单位应当按照所在地人民政府规定的最低工资标准，向其按月支付报酬。

第七十四条，县级以上地方人民政府劳动行政部门依法对用人单位支付劳动合同约定的劳动报酬和执行最低工资标准的情况进行监督检查。

第八十五条，用人单位低于当地最低工资标准支付劳动者工资的，应当支付其差额部分；逾期不支付的，责令用人单位按应付金额百分之五十以上百分之一百以下的标准向劳动者加付赔偿金。

实践中，试用期劳动者工资待遇偏低的现象非常普遍，很多用人单位视试用人员为廉价劳动力，任意压低劳动报酬，甚至不支付工资。对试用期劳动者待遇过低或得不到保障等突出问题，《劳动合同法》做出了有针对性的规定，明确了劳动者在试用期内的工资不得低于用人单位所在地的最低工资标准，第一次明确了试用期劳动者的工资。

五、关于工资支付的规定

《劳动合同法》对工资支付的规定，可以从工资支付的几个环节来理解，依次是宽限期、试用期、服务期。

对于宽限期的工资，《劳动合同法》第十一条规定，用人单位未在用工的同时订立书面劳动合同，与劳动者约定的劳动报酬不明确的，新招用的劳动者的劳动报酬按照集体合同规定的标准执行；没有集体合同或者集体合同未规定的，实行同工同酬。

《劳动合同法》第二十条规定，劳动者在试用期的工资不得低于本单位相同岗位最低档工资或者劳动合同约定工资的百分之八十，并不得低于用人单位所在地的最低工资标准。

上述条款从法律上对目前劳动者在试用期待遇过低且不保障的突出问题，对试用期工资做出了明确的规定。这是《劳动合同法》保障劳动者合法权益的突出特色，是个重要突破。关于试用期的工资，本条实际上规定了两个最低标准，一是不得低于本单位相同岗位最低档工资，二是不得低于劳动合同约定工资的百分之八十，同时应当取两者相比较高的标准。

《劳动合同法》第二十二条第三款规定，用人单位与劳动者约定服务期的，不影响按照正常的工资调整机制提高劳动者在服务期期间的劳动报酬。

通过约定服务期的规定，鼓励用人单位给劳动者给予员工特殊待遇，同时允许企业获得相应权利。同时，《劳动合同法》对劳动者服务期工资进行规定，是为了防止用人单位由于约定了服务期工资后而长期不提高劳动者的工资。因此在可以理解本款为在签订劳动合同时，应写明：①劳动者与用人单位应当约定服务期期间的工资，并明确服务期工资应当随本企业职工工资正常增长而相应增长；②最低工资标准提高后，其在服务期期间的工资应相应增长；③用人单位应当建立正常的工资增长机制。

六、违反工资支付规定的法律责任

《劳动合同法》第七章专门用 16 条，列出了违反劳动合同法律法规规定时所应承担的法律责任。其中，涉及劳动报酬的条款有第八十二条、第八十三条和第八十五条。

第八十二条，用人单位自用工之日起超过一个月不满一年未与劳动者订立书面劳动合同的，应当向劳动者每月支付二倍的工资。用人单位违反本法规定不与劳动者订立无固定期限劳动合同的，自应当订立无固定期限劳动合同之日起向劳动者每月支付二倍的工资。

第八十三条，用人单位违反本法规定与劳动者约定试用期的，由劳动行政部门责令改正；违法约定的试用期已经履行的，由用人单位以劳动者试用期满月工资为标准，按已经履行的超过法定试用期的期间向劳动者支付赔偿金。

第八十五条列举了用人单位侵害劳动者有关工资报酬的四种情形：一是未按照劳动合同的约定或者无故拖欠劳动者劳动报酬的行为，二是用人单位低于当地最低工资标准支付劳动者工资的，三是安排加班不支付加班费的，四是解除或者终止劳动合同，未依照本法规定向劳动者支付经济补偿金的。

对用人单位侵害劳动者有关工资合法权益的法律责任，第八十五条规定用人单位应承担下列法律责任：一是责令限期改。用人单位侵害劳动者有关工资报酬合法权益的，由劳动行政部门责令限期支付劳动报酬、加班费或经济补偿；劳动报酬低于当地最低工资标准的，应当支付其差额部分。

二是赔偿金。用人单位逾期不支付，由劳动行政部门责令用人单位按应付金额50%以上100%以下的标准向劳动者支付赔偿金。

七、如何支付劳务派遣人员的劳动报酬

《劳动合同法》第五章特别规定第二节专门就劳务派遣做出了明确详细的规定。所谓劳务派遣，指的是劳务派遣单位与被派遣劳动者订立劳动合同后，将该劳动者派遣到用工单位从事劳动的一种特殊用工形式。自20世纪90年代后期以来，在大量农村劳动力转移就业和城镇下岗失业人员需要再就业的背景下，劳务派遣用工形式在我国产生并得到发展。到21世纪初，劳务派遣用工形式在我国发展速度明显加快，成为一种比较普遍的用工形式。劳务派遣的发展，在降低用人单位的人工成本、提高其竞争力，促进农村劳动力和城镇下岗失业人员再就业方面起到了积极作用，但由于《劳动法》没有对劳务派遣用工形式做出规定，相关法律规定的法律效力低，用人单位不用直接承担相应的法律义务，同时由于劳务派遣单位规模小、管理不规范、一些用人单位为了规避《劳动法》规定的义务，大量通过劳务派遣形式用工。一些劳动者被派遣到用人单位后，用人单位安排超时加班加点、不依法安排劳动者休息休假、不按劳动协议提供劳动条件等，使被派遣劳动者的权利受到侵害，而且劳动者时常得不到权力救济。如果不济是立法规范劳务派遣用工形式，劳务派遣用工形式可能进一步泛滥，导致劳动关系"空壳化"，劳动者权利得不到有效保障。为此，《劳动合同法》设专门的一节内容对劳务派遣用工形式进行了规范，目的是规范这种特殊用工形式，使符合社会分工需要的劳务派遣能够得到健康发展，同时防止用工单位规避劳动保障法律法规，更好地维护劳动者合法权益。

关于劳务派遣人员的劳动报酬，《劳动合同法》第五十八条第二款，劳务派遣单位应当与被派遣劳动者订立二年以上的固定期限劳动合同，按月支付劳动报酬；被派遣劳动者在无工作期间，劳务派遣单位应当按照所在地人民政府规定的最低工资标准，向其按月支付报酬。

归纳起来主要是：①劳务派遣单位与派遣劳务工签订的劳动合同中，首先需列明《劳动合同法》第十七条规定的必备条款。特别是要依法明确被派遣人员的工作岗位和岗位工资及各种劳动报酬等。②劳动报酬的支付标准。第五十八条规定，劳动派遣单位与劳动者协商确定工资，并按月支付劳动报酬。第五十九条规定，劳务派遣单位与用工单位约定派遣工的劳

动报酬。第六十一条规定，劳务派遣单位跨地区派遣劳动者的，被派遣劳动者享有的劳动条件和劳动报酬，应当按照用工单位所在地的标准执行。第六十三条规定，派遣工享有与用工单位的劳动者同工同酬的权利。根据这些规定，派遣工的劳动报酬实际上由用工单位和派遣单位共同决定，并按照用工单位的标准执行。但仔细读来，也存在问题，就是第五十八条第二款规定，在无工作期间，派遣工的劳动报酬不得低于劳务派遣单位所在地人民政府规定的最低工资标准。因此，在派遣工没有被派到用工单位时，劳动报酬的支付标准是按照派遣单位的标准执行，并不得低于当地的劳动基准。这表明《劳动合同法》规定了两种支付标准。③劳动报酬的支付主体。根据第五十八条的规定，劳动报酬的支付主体应当是派遣单位，而根据第六十条的规定，劳动报酬的支付主体似乎成为用工单位。第六十二条第三款明确规定，用工单位应当支付加班费、绩效奖金，提供与工作岗位相关的福利待遇。据此应当理解为派遣人员在被派遣期限内，派遣单位是名义上的支付主体，而用工单位是实际上的支付主体，二者皆须履行及时、足额支付派遣工劳动报酬的义务，如有违反，皆须承担法律责任。而在派遣工没有被派遣期间，派遣单位是唯一的支付主体，须独自承担法律责任。④异地派遣时的支付地点和标准。由于派遣单位与用工单位不在一地，甚至不在一国，而派遣工在用工单位处劳动，与派遣单位相距较远，向派遣工支付劳动报酬的地点就变得重要起来。按照现行法律规定，劳动报酬应由用工单位交由派遣单位发放给派遣工，这种曲折的支付方式将造成支付费用的增加，也会造成派遣工获取劳动报酬的难度加大，在因劳动报酬而发生劳动争议时，也会加大劳动者维权的成本。本法对此欠缺合理规范。⑤跨地区劳务派遣劳动标准适用问题。如果不是跨地区派遣，派遣单位与用工单位在一个地方，自然适用当地的劳动标准；而跨地区派遣情况下，派遣单位所在地的劳动标准与用工单位所在地的劳动标准不一样，按照本条规定，就应当按照用工单位所在地的标准执行。其理由在于，派遣工在用工单位处从事生产劳动，其劳动条件和劳动保护都由用工单位提供，按照用工单位所在地劳动标准执行，既与实际相吻合，又便于用工单位的执行以及劳动行政部门的监督检查。但是，有一个问题需要引起立法者高度重视，就是用工单位所在地的劳动基准明显低于派遣单位所在地的标准时（这种情况在跨国派遣中较为常见），甚至执行用工单位所在地劳动标准有违派遣单位所在地的法律，如果仍然强行规定必须适用用工单位所在地的劳动标准，则对派遣工的权益损害较大。因此应当规定，用工单位所在地劳动标准明显低于派遣单位所在地劳动标准，并且严重损害派遣工权益时，应当适用派遣单位所在地的劳动标准。⑥关于劳务派遣中的平等待遇、同工同酬的规定。我国《劳动法》第四十六条明确规定，工资分配应当遵循按劳分配的原则，实行同工同酬。根据劳动部办公厅《关于〈劳动法〉若干条文的说明的通知》（劳办发〔1994〕289号）第四十六条的规定，同工同酬意指用人单位对于从事相同工作，付出等量劳动且取得相同劳绩的劳动者，应支付同等的劳动报酬。同工同酬表明，每个劳动者在同样的劳动关系中应处于同等的地位、获得同等的劳动收益，即应当实现劳动平等。同工同酬是劳动实质平等的典型体现。这里的"劳动报酬"，不仅限于工资，而是泛指企业内的各种利益分配，包括基本工资或薪金，以及任何附加报酬（即所谓的福利），如奖金、各种津贴和补贴等。福利是基本工资的补充形式。同工不同酬现象不仅表现在工资、奖金、加班加点工资、各类津贴和补贴等显性利益分配方面，还表现在劳动安全保障费、教育培训费、社会保险费等隐性利益分配方面。⑦派遣工与用工单位的劳动者的同工同酬必须具备一定条件。除了这些劳动者的工作岗位、工作内容相同以外，还必须具备两个条件：一是在相同的工作岗位上付出了与别人同样的劳动工作量；二是同样的工作量取得了相同的工作业绩。用人单位应当制定并遵循统一的标准，把同一工种、同一岗位的劳动者之间的劳动差别（包括数量和质量的差别、复杂劳动和简单劳动的差别、责任和贡献大小的差别等）分别纳入统一的工资标准、工资等级表和技术等级标准，得出一个具体的工资量。因此，在劳务派遣中的同工同酬，主要指派遣工与用人单位的正式工之间，不得在利益分配方面存在不合理的差距。这种不合理主要是由劳动者的派遣工与正式工的身份造成的，而由地区、行业、工种、岗位、技术水平、劳动量、劳动复杂程度、工作能力等因素造成的差距则是合理的。在劳动者之间存在合理的收益差别，有助于劳动者自身的提高以及用人单位的发展，而不合理的收益差距则损害派遣工的权益，破坏了劳动法所倡导的劳动平等原则。

　　需要注意的是，在劳务派遣领域，同工不同酬是劳务派遣得以迅速发展的最直接的经济动力所在。在一些国家或地区，由于对劳务派遣范围进行了限制，故而在未被限制的非主业、非核心、非常年性岗位上（即边缘性、辅助性、临时性、季节性岗位）使用派遣工，可以容忍一定的差别；而在被限制的主业、核心、常年性岗位上，如果一定要使用派遣工，则必须同工同酬。在本法中，并没有以岗位为区分标准做出类似规定。

八、非全日制劳动者的工资支付问题

近10年来，随着我国经济结构的调整，非全日制用工作为一种新颖的用工形式在我国得到了较为快速的发展。实践中，从事非全日制工作的劳动者大多属于低端劳动者，主要包括进城的农民工、城市下岗职工等，这些群体的文化程度不高，工资收入水平较低，其合法权益更容易受到侵害。2003年劳动和社会保障部做出了《关于非全日制用工若干问题的意见》（以下简称《意见》），使劳动者合法权益保护有了基本的规则。但是由于这些规范文件法律位阶较低，而非全日制用工中很多规则都要突破劳动法中关于劳动合同制度的规定，因而这些规范文件本身受到了一些质疑。《劳动合同法》首次以法律的形式确认了非全日制用工为合法的用工形式：

《劳动合同法》第六十八条，非全日制用工，是指以小时计酬为主，劳动者在同一用人单位一般平均每日工作时间不超过四小时，每周工作时间累计不超过二十四小时的用工形式。

2003年，《意见》中将非全日制用工界定为"在同一用人单位平均每日工作时间不超过五小时，累计每周工作时间不超过三十小时的用工形式"。

《劳动合同法》比《意见》更为严格，日工作时间和周工作时间分别缩短了1小时和6小时。与此同时会出现一个问题，就是用人单位根据实际业务的需要，偶尔会要求非全日制劳动者加班，非全日制劳动者能否加班，对于超出约定工作时间以外的工资支付的标准问题，《劳动合同法》没有做出规定，应当由有关部门做出规定或进行相关解释。

第七十二条，非全日制用工小时计酬标准不得低于用人单位所在地人民政府规定的最低小时工资标准。非全日制用工劳动报酬结算支付周期最长不得超过十五日。

本条是关于非全日制用工工资支付周期的规定。《工资支付暂行规定》规定，工资必须在用人单位与劳动者约定的日期支付。如遇节假日或休息日，则应提前在最近的工作日支付。工资至少每月支付一次，实行周、日、小时工资制的可按周、日、小时支付工资；对完成一次性临时劳动或某项具体工作的劳动者，用人单位应按有关协议或合同规定在其完成劳动任务后即支付工资；劳动关系双方依法解除或终止劳动合同时，用人单位应在解除或终止劳动合同时一次性付清劳动者工资。《劳动法》第五十条规定："工资应当以货币形式按月支付给劳动者本人。不得克扣或者无故拖欠劳动者的工资。"本条对非全日制用工工资支付周期做出了与以往不同的规定，也是个新突破。一是规定支付标准不得低于所在地政府规定的小时最低工资标准；二是规定工资支付周期最长不超过15日，否则就是拖欠工资行为。

通读《劳动合同法》全文，可以体会到《劳动合同法》对工资分配有很多新的规定。这是对当前我国法律对工资形成、增长机制、工资支付制度等方面的新突破，体现出对劳动者权益的保护，对用人单位提出了更高的要求。这也是对用人单位提出的考验和挑战。各级政府有关部门、企业或劳动者只有认真深入学习体会和领会《劳动合同法》的立法精神，尤其是该法对有关劳动报酬的规定，认真贯彻落实，才能真正实现劳动者和用人单位的"双赢"，从而建立起和谐的劳动关系。

（注：2007年6月《劳动合同法》颁布后，引起社会的极大反响。当年9月笔者从培训就业处转任劳动工资处处长，按照厅党组的要求，笔者从《劳动合同法》对工资分配的规定角度，撰写了这篇系统学习的体会文章，从七个方面阐述了劳动报酬是劳动关系的核心内容。建立劳动关系，保障劳动者合法权益，必须依法建立健全企业工资分配制度和三大机制）

第四节 收入分配制度改革"五策"

收入分配与人民幸福安康息息相关。任何一个国家的国民收入分配至少包括两个层次，即初次分配和再分配。初次分配在国民收入分配体系中具有十分重要的地位与作用。但是目前，人们对收入分配的认识还存在很大偏差，主要表现为"三重、三轻"，即重市场调节，轻政府调控；重二次分配，轻一次分配；重宏观分配格局调整，轻微观制度和机制的建立。

针对当前我国收入分配方面存在的突出问题，笔者认为当前和今后一个时期深化收入分配制度改革，应以改善民生为重点，着力深化初次分配制度改革，切实改变初次分配的体制性障碍和分配不公问题，着力在企业内部建立起科学合理的工资分配制度，推进制度和机制创新，消除体制性障碍，实现分配机会公平和过程公平，逐步扭转收入差距扩大、分配结果不公平的趋势。主要应对措施是：

（1）要冲破体制性障碍，积极引导企业建立公平合理的工资分配制度，推进工资分配制度创新。

由于受传统的城乡分割体制和企业内部多种用人制度的影响，目前不少企业在工资分配方面仍然存在着按员工身份进行分配的情况。针对上述问题，笔者觉得用人单位要冲破劳动用工和户籍等各种体制性障碍，在企业工资分配中全面贯彻按劳分配为主的原则，通过深化工资制度改革，切实改变按员工身份进行分配的做法。对直接涉及劳动者切身利益的劳动报酬问题，坚持按照法定程序，经与职工代表或工会民主协商后，制定企业内部科学合理的工资分配制度和分配方案。不同类型企业可根据实际情况，实行不同的分配形式，但是对本企业所有员工都应当一视同仁，实行同工同酬，不能歧视。同时重视处理好初次分配中效率与公平的关系，从而实现分配起点公平和过程的公开、公平、公正。

（2）要全面推动企业建立完善工资集体协商制度，推进企业工资决定机制创新。在体制转轨进程中，我国把工资分配权下放给企业，不只是下放给投资者和经营者，而是下放给企业劳资双方。特别是在目前我国仍存在着劳动力供大于求和"强资本弱劳动"的情况下，劳动者处于弱势地位。如果让企业老板单方面决定工资，他们受追求利润最大化本能的驱动，往往会千方百计压低劳动者的工资，赚取更多的利润，造成普通劳动者工资增长缓慢和高低收入拉大的情况。因此，必须借鉴国外成功经验，在把工资分配决定权下放给企业的同时，着力通过深化改革，依法推动建立工资集体协商制度，由劳资双方通过工资集体民主协商来决定本企业工资分配的形式和分配水平等。然而目前要推进这一工作，还存在着劳资双方协商主体严重缺位的问题。国有企业工会只是作为企业的"职能部门"而存在，难以真正代表员工的利益。非国有企业工会组织不健全或没有建立工会，行业工会也基本没有建立，无法开展集体协商。深化改革，就是要采取有力措施，在这方面探索出一条具有中国特色的工资集体协商的新路子。

（3）要继续深化国有垄断企业的工资分配制度改革，推进国企工资分配自我约束机制和政府监控机制的创新。对国有垄断企业的工资改革，除了打破垄断，强化税收调节外，当前是要着力研究建立完善符合国企特点的工资总量决定机制和自我约束机制。首先，主要是通过进一步完善工效挂钩办法，决定企业可供分配的工资总额，使其工资总额与经济效益实现同步增长。其次，要按照《劳动合同法》的规定，通过民主程序在企业内部建立起科学规范、公平合理的工资分配制度，合理拉开不同岗位之间的分配差距，合理确定经营者收入水平。这些制度一旦建立，需向职工公布，以形成自我约束机制。最后，要全面建立集体协商制度，通过集体协商，合理确定工资分配形式、水平和增长幅度。当地劳动行政部门要依法对工资集体合同依法进行审查，以加强对工资分配的监控。通过上述三项制度创新，形成企业内部工资正常增长机制和自我约束机制以及政府监控机制，以保证其工资分配公平合理并与效益保持大致同步增长，防止企业通过过高的分配侵蚀利润，以促进社会各行业和企业间的分配公平。

（4）加快工资立法，把改革成果上升为法律，实现各类企业工资决定机制和正常增长机制的制度化。要建立工资正常增长机制，首先必须进一步完善工资决定机制。因此必须加快工资立法，从法律上规定，在经济发展和劳动生产率提高的基础上，保证职工工资收入同步增长。不同类型的企业可以采取不同的工资分配决定方式和增长方式。对国有企业可以继续实行并完善工资总额同经济效益挂钩的办法，以保证职工工资随效益增长而增长；对非国有企业，主要通过实行劳资双方集体协商的办法来决定工资增长水平和速度问题。其次要通过法律明确规定，经集体协商依法确定的工资总额，允许全部进入成本，税前列支。最后要定期调整税收起征点。目前，税收起征点过低，不仅抑制了企业分配的水平，而且也抑制了职工实际的工资收入水平。因此，要通过立法明确规定税收起征点原则上每两年至少调整一次，以保证职工工资的实质增长，防止中低收入劳动者工资增长后，国家又通过税收形式把职工个人收入转化为国家财政收入。

（5）要继续深化工资管理体制改革，推进工资分配宏观调控机制创新。推进社会体制改革和在全社会形成合理有序的收入分配格局的要求，我们应当在工资分配管理机构、体制、方式上进行重新设置定位。首先，在新一轮机构改革中，要加大机构整合力度，建立健全一个综合协调管理企业工资分配的职能部门。其次，要通过科学制定工资政策和增长计划，及时发布工资增长指导线，加强对企业工资分配方面的协调、指导、监督和调控。再次，要依法完善最低工资保障制度，逐步提高最低工资保障水平。原则上最低工资标准每两年至少调整一次，工资水平偏低的地方，可以每年调整一次，直接推动工资增长。最后，政府在宏观层面还要重视处理好个人收入、企业收入与国家收入之间的关系。国家在初次分配和再分配环节上都要适当减税、让利于民。通过适当减税，适当降低国家财政收入所占的份额，提高劳动报酬在初次分配中所占的比重，逐步形成合理有序的分配格局。当前要重视抓好上述四个方面的工作，以实现工资分配宏观调控机制的创新。

（本文发表于《21世纪经济报道》2008年2月18日第四版。）

第五节 当前企业工资分配制度改革的着力点

当前,工资分配不合理与收入差距拉大问题已成为社会各界关注的焦点。党的十六届六中全会《决定》明确提出要"完善收入分配制度,规范收入分配秩序"。制度是实现社会公平正义的根本保证。在市场经济条件下,保障收入分配公平,关键在于加强工资分配制度建设。近年来,广东在深化企业工资分配制度改革方面,积极创新,初步建立了一些保障公平的企业工资分配制度,对于保障工资分配公平,缓解收入差距拉大等,起到了积极作用。但这些制度还不完善,覆盖面窄,落实不到位、执行乏力,难以对企业内部及企业之间、行业之间进行有效的干预和调节,致使工资分配不公问题依然存在,收入差距继续扩大。在当前和今后一个时期,必须把推进工资分配制度创新;进一步加强和完善收入分配制度建设,作为保障分配公平,构建和谐社会的一项重要任务来抓。

(1)进一步完善最低工资保障制度。这一制度的核心是定期公布最低工资标准。最低工资标准是指劳动者在法定时间内或劳动合同约定的工作时间内提供正常劳动的前提下,用人单位应当依法支付的最低劳动报酬。它不是用人单位给劳动者支付工资的标准。此项制度实施10年来,还有许多不完善的地方。目前政府颁布的最低工资标准,是在法定工作时间内提供正常劳动的月最低工资,尚未包括从事非全日制工作的灵活就业人员的小时最低工资标准。最低工资标准仍然偏低,特别是地区之间的最低工资标准差距较大,调整的时间没有相对稳定,企业难以做出人工成本预算,执行效果较差等。针对上述问题,今后要进一步完善最低工资保障制度,完善确定和调整月最低工资标准的测算办法。

(2)进一步加强劳动力市场工资指导价位和工资增长指导线制度建设。在市场经济条件下,工资价位作为劳动力的价格,是劳动力市场的重要组成部分,是政府对企业工资分配进行宏观间接调控和指导的重要手段。着力推进劳动力市场工资指导价位制度建设,有利于政府转变管理职能,由直接行政管理转变为充分利用劳动力市场价格信号;有利于引导企业合理确定工资水平和理顺各类人员的工资关系,增强分配的透明度和公正性。

(3)尽快建立企业工资集体协商制度。工资集体协商制度是在市场经济条件下,企业代表和本企业职工代表依法就企业内部工资分配制度、工资分配形式及分配水平等事项进行平等协商,在达成一致的基础上签订工资协议的行为。现阶段,我国存在着"强资本弱劳动"的情况,协商双方地位不平等。推进工资集体协商,首先应当着力培养两个协商主体,特别是依照法律程序培育职工代表这个协商主体,维护协商的权益。其次要明确规定协商的内容和范围,提供企业人工成本水平、职工平均工资水平、工资增长指导线和市场工资价位等有关信息,作为双方协商的参考依据。此外,还要加强对协商情况进行指导,保证工资集体协商程序和结果的公平、公正,并符合国家法律和有关工资分配的宏观调控政策。

(4) 抓紧完善国有企业工资分配监管制度。由于对国有企业工资分配的监管无力,导致存在着多头管理和管理不到位的情况。必须按照中央提出的原则要求,继续采取多种有效的办法,包括实行经营者年薪制和工效挂钩办法,加强对国有企业工资总额和工资增长水平以及内部工资结构体系的调节、监控。特别是对垄断企业,要严格核定人工成本的比重,严格控制工资总额,严格控制经营者工资的过快增长,合理确定经营者工资与本企业职工人均工资的关系,防止有些行业或企业利用垄断性的国家资源,实行过高分配,破坏社会分配的公平、公正。

(5) 完善工资支付保障制度。工资是民生之本。在工资支付方面,应当坚持贯彻"按时足额,优先支付"原则,坚决制止用人单位恶意拖欠、克扣或变相压低工资的行为。各级政府劳动和社会保障部门应当建立健全对用人单位工资支付行为的监督检查制度,规范监督程序,对违法行为及时进行处理,从而形成工资支付预警机制、信用评价监督机制和应急处置机制,以保障劳动者获得劳动报酬的权利,从而逐步建立起和谐的劳动关系,促进社会公平和经济发展。

(注:本文发表于《南方日报》2007年2月6日)

【参阅资料】十八届三中全会《决定》关于工资分配的论述

党的十八届三中全会通过的《关于全面深化改革若干重大问题的决定》指出:形成合理有序的收入分配格局。着重保护劳动所得,努力实现劳动报酬增长和劳动生产率提高同步,提高劳动报酬在初次分配中的比重。健全工资决定和正常增长机制,完善最低工资和工资支付制度,完善企业工资集体协商制度。改革机关事业单位工资和津贴补贴制度,完善艰苦边远地区津贴增长机制。健全资本、知识、技术、管理等由要素市场决定的报酬机制。扩展投资和租赁服务等途径,优化上市公司投资者回报机制,保护投资者尤其是中小投资者合法权益,多渠道增加居民财产性收入。

第八章　规范收入分配秩序，保障分配公平

完善以税收、社会保障、转移支付为主要手段的再分配调节机制，加大税收调节力度。建立公共资源出让收益合理共享机制。完善慈善捐助减免税制度，支持慈善事业发挥扶贫济困的积极作用。

规范收入分配秩序，完善收入分配调控体制机制和政策体系，建立个人收入和财产信息系统，保护合法收入，调节过高收入，清理规范隐性收入，取缔非法收入，增加低收入者收入，扩大中等收入者比重，努力缩小城乡、区域、行业收入分配差距，逐步形成橄榄型分配格局。

第九章　努力推进企业分配制度创新

【内容提要】 2007—2009年间，有几个重大事件对劳动工资工作产生了重大影响。一是《劳动合同法》于2007年6月颁布；二是党中央召开十七大；三是2008年下半年爆发国际金融危机，2008年11月，国务院常务会议决定实行积极的财政政策和适度宽松的货币政策。12月中央经济工作会议决定把扩大内需作为保增长的根本途径，把改善民生作为保增长的出发点和落脚点。2009年1月，全国总工会、人社部等单位印发《关于应对当前经济形势稳定劳动关系的指导意见》，提出劳动关系三方共同行动应对金融危机。在这个大背景下，笔者任劳动工资处处长，为了立足本职，服务大局，稳定劳动关系，扩大内需保增长，应各地和企业的要求，笔者依据《劳动合同法》和国家的方针政策，做了几十场讲座，从依法推进企业工资分配机制创新角度，宣讲了有关政策。本章收录的几篇演讲提纲，扼要地反映了笔者对国家劳动工资法律政策的理解和执行情况。

第一节　正确理解《劳动合同法》，积极推进薪酬制度创新

依法取得劳动报酬是劳动者的基本权利，也是劳动合同的核心内容。《劳动合同法》颁布前，曾向社会各界征求意见，劳动报酬问题成为社会各界关注的焦点。人们一致认为，劳动报酬是劳动合同中最重要的必备条款，在实践中也是最容易产生争议的问题，强烈要求《劳动合同法》对劳动报酬做出进一步明确的规定。根据社会各界反映的意见，起草小组对《劳动合同法》做了较大的修改，从原稿的65条增加到98条，其中涉及劳动报酬和工资分配的有33条，占全文的1/3。这些条款对现行工资管理模式和决定机制，从三个层面上做了新的规定，有较大突破，充分体现了《劳动合同法》的立法宗旨和特色。我们必须认真学习，做好贯彻实施工作。

《劳动合同法》的颁布，标志着我国企业工资分配和管理将进入一个新时代。

一、劳动报酬在劳动关系中的重要地位

我们可以从《劳动法》和《劳动合同法》的有关规定，充分认识劳动报酬在劳动关系中的重要地位。

（1）依法取得劳动报酬是劳动者最基本的权益（《劳动法》第三条）。

（2）保护劳动者合法权益最关键的是保护劳动者取得劳动报酬的权利（《劳动合同法》第一条）。

（3）劳动报酬是直接涉及劳动者切身利益的重大事项（《劳动合同法》第四条）。

（4）劳动报酬是劳动合同中必备条款和核心内容（《劳动合同法》第十七条）。

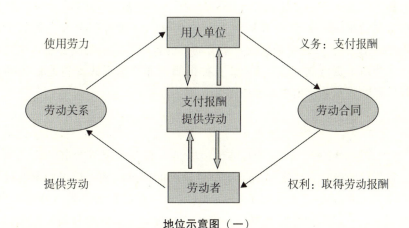

地位示意图（一）

地位示意图（二）

上述法律规定告诉我们，劳动报酬是劳动合同的核心内容，是贯穿劳动合同产生、发展、终止全过程的重要概念，要注意它们之间的联系与区别：

《劳动合同法》中有35个条款使用"劳动报酬"或"工资"这两个名词。例如第四条、第五条、第八条、第十一条，第十八条等。二审稿第九条规定："与劳动者约定的待遇不明确的"一句，在三审稿第十一条改为："与劳动者约定的劳动报酬不明确的。"这些规定，表明了劳动报酬是劳动关系的核心内容，是保护劳动者合法权利的重要方面。

那么，什么是劳动报酬？什么是工资？在实际工作中，我们必须对法律中这两个概念的联系与区别有准确、具体的把握。

（一）什么叫劳动报酬

根据《关于〈劳动法〉若干条文的说明》（劳办发〔1994〕289号）的解释，劳动报酬是指劳动者从用人单位获得的全部工资收入（即广义工资），是用人单位以法定形式支付给劳动者的各种形式的物质补偿，主要包括：①货币工资（狭义工资）；②实物报酬（非货币形式支付的福利等）；③社会保险（按规定由个人缴纳部分）等。

（二）什么叫工资

《劳动法》中的工资是用人单位根据国家有关规定或者劳动合同的规定，以货币的形式直接支付给本单位劳动者的劳动报酬。根据国家统计局1990年发布的《关于工资总额组成的规定》和劳动部劳办发〔1994〕289号文规定，一般包括计时工资、计件工资、奖金、津贴和补贴，延长工作时间的工资以及特殊情况下支付的工资。

正常工作时间的工资，是指劳动者在法定工作时间内提供了正常劳动，用人单位依法应当支付的劳动报酬。

它不包括：①延长工作时间的工资；②中班、夜班，高温、低温，井下，有毒有害等特殊工作环境、条件下的津贴；③法律、法规规定的其他福利待遇。

（三）不属于工资范围的劳动收入

工资是劳动者劳动收入的主要组成部分。但劳动者的以下劳动收入不属于工资的范围：

第九章 努力推进企业分配制度创新

（1）单位支付给劳动者个人的社会保险福利费用，如丧葬、抚恤、救济费，生活困难补助费，计划生育补贴等。

（2）劳动保护方面的费用，如用人单位支付给劳动者的工作服、解毒剂、清凉饮料费用等。

（3）按规定未列入工资总额的各种劳动报酬及其他劳动收入，如根据国家规定发放的创造发明奖、国家星火奖、自然科学奖、科学技术进步奖、合理化建议和技术改进奖、中华技能大奖等，以及稿费、讲课费、翻译费等。

二、关于在劳动合同中约定劳动报酬的规定

《劳动合同法》第十六条规定：劳动合同由用人单位与劳动者协商一致并经用人单位与劳动者在劳动合同文本上签字或者盖章生效。

第十八条：劳动合同对劳动报酬和劳动条件等标准规定不明确，引发争议的，用人单位与劳动者可以重新协商，协商不成的，适用集体合同规定；没有集体合同或者集体同未规定劳动报酬的，实行同工同酬；没有集体合同或者集体合同未规定劳动条件等标准的，适用国家有关规定。

（一）上述规定的重要意义

从微观上确立了劳动者个人工资水平的决定机制，即劳动工资由劳资双方协商确定，改变了目前由"企业老板单方面决定"的做法。

在市场经济条件下，劳动报酬应当由谁决定？

（1）由市场决定？

（2）由用人单位决定？（见《劳动法》第四十七条）

（3）由劳动者决定？

（4）由劳动关系双方协商决定？（见《劳动合同法》第三、十六、十七、十八、三十五条）。

（二）在劳动合同中约定劳动报酬，至少应包括以下内容

（1）工资分配制度、工资标准和工资分配形式。

（2）工资支付周期办法。

（3）加班、加点工资及津、补贴标准和奖金分配办法。

（4）工资调整办法。

(5) 试用期及病、事假期间的工资待遇。
(6) 特殊情况下职工工资（生活费）支付办法。
(7) 其他劳动报酬分配办法。

必须注意：劳动合同中有关劳动报酬的约定，要符合我国有关最低工资标准的规定。

（三）案例：某劳动合同文本关于工资待遇的规定（略）

（四）约定劳动报酬不明的处理办法

《劳动合同法》第十八条规定了劳动合同约定劳动报酬等标准不明确时的处理办法。

（1）当劳动合同对劳动报酬、劳动条件等标准的约定不明确引发争议时，用人单位与劳动者可以重新协商，这是《劳动合同法》私法属性的体现，合法范围内的意思自治是必须予以保护的。

（2）如果协商不成的，则适用集体合同规定。

（3）如果没有集体合同或者集体合同未就劳动报酬做出规定的，则用人单位应当按照同工同酬原则，按照相同或相近岗位的劳动者工资标准支付。

（4）对于劳动报酬之外的其他劳动条件等标准约定不明的，如果没有集体合同或者集体合同未规定的，则适用国家有关规定。

（五）必备条款约定欠缺的法律后果

《劳动合同法》第八十一条规定：

（1）劳动合同文本未载明必备条款或未将劳动合同文本交付劳动者的，由劳动行政部门责令用人单位改正；劳动报酬属于必备条款。

（2）上述两种情况均属违法行为，如给劳动者造成损害的，用人单位应当承担赔偿责任。

三、关于通过集体协商约定劳动报酬的规定

《劳动合同法》除了规定劳动者个人可以与用人单位平等协商约定工资水平外，还规定劳动报酬可以通过集体协商约定。主要规定体现在本法第四条、六条、五十一条、五十二条和五十五条中。

第九章　努力推进企业分配制度创新

（一）通过制定规章制度约定劳动报酬

第四条：用人单位应当依法建立和完善劳动规章制度，保障劳动者享有劳动权利、履行劳动义务。

用人单位在制定、修改或者决定有关劳动报酬、工作时间、休息休假、劳动安全卫生、保险福利、职工培训、劳动纪律以及劳动定额管理等直接涉及劳动者切身利益的规章制度或者重大事项时，应当经职工代表大会或者全体职工讨论，提出方案和意见，与工会或者职工代表平等协商确定。

在规章制度和重大事项决定实施过程中，工会或者职工认为不适当的，有权向用人单位提出，通过协商予以修改完善。

用人单位应当将直接涉及劳动者切身利益的规章制度和重大事项决定公示，或者告知劳动者。

本条规定有如下含义：

（1）用人单位应当依法建立劳动规章制度。

（2）劳动规章制度按其内容可以分为两类；一类是直接涉及劳动者切身利益的事项，另一类是非直接涉及劳动者切身利益的事项。

（3）劳动报酬是直接涉及劳动者切身利益的事项，应当通过制定规章制度协商确定。

（4）制定有关劳动报酬的规章制度必须经如下法定程序：全体讨论、提出方案、平等协商、共同确定、公示告知。

可见，劳动报酬应当经过集体协商制定规章制度予以确定。

（二）通过工会与用人单位建立集体协商制度，订立集体合同，确定工资分配方式和水平

《劳动合同法》第六条：工会应当帮助、指导劳动者与用人单位依法订立和履行劳动合同，并与用人单位建立集体协商机制，维护劳动者的合法权益。

本条不仅规定了工会的作用，而且规定工会应当与用人单位建立集体协商机制，代表职工与企业就涉及职工权利的事项进行沟通和协商。协商的内容，主要包括劳动报酬、保险福利等方面。

（三）通过订立工资专项集体合同决定工资分配水平

第五十一条：企业职工一方与用人单位通过平等协商，可以就劳动报

酬、工作时间、休息休假、劳动安全卫生、保险福利等事项订立集体合同。集体合同草案应当提交职工代表大会或者全体职工讨论通过。

集体合同由工会代表企业职工一方与用人单位订立；尚未建立工会的用人单位，由上级工会指导劳动者推举的代表与用人单位订立。

第五十二条：企业职工一方与用人单位可以订立劳动安全卫生、女职工权益保护、工资调整机制等专项集体合同。

上述规定的主要精神：
（1）确立了有关工资专项集体合同的法律地位。
（2）要准确把握工资调整机制的内涵。
（3）进一步规定集体合同中劳动报酬与劳动合同、国家劳动基准的法律效力关系。
（4）对订立行业性，区域性集体合同做出了明确规定。

四、关于国家依法对企业工资分配进行干预的规定

《劳动法》第四十六条至四十八条规定，工资分配方式和水平由用人单位依法自主确定，国家对工资总额实行宏观调控，并通过制定最低工资标准实行底线间接干预。

《劳动合同法》在总结实践经验基础上，对工资分配方式做了重要调整。最大的变化是把国家对工资分配的干预，分为直接干预和间接干预两种，全面介入用人单位劳动合同从产生到终止全过程的工资水平确定。

这是《劳动合同法》的一个重要变化和突破，着力点是保护劳动者的合法权益。这标志着今后国家对工资分配的干预力度将加大，企业工资分配和管理将进入一个全新的依法管理时代。

（一）直接干预的十大环节

近年来在体制转轨过程中，由于不少用人单位受经济利益的驱动，加上法律规定不完善，劳动合同双方在劳动合同中对劳动报酬的规定存在着许多漏洞和薄弱环节，出现了用人单位大量拖欠、克扣员工工资，严重损害劳动者合法权益的现象。

针对这一个问题，《劳动合同法》对劳动合同有关劳动报酬约定不明确的地方做出了具体、明确规定，体现了国家对工资分配的直接干预。主要表现在以下10个方面。

第九章　努力推进企业分配制度创新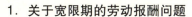

1. 关于宽限期的劳动报酬问题

第十条　建立劳动关系，应当订立书面劳动合同。已经建立劳动关系，未同时订立书面劳动合同的，应当自用工之日起一个月内订立书面劳动合同。这一个月就是宽限期。

第十一条　用人单位未在用工的同时订立书面劳动合同，与劳动者约定的劳动报酬不明确的，新招用劳动者的劳动报酬按照集体合同规定的标准执行；没有集体合同或者集体合同未规定的，实行同工同酬。

首先，什么叫宽限期？《劳动合同法》第十条做了规定。

实践中，用人单位与劳动者订立书面劳动合同需要一定的时间，特别是招用大批劳动者时，很难做到一经招用就订立劳动合同。有的先建立劳动关系，即正式提供劳动，后订劳动合同；有的先订劳动合同后建立劳动关系。考虑到用人单位的这一实际情况，《劳动合同法》第十条规定劳动关系自用工之日起建立。但未同时订立劳动合同的，应当自用工之日起一个月内订立书面劳动合同。这一个月，就是给用人单位签订劳动合同的宽限期。

其次，本法十一条规定了宽限期内劳动报酬的确定办法。

（1）用人单位未在用工的同时订立书面劳动合同，与劳动者约定的劳动报酬不明确的，新招用的劳动者的劳动报酬应当按照集体合同规定的标准执行。

（2）如果用人单位与劳动者未订立集体合同，或集体合同未约定劳动报酬的，用人单位应当对劳动者实行同工同酬。

本法许多条款都提及要实行同工同酬。什么是同工同酬？

根据《关于〈劳动法〉若干条文的说明》（劳办发〔1994〕289号）的解释，"同工同酬"，是指用人单位对于从事相同工作、付出等量劳动且取得相同业绩的劳动者，应当支付同等的劳动报酬。由此可见，同工同酬必须具备三个条件：一是相同工作，即劳动者的工作岗位、工作内容相同；二是等量劳动，即在相同的工作岗位上付出了与别人同样的工作量；三是相同工作业绩，即同样的工作量取得了相同的工作业绩。

2. 关于试用期工资问题

《劳动合同法》第二十条规定，劳动者在试用期的工资不得低于本单位相同岗位最低档工资或者劳动合同约定工资的百分之八十，并不得低于用人单位所在地的最低工资标准。

本条从法律上对目前劳动者在试用期间工资低且不保障的突出问题，

对试用期工资做出了明确的规定。这是《劳动合同法》保障劳动者合法权益的突出特色，是个重要突破。

对本条的理解，目前比较一致的意见是，劳动合同双方应当在劳动合同中约定试用期工资。且约定的试用期工资应当体现同工同酬原则，不得低于当地最低工资标准。

不同的理解是：①对"不得低于本单位相同岗位最低档工资"的规定，有人认为不得低于最低档工资的80%；这是不对的。②对"不得低于劳动合同约定工资的80%"这一规定的理解，有人认为是劳动合同约定试用期工资的80%；应该是试用期满后月工资的80%，并且不低于最低工资标准。

3. 关于服务期的工资问题

第二十二条：用人单位为劳动者提供专项培训费用，对其进行专业技术培训的，可以与该劳动者订立协议，约定服务期。

劳动者违反服务期约定的，应当按照约定向用人单位支付违约金。违约金的数额不得超过用人单位提供的培训费用。用人单位要求劳动者支付的违约金不得超过服务期尚未履行部分所应分摊的培训费用。

用人单位与劳动者约定服务期的，不影响按照正常的工资调整机制提高劳动者在服务期期间的劳动报酬。

本条是关于约定服务期有关事项（如服务期、违约金、服务期间劳动报酬待遇）的规定。在劳动关系中约定服务期限，是劳动者因享受用人单位的特殊待遇（如专业培训）而做出的服务期限承诺。《劳动法》没有关于服务期的规定，本法从法律上第一次做出规定，是个重大突破。本条涉及内容比较复杂，这里重点讲第三款关于服务期工资待遇问题。

对此，许多《劳动合同法》解说资料都没有予以解说。笔者认为，领会第三款规定的目的在于，防止用人单位由于约定了服务期工资后而长期不提高劳动者的工资。因此在协议中应写明：

（1）劳动者与用人单位应当约定服务期间的基本工资，并明确服务期工资应当随本企业职工工资正常增长而相应增长。

（2）最低工资标准提高后，其在服务期间的工资应相应增长。

（3）用人单位应当建立正常的工资增长机制。

4. 关于无效劳动合同的劳动报酬如何确定问题

《劳动合同法》第二十八条规定，劳动合同被确认无效，劳动者已付出劳动的，用人单位应当向劳动者支付劳动报酬。劳动报酬的数额，参照本单位相同或者相近岗位劳动者的劳动报酬确定。

本条是关于无效劳动合同劳动报酬和数额如何确定的问题。

无效劳动合同没有法律效力。但无效劳动合同从签订到被确认无效之间往往有一段时间。在这段时间内，有的单位恶意使用无效劳动合同，致使劳动者提供劳动后却无法取得正当的劳动报酬。为保护劳动者合法权益，本条规定：①劳动合同被确认无效，劳动者已付出劳动的，用人单位应当向劳动者支付劳动报酬；②劳动报酬的数额，参照用人单位同类岗位劳动者的劳动报酬确定；③用人单位无同类岗位的，根据本法关于实行同工同酬的精神，按照本单位上年度职工平均工资确定；④如果双方约定的报酬高于用人单位同岗位劳动者的工资水平，除当事人恶意串通外，可按双方约定的工资支付。

5. 关于用人单位支付劳动报酬的规定

《劳动合同法》第三十条规定，用人单位应当按照劳动合同约定和国家规定及时足额发放劳动报酬。

用人单位拖欠或者未足额发放劳动报酬的，劳动者可以依法向当地人民法院申请支付令，人民法院应当依法发出支付令。

本条是关于劳动报酬支付的规定。对本条规定，要注意把握：①什么是劳动合同约定的劳动报酬？②什么是国家规定的劳动报酬？③劳动者有权依法申请工资支付令。

6. 关于加班工资的规定

《劳动合同法》第三十一条规定，用人单位应当严格执行劳动定额标准，不得强迫或者变相强迫劳动者加班。用人单位安排加班的，应当按照国家有关规定向劳动者支付加班费。

本条是关于劳动定额与加班费的规定。加班费其实是对加班加点工资的一种俗称，它是对劳动者延长工时的一种补偿方式。

《劳动法》第四十四条规定，用人单位应当向职工支付高于劳动者正常工作时间工资的加班加点工资，其标准分别为：①安排劳动者延长工作时间的（加点），支付不低于正常工时工资的150%；②周休日安排劳动者工作（加班）又不能安排补休的，支付不低于正常工时工资的200%；③法定休假日安排劳动者工作的（加班），支付不低于正常工时工资的300%。在这里，作为计算加班加点工资基数的正常工作时间工资，有日工资和小时工资两种。日工资为本人月工资标准除以平均每月法定工作天数（实行每周40小时工作制的为20.92天）所得的工资额；小时工资为日工资标准除以8小时所得的工资。

7. 关于无过失性辞退的工资支付

《劳动合同法》第四十条规定，有下列情形之一的，用人单位在提前三十日以书面形式通知劳动者本人或者额外支付劳动者一个月工资后，可以解除劳动合同：

（1）劳动者患病或者非因工负伤，在规定的医疗期满后不能从事原工作，也不能从事由用人单位另行安排工作的。

（2）劳动者被证明不能胜任工作，经过培训或者调整工作岗位，仍不能胜任工作的。

（3）劳动合同订立时所依据的客观情况发生重大变化，致使劳动合同无法履行，经用人单位与劳动者协商，未能就变更劳动合同内容达成协议的。

无过失性辞退的主要特点是用人单位单方解除，劳动者无过错，有预告期；规定了许可条件。

有本条三种情况，劳动者在并无过错的情况下，用人单位单方解除劳动合同须提前30天书面通知劳动者，这是基于对劳动者权益的保护，劳动者可以有一定时间寻找新的工作以继续维持生计。当然，用人单位也可以用向劳动者支付与预告期间（一个月）相等的补偿费的形式，取代预告通知。因为用人单位额外支付劳动者一个月工资，其效果等同于一个月的预告期。

但一个月工资是多少，法律没具体规定。笔者理解可按合同约定的劳动者本人月工资，或上个月劳动者本人实际领取的工资为准。

8. 关于劳务派遣人员的工资问题

《劳动合同法》第五十八条第二款规定，劳务派遣单位应当与被派遣劳动者订立二年以上的固定期限劳动合同，按月支付劳动报酬；被派遣劳动者在无工作期间，劳务派遣单位应当按照所在地人民政府规定的最低工资标准，向其按月支付报酬。

对劳动报酬做出规定的条款还有五十九条、六十条、六十一条、六十二条、六十三条和九十二条。

本法第五十八至六十五条对劳务派遣这一用工形式做出了许多具体、明确的规定。其中有不少是关于劳务派遣人员劳动报酬的规定。归纳起来，有以下主要的内容：①劳务派遣单位与派遣劳务工签订的劳动合同中，首先需列明本法十七条规定的必备条款。②劳动报酬的支付标准。③劳动报酬的支付主体。④劳动报酬的支付地点和标准。⑤地区劳务派遣劳动标准

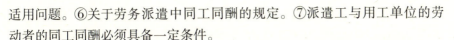

适用问题。⑥关于劳务派遣中同工同酬的规定。⑦派遣工与用工单位的劳动者的同工同酬必须具备一定条件。

9. 关于非全日制用工的工资问题

《劳动合同法》第六十八条规定，非全日制用工，是指以小时计酬为主，劳动者在同一用人单位一般平均每日工作时间不超过四小时，每周工作时间累计不超过二十四小时的用工形式。

第七十二条规定，非全日制用工小时计酬标准不得低于用人单位所在地人民政府规定的最低小时工资标准。

非全日制用工劳动报酬结算支付周期最长不得超过十五日。

本条对非全日制用工的含义做了如下界定：

（1）以小时计酬为主。

（2）劳动者在同一用人单位一般平均日工时不超过4小时，周工时累计不超过24小时。

第七十二条是关于非全日制用工工资支付周期的规定。

《工资支付暂行规定》规定，工资必须在用人单位与劳动者约定的日期支付。如遇节假日或休息日，则应提前在最近的工作日支付。工资至少每月支付一次，实行周、日、小时工资制的可按周、日、小时支付工资；对完成一次性临时劳动或某项具体工作的劳动者，用人单位应按有关协议或合同规定在其完成劳动任务后即支付工资；劳动关系双方依法解除或终止劳动合同时，用人单位应在解除或终止劳动合同时一次性付清劳动者工资。

《劳动法》第五十条规定："工资应当以货币形式按月支付给劳动者本人。不得克扣或者无故拖欠劳动者的工资。"本条对非全日制用工工资支付周期做出了与以往不同的规定，也是个新突破。

执行《劳动合同法》第七十二条，应注意把握两点：

（1）支付标准。不得低于所在地政府规定的小时最低工资标准。

（2）小时工资类别。以上标准包含用人单位及劳动者本人应缴纳的最低基本养老保险费和基本医疗保险费。

（3）支付周期。①按周、日、小时支付；②按合同约定支付。结算支付周期最长不超过15日，否则就是拖欠工资行为。

10. 违反本法有关劳动报酬规定的法律责任

在《劳动合同法》第七章共16条中，有关违反劳动报酬规定的法律责任有八十条、八十一条、八十二条、八十三条、八十五条、八十七条、九十二条、九十三条和九十四条九条。

主要涉及规章制度违法，合同文本违法、未订立书面劳动合同，违反试用期规定、各个环节未依法支付劳动报酬或经济补偿金，违法解除或终止劳动合同，劳务派遣，非法用工等10多个环节。

其中，第八十二条第一款有三层含义：

一是用人单位自用工之日起一个月内必须与劳动者订立劳动合同。

二是劳动合同必须以书面形式订立，如果一个月内的时间订立的是口头劳动合同，则也是违法的，要依法承担法律责任，即应从第二个月起向劳动者每月支付两倍的工资。

三是如果用人单位自用工之日起超过一年不与劳动者订立书面劳动合同的，视为用人单位与劳动者已订立无固定期限劳动合同。

对超过一年不订立书面劳动合同的，直接适用本法第十四条有关无固定期限劳动合同的规定。此时，用人单位还不与劳动者签订劳动合同的，视为用人单位违反本法规定不签订无固定期限劳动合同的行为，按照本条第二款的规定依法追究法律责任，即：自应当订立无固定期限劳动合同之日起向劳动者每月支付二倍工资。

用人单位违反本法第十四条第二款的规定，不与劳动者订立无固定期限劳动合同的行为，主要包括以下三种情形：

（1）续延劳动合同时，劳动者已在该用人单位连续工作满十年以上，劳动者提出或者同意续订劳动合同，用人单位拒绝签订无固定期限劳动合同。

（2）用人单位初次实行劳动合同制度或者国有企业改制重新订立劳动合同时，劳动者在该用人单位连续工作满10年且距离法定退休年龄10年以内的，劳动者提出或者同意续订劳动合同而用人单位拒绝签订无固定期限劳动合同。

（3）连续签订两次固定期限劳动合同后续签的，且劳动者没有本法第三十九条和第四十条第一项、第二项规定的情形，劳动者提出或者同意续订劳动合同，用人单位拒绝签订无固定期限劳动合同。

第八十三条违反试用期规定包括以下两层意思：

第一是违反试用期规定，由劳动行政部门责令用人单位依法改正。根据国务院《劳动保障监察条例》第十一条，劳动保障行政部门有权对用人单位与劳动者订立劳动合同的情况、用人单位支付劳动者工资和执行最低工资标准的情况实施劳动保障监察，这其中包括试用期违法问题。

第二，违法约定的试用期已经履行的，由用人单位按已经履行的超过法定试用期的期间向劳动者支付赔偿金。

支付赔偿金应注意两点：①以试用期期满月工资为标准赔偿的时限，是违法约定的试用期，换言之，对于符合法律规定的那部分试用期是不需要赔偿的，例如：对于劳动合同期限在三个月以上不满一年的，依法只能约定不得超过一个月的试用期。如果个案中用人单位约定的试用期超过一个月的，则本条所规定的赔偿方法只适用于超出部分，对处于法定一个月以内的部分，仍然只享受《劳动合同法》第二十条所规定的待遇标准；②对于超出部分，按劳动者试用期满的月工资支付赔偿

第八十五条违反劳动报酬和经济补偿规定的法律责任：

根据《劳动合同法》的规定，用人单位未按照劳动合同的约定或者未按照《劳动合同法》的规定支付劳动者劳动报酬的情形包括以下四种：

（1）用人单位未按照劳动合同的约定或者《劳动合同法》的规定按时支付劳动报酬的。

（2）用人单位未按照劳动合同的约定或者《劳动合同法》的规定足额支付劳动报酬的。

（3）用人单位支付在试用期间的劳动者工资低于《劳动合同法》规定的。

（4）用人单位没有依法提高劳动者在服务期期间的劳动报酬的。

根据本条规定，如果用人单位存在本条所列举的四种情形，劳动行政部门的处理首先是限期支付，即以行政决定的形式规定用人单位支付劳动报酬、加班费或经济补偿金的期限，要求用人单位按照法律规定，依法支付给劳动者，其中如果是劳动报酬违反了当地最低工资标准的话，则要求其在规定的期限内按照最低工资标准补齐差额部分，但如在期限内支付的，可不承担额外的行政或民事赔偿责任。

如果在规定的期限内，用人单位没有支付其所应支付的劳动报酬、加班费或经济补偿金，没有补齐劳动报酬低于最低工资标准的差额部分，则要承担惩罚性赔偿，即劳动行政部门按应付金额百分之五十以上百分之一百以下的标准要求用人单位向劳动者加付赔偿金。在限期内支付的，则不必加付赔偿金。

（二）间接干预：建立两大机制、三项制度

《劳动合同法》对劳动报酬的间接干预，主要体现在从法律上规定要建立以下两大机制、三项制度：

（1）建立完善三方机制——从宏观上依法确立工资决定机制。

《劳动合同法》第五条：县级以上人民政府劳动行政部门会同工会和企业方面代表，建立健全协调劳动关系三方机制，共同研究解决劳动关系方面的重大问题。

本条关于建立协调劳动关系三方机制，是由政府、工会组织和企业代表共同组成的一种组织、制度、任务的总和。它在企业外部、社会层面，一个地域或范围内发挥作用，由政府主导，共同研究解决劳动关系的重大问题。主要包括确定和调整最低工资标准、工资集体协商、一定时期本地区工资增长水平等。

（2）企业工资正常增长机制。

（3）建立完善最低工资保障制度。

根据2004年实施的《最低工资规定》，最低工资标准应包含个人缴纳的"五险一金"，不包含福利待遇、加班工资和特殊岗位津贴等。如低于最低工资标准，属违法。

（4）建立完善工资集体协商制度。

（5）健全工资支付制度。

五、积极推进企业薪酬管理制度的创新发展

（一）企业薪酬管理制度的新变化

与《劳动法》及现行法规相比，《劳动合同法》对薪酬管理方面的规定，有许多新的重要变化：

（1）国家对工资水平由原来的底线干预转为从客观、中观、微观三个层次全面介入干预。

（2）薪酬制度由用人单位单方决定改为劳动关系双方协商确定或集体协商共同决定。

（3）取消了用人单位单方决定、调整与劳动报酬密切相关的劳动定额的权利，改为由集体协商共同确定。

（4）对合同中劳动报酬条款不规定明确约定工资标准改为必须明确约定。用人单位无权单方面决定或变更。

（二）面临的新挑战

面对新法对薪酬管理制度规定的重大变化，面对国家对用人单位工资

水平的强势干预，新法实施后，用人单位面临着新的挑战：

(1) 如何适应工资决定机制的转变，与员工依法合理确定工资。

(2) 必须根据国家对劳动合同不同阶段的工资水平的规定，决定本单位薪酬管理方式。

(3) 必须主动与工会平等协商，分享权利。

(4) 必须充分尊重劳动者获得劳动报酬的权利。

(5) 必须注意合理控制薪酬成本，避免违法成本，发挥薪酬的激励作用，以适应发展需要。

(三) 推进企业薪酬制度创新发展

面对《劳动合同法》规定的新变化和挑战，我们要顺势而为，抓住机遇，从以下六个方面依法推进企业薪酬管理制度的创新。

(1) 完善工资市场价位和指导线制度，落实企业分配自主权。

(2) 从宏观、中观、微观三个层次推进企业工资决定机制和增长机制创新。

(3) 基于用人制度的变化，依法对薪酬制度、薪酬结构和水平进行新的设计。

(4) 进一步完善最低工资保障制度和工资支付制度。

(5) 积极培育协商主体，开展工资集体协商，订立工资专项集体合同。

(6) 依法加强对企业工资分配的干预与调控。

（注：《劳动合同法》颁布后，笔者应基层劳动和社会保障部门和企业的邀请，专门就《劳动合同法》中有关劳动报酬问题做专门讲座，进行讲解。本文是根据讲座提纲整理而成的。写于2007年9月12日）

第二节　后危机时期广东企业工资增长机制与政策创新

经过30多年的改革探索，广东企业工资分配制度改革取得了巨大成就。2008年下半年来，面对亚洲金融危机的冲击，广东采取了一系列保工资、促就业的举措，职工工资增长总体好于预期。目前，随着经济形势的好转，广东企业工资分配又面临着后金融危机期的新挑战。如何进一步深化企业工资分配制度改革，建立工资正常增长机制，对于全面贯彻落实科学发展观、转变发展方式、使全体职工共享改革发展成果，具有十分重要的意义。

一、广东在保持职工工资稳定增长方面的举措及成效分析

(一) 主要举措

2009年年初,广东省劳动和社会保障厅出台了《关于积极应对金融危机指导企业做好工资分配工作的意见》等系列文件,针对部分企业生产任务不饱满、生产经营不稳定、工资发放困难等问题,从指导企业做好工资分配工作,建立和完善工资共决机制、能升能降机制和支付保障机制等六个方面出台了新的举措,有力地维护了劳动关系的和谐,促进了经济社会发展。这六个方面是:

(1) 依法全面推进企业工资集体协商,探索建立工资共决机制。

(2) 暂缓调整最低工资标准,减轻企业负担。

(3) 适当下调企业工资指导线,加强对企业工资分配的分类指导。

(4) 进一步完善工效挂钩办法,建立完善工资与效益相联系的能升能降机制。

(5) 依法指导企业实行灵活工时和带薪年休假制度,尽量避免裁员,保证就业稳定。

(6) 积极预防和妥善处理企业拖欠工资问题,完善工资支付保障制度。

(二) 主要成效与不足

2009年,广东采取上述措施,实现了职工就业局势总体稳定、劳动关系总体和谐和职工工资稳步增长的目标。

然而,这些措施没有能很好地解决工资分配领域多年遗留的问题,甚至使有些问题还呈加重趋势。主要是行业、地区和职工之间工资差距过大、劳动报酬占初次分配的比重偏低、企业经营者同一线职工工资差距过大、中小企业工资集体协商建制率低以及工资正常增长机制不完善等问题。

二、后危机时期广东工资分配面临的三大矛盾

(1) 职工工资期望值与企业工资支付能力之间的矛盾。

(2) 企业内部现行工资分配政策与后危机时期政策取向之间的矛盾。

（3）企业现有粗放式人力资源管理方式与精细化人力资源管理方式之间的矛盾。

三、后危机时期推进企业工资分配体制改革和制度创新的建议

（一）进一步提高思想认识，准确把握工资分配的指导思想

后危机时期广东企业工资分配工作的指导思想应当是"三个坚持"，即坚持以科学发展观为指导，坚持和完善按劳分配为主体、多种分配方式并存的分配制度，坚持兼顾效率与公平，走共同富裕的道路。

（二）全面推进工资集体协商，积极探索建立具有中国特色的企业工资决定新机制

一是修改完善相关法律法规；二是充分发挥政府在推动工资共决机制中的主导作用；三是确立中国特色工会体制，切实解决工会组织"不敢谈""不会谈"的问题；四是充分发挥行业、企业联合会等资方代表组织的作用，尊重企业行业的意见。

（三）加大政府宏观调控力度，完善工资分配宏观调控体系

要将深化企业工资分配改革作为改善民生的重要工作列入各级党委、政府的工作重点，纳入地区社会发展规划，制定综合配套政策，建立目标考核机制，促进宏观调控目标的实现。这是社会主义保障公平的重要特色。一是加大"提低、控高"力度，促进分配公平；二是完善企业工资指导线制度；三是健全最低工资制度。此外，要继续发挥广东省协调劳动关系三方企业工资专业委员会的作用。

（四）进一步完善企业内部工资分配制度，保障分配公平

一是引导各类企业根据自身实际情况，逐步建立健全适合自身特点的、公平合理的内部薪酬分配制度；二是规范企业内部分配秩序，理顺经营者与劳动者的工资分配关系。

(五）加强企业工资分配法制建设，依法调整不同利益主体的分配关系

首先要加强工资分配立法，法律要具有可操作性，要明确工资或薪酬的内涵；其次要加大工资分配执法力度，对违法行为要有具体的处罚办法；最后要贯彻落实《中华人民共和国反垄断法》，加强对垄断行业过高收入的调控，遏制收入差距扩大趋势。

（注：后危机时期是指2008年爆发世界金融危机后，从2009年下半年起，我国经济社会面临的新形势。本文是笔者在企业工资制度改革培训班上的演讲提纲，写于2010年5月14日。反映了全球金融危机后，广东劳动和社会保障部门对深化企业工资分配制度改革的一些新思考）

第三节　新时期我国企业工资政策取向与执行中应注意的问题

党的十六届三中全会以来，我国社会经济发展进入一个新的重要发展阶段。党中央对收入分配工作做出了一系列新的重要部署。国家还通过立法确定了新的企业工资分配的基本制度。这一系列重大的方针政策和法律规定，确立了新时期我国企业工资分配政策的新取向。我们必须加强学习，深刻领会、认真贯彻执行。

一、十六大以来党中央国务院关于收入分配的论述及政策取向

党的十六大以来，党中央国务院对收入分配问题做出了一系列的重要论述。认真回顾与学习这些论述，我们可以从中领悟到新时期我国工资政策的新变化和新取向。

党的十六大报告《全面建设小康社会，开创中国特色社会主义事业新局面》提出：理顺分配关系，事关广大群众的切身利益和积极性的发挥。确立劳动、资本、技术和管理等生产要素按贡献参与分配的原则，完善按劳分配为主体、多种分配方式并存的分配制度。坚持效率优先、兼顾公平，既要提倡奉献精神，又要落实分配政策；既要反对平均主义，又要防止收入悬殊。以共同富裕为目标，扩大中等收入者比重，提高低收入者收入水平。

第九章 努力推进企业分配制度创新

党的十六届三中全会《中共中央关于完善社会主义市场经济体制若干问题的决定》指出：推进收入分配制度改革。完善按劳分配为主体、多种分配方式并存的分配制度，坚持效率优先、兼顾公平，各种生产要素按贡献参与分配。整顿和规范分配秩序，加大收入分配调节力度，重视解决部分社会成员收入差距过分扩大问题。以共同富裕为目标，扩大中等收入者比重，提高低收入者收入水平，调节过高收入，取缔非法收入。加强对垄断行业收入分配的监管。健全个人收入监测办法，强化个人所得税征管。

党的十六届四中全会《中共中央关于加强党的执政能力建设的决定》提出：正确处理按劳分配为主体和实行多种分配方式的关系，鼓励一部分地区、一部分人先富起来，注重社会公平，合理调整国民收入分配格局，切实采取有力措施解决地区之间和部分社会成员收入差距过大的问题，逐步实现全体人民共同富裕。

党的十六届五中全会《中共中央关于制定"十一五"规划的建议》提出：合理调节收入分配。完善按劳分配为主体、多种分配方式并存的分配制度，坚持各种生产要素按贡献参与分配。着力提高低收入者收入水平，逐步扩大中等收入者比重，有效调节过高收入，规范个人收入分配秩序，努力缓解地区之间和部分社会成员收入分配差距扩大的趋势。注重社会公平，特别要关注就业机会和分配过程的公平，加大调节收入分配的力度，强化对分配结果的监管。在经济发展基础上逐步提高最低生活保障和最低工资标准，认真解决低收入群众的住房、医疗和子女就学等困难问题。建立规范的公务员工资制度和工资管理体制。完善国有企事业单位收入分配规则和监管机制。加强个人收入信息体系建设。

党的十六届六中全会《中共中央关于构建社会主义和谐社会若干重大问题的决定》强调：完善收入分配制度，规范收入分配秩序。坚持按劳分配为主体、多种分配方式并存的分配制度，加强收入分配宏观调节，在经济发展的基础上，更加注重社会公平，着力提高低收入者收入水平，逐步扩大中等收入者比重，有效调节过高收入，坚决取缔非法收入，促进共同富裕。通过扩大就业、建立农民增收减负长效机制、健全最低工资制度、完善工资正常增长机制、逐步提高社会保障标准等举措，提高低收入者收入水平。完善劳动、资本、技术、管理等生产要素按贡献参与分配制度。健全国家统一的职务与级别相结合的公务员工资制度，规范地区津贴补贴标准，完善艰苦边远地区津贴制度。加快事业单位改革，实行符合事业单位特点的收入分配制度。加强企业工资分配调控和指导，发挥工资指导线、劳动力市场价位、行业人工成本信息对工资水平的引导作用。规范国有企业经营管理者收入，确定管理者与职工收入合理比例。加快垄断行业改革，调整国家和企业分配关系，完善并严格实行工资总额控制制度。建立健全国有资本经营预算制度，保障所有者权益。实行综合与分类相结合的个人所得税制度，加强征管和调节。

党的十七大报告《高举中国特色社会主义伟大旗帜为夺取全面建设小康社会新胜利而奋斗》提出，实现全面建设小康社会奋斗目标的新要求。确保到2020年合理有序的收入分配格局基本形成，中等收入者占多数，绝对贫困现象基本消除。加快推进以改善民生为重点的社会建设。深化收入分配制度改革，增加城乡居民收入。合理的收入分配制度是社会公平的重要体现。要坚持和完善按劳分配为主体、多种分配方式并存的分配制度，健全劳动、资本、技术、管理等生产要素按贡献参与分配的制度，初次分配和再分配都要处理好效率和公平的关系，再分配更加注重公平。逐步提高居民收入在国民收入分配中的比重，提高劳动报酬在初次分配中的比重。着力提高低收入者收入，逐步提高扶贫标准和最低工资标准，建立企业职工工资正常增长机制和支付保障机制。创造条件让更多群众拥有财产性收入。保护合法收入，调节过高收入，取缔非法收入。扩大转移支付，强化税收调节，打破经营垄断，创造机会公平，整顿分配秩序，逐步扭转收入分配差距扩大趋势。

十届全国人大五次会议《政府工作报告》强调：调整投资与消费的关系。坚持扩大内需方针，重点扩大消费需求。深化收入分配制度改革，既可以缓解收入差距扩大的矛盾，又可以有效增加消费需求。要采取多种措施，努力增加城乡居民收入特别是中低收入者的收入。合理调整和严格执行最低工资制度，落实小时最低工资标准，加强企业工资分配调控和指导，建立健全工资正常增长机制和支付机制。2007年各地要对最低工资制度和小时最低工资标准的执行情况，普遍进行一次检查。继续落实公务员工资制度改革、规范公务员收入分配秩序及调整相关人员待遇的政策措施。

广东省十届人大五次会议《政府工作报告》提出：全面实行劳动合同和集体合同制度，加强劳动保障监察执法。规范国有企业经营管理者和垄断行业的收入，增加城镇低收入者收入，稳步扩大中等收入者比重。完善最低工资保障制度。加强劳动关系协调，推进政府、企业、工会三方协调机制向县（区）级延伸。加强流动务工人员特别是农民工管理和服务，实施农民工技能提升培训计划，积极解决农民工职业安全卫生、工伤保险、医疗保险和工资支付等问题。严格执行征地补偿保护标准，规范国有企业改制行为，维护被征地农民和国有企业分流安置职工的合法权益。

综上所述，可以看出，党的十六大以来，我国工资分配政策的目标取向和基本任务正在发生新的变化：

1. 新的政策取向

（1）从"让一部分人先富起来"转到"着力提高低收入者收入水平，促进共同富裕"上来。

（2）从"效率优先，兼顾公平"转到"更加注意社会公平"，努力做到"效率与公平的统一"上来。

（3）从"初次分配讲效率，再分配讲公平"转到"初次分配和再次分配都要处理好效率与公平的关系，再分配更加注重公平"上来。

2. 新时期的基本任务

以共同富裕为目标，完善以下几项基本的工资分配制度：

（1）最低工资保障制度。

（2）工资集体协商制度。

（3）工资指导线和工资指导价位制度。

（4）国企工资监控制度。

（5）工资支付保障制度。

形成三大机制：工资分配决定机制、正常增长机制和宏观调控机制。

二、企业工资分配基本制度及其在执行中应注意的问题

企业工资分配制度分为两大类。一是国家对企业工资分配的调控管理制度，二是企业内部分配制度。

根据党中央、国务院关于做好转型时期收入分配工作的指示精神和政策取向，近年来，我省在企业工资分配和宏观管理方面，围绕"促进共同富裕"的目标，探索建立了最低工资保障、工资指导线和劳动力市场工资指导价位、工资集体协商、国有企业工资监控和工资支付保障等五项制度。

（一）最低工资保障制度及其调整机制

1. 含义

最低工资保障制度，是《劳动法》第四十八条规定的在我国市场经济

条件下必须实行的一项基本制度。该制度的内容一般包括最低工资标准、测算办法、实施范围、确定和调整的

依据及实行时间、监督执行等。

1993年11月24日，劳动部发布《企业最低工资规定》，开始探索建立此项制度；

1995年《劳动法》从法律上确立了此项制度。即"国家实行最低工资保障制度。最低工资的具体标准由省（区、市）人民政府规定，报国务院备案。

2003年12月30日，劳动和社会保障部对1993年的规定做了修改，发布《最低工资规定》，扩大了适用范围，即不仅限于企业。

2. 适用范围

（1）在中华人民共和国境内的企业、民办非企业单位、有雇工的个体工商户（统称用人单位）和与之形成劳动关系的劳动者。

（2）国家机关、事业单位、社会团体和与之建立劳动合同关系的劳动者。

3. 最低工资标准

《最低工资规定》："最低工资标准，是指劳动者在法定工作时间或依法签订的劳动合同约定的工作时间内提供了正常劳动的前提下，用人单位应当依法支付的最低劳动报酬。"

正常劳动，是指劳动者按依法签订的劳动合同约定，在法定工作时间或劳动合同约定的工作时间内从事的劳动。

4. 最低工资标准的表现形式

最低工资标准有两种表现形式，月最低工资标准适用于全日制劳动者，小时最低工资标准适用于非全日制劳动者。

5. 最低工资标准确定和调整的依据

所谓最低工资标准调整机制，就是按此项制度规定的调整依据、程序、方法和时间，确定调整幅度的一种运作过程。

《最低工资规定》确定的调整依据是：①当地就业者及其赡养人口的最低生活费用；②城镇居民消费价格指数；③职工个人缴纳的社会保险费和住房公积金；④职工平均工资；⑤经济发展水平；⑥就业状况（失业率）等。

6. 测算方法

按照劳动和社会保障部《最低工资规定》，通用的测算办法一般有两种：

（1）比重法：即根据城镇居民家计调查资料，确定一定比例的最低人均收入户为贫困户，统计出贫困户的人均生活费用支出水平，乘以每一就业者的赡养系数，再加上一个调整数。

[案例] 某地区最低收入组人均月生活费用支出为 500 元，赡养系数为 1.8，最低食物费用为 300 元，恩格尔系数为 0.58，平均工资为 1600 元。

使用比重法的计算公式为：

$$月最低工资标准 = 500 \times 1.8 + a = 900 + a（调整数）$$

a 的调整因素主要考虑当地个人应缴纳的养老、失业、医疗保险费和住房公积金等。如个人应交部分为 120 元，那么当地最低工资标准为 1020 元。

（2）恩格尔系数法：即根据国家营养学会提供的年度标准食物谱及标准食物摄取量，结合标准食物的市场价格，计算出最低食物支出标准，除以恩格尔系数，得出最低生活费用标准，再乘以每一就业者的赡养系数，再加上一个调整数。

根据上述地区的数据进行测算：

$$月最低工资标准 = 300 \div 0.58 \times 1.8 + a \approx 931 + 120（调整数）\approx 1051$$

此外，按照国际上一般月最低工资标准相当于月平均工资 1600 元的 40%～60%，那么该地区最低工资标准范围为 640～960 元。如我们确定最低工资标准为 1050 元，则说明两个问题：一是当地人均工资水平偏低；二是物价高导致人均生活费支出偏高。据此，应综合考虑地区经济发展水平、失业率和企业效益等因素再做适当调整。

7. 调整的程序与时间要求

程序：由省级劳动关系三方会议成员在调查测算基础上拟订方案→征求市级三方成员意见→征求省政府有关部门意见→经修改后召开省级劳动关系三方会议取得共识→由省级劳动部门报省级政府审批→批准后 7 日内公布→10 日内报劳动和社会保障部备案→组织实施。

时间：每两年至少调整一次。

根据转型期相关因素变化较大的情况，广东省决定从 2008 年起连续 5 年每年调整一次最低工资标准。一般拟从每年的 1 月 1 日或 4 月 1 日起实施。

8. 执行当中应当注意的问题

（1）任何单位、任何工资分配形式，都要遵守国家最低工资保障制度的规定。

（2）工资支付要依法折算。

例如实行计件工资形式的企业,应按部颁标准和本单位实际,确定劳动定额,其工资按不低于当地最低工资标准,在法定工作时间内职工平均生产的件数折算为计件单价(基本定额单价),在法定工时内完成计件基本定额任务后,安排延长工作时间或加班的,应按《劳动法》第四十四条规定支付给职工加班工资。

实行提成工资制的单位,确定职工基础工资标准不应低于当地最低工资标准,在此基础上再根据完成或超额完成任务的比例,确定提成工资。

(3)凡与用人单位建立劳动关系的劳动者,包括试用期内,只要在法定工作时间内提供了正常劳动,其工资都不应低于当地最低工资标准。

(4)最低工资不包括:延长工作时间和加班的工资;中班、夜班、高温、低温、井下、有毒有害等特殊工作环境、条件下的津贴;法律、法规和国家规定的劳动者福利待遇等。

(5)受最低工资标准保障的前提是劳动者要提供正常劳动,如劳动者由于本人原因造成在法定工作时间内不提供正常劳动的,不适用最低工资保障制度。

309号文规定,"正常劳动"是指劳动者按劳动合同的约定,在法定工作时间内从事的劳动。如劳动合同双方当事人约定劳动者在未完成劳动定额或承包任务的情况下,其工资可低于最低工资标准的条款,不具有法律效力。

(6)劳动者依法享受带薪年休假、探亲假、婚丧假、生育(产)假、节育手术假等国家规定的假期间,以及法定工作时间内依法参加社会活动期间,视为提供了正常劳动。

(7)企业按规定支付给下岗待工人员的生活费,可以低于最低工资标准(见309号文)。

(8)职工患病或非因工负伤治疗期间,在规定的医疗期内由企业按规定支付其病假工资或疾病救济费,可低于当地最低工资标准,但不得低于最低工资标准的80%。

9. 对策建议

(1)对于企业支付工资低于最低工资标准的,按《劳动合同法》第八十五条规定,由劳动保障行政部门责令限期支付其差额部分,逾期不支付的,责令用人单位按应付金额50%以上100%以下的标准向劳动者支付赔偿金。

(2)对于企业违规提高劳动定额的情况,国家应指导行业制订劳动定额标准；对于企业为弥补最低工资标准调高带来的损失，随意占用工人休息时间或延长工作时间的，必须予以纠正。

（3）对于企业为了弥补调高最低工资标准而压低正常工作时间工资水平的情况，要通过工资集体协商，建立工资正常增长机制，使企业各档次工资在不低于最低工资标准的基础上，建立随最低工资标准调高而相应调整的联动机制，使各档次工资与最低工资标准保持合理的差距，形成"水涨船高"的局面。

（4）对将伙食、住宿费等待遇冲抵工资的情况，要依法予以纠正。

（二）工资指导线制度

1．含义

工资指导线是在市场经济条件下，政府依据社会经济发展水平和城镇居民消费价格指数等指标，对企业提出的当年工资增长的指导意见，是一项常规制度。指导线一般分为上线、基准线和下线。

政策依据：劳部发〔1997〕27 号、粤劳薪〔2001〕65 号

2．确定指导线的依据

（1）在职职工工资水平增长情况。

（2）社会劳动生产率水平。

（3）城镇居民消费价格指数。

（4）地区 GDP 增长速度。

（5）企业经济效益情况。

3．近年来我国部分省市颁布的工资指导线标准汇总表（略）

4．执行中应当注意的问题

（1）工资指导线一般设基准线、警戒线和下线。生产正常、经济效益达到同行业平均水平的企业工资增长，可选择基准线。

（2）经济效益增长幅度较大、工资水平较低的企业工资增长可选择警戒线。

（3）经济效益下降幅度较大或亏损企业的工资可按下线安排。也可不增长或负增长。但支付给提供正常劳动的职工工资，不得低于当地最低工资标准。

(三) 工资指导价位制度

1. 含义

工资指导价位是指在一定时间、一定区域内同一类型的劳动力市场的工资参考值。它是由政府采集市场和企业职工工资收入等资料,经汇总、分析、修正和评价,制定并向社会公布的有代表性职业(工种)市场工资价位的一项制度。

2. 档次及计算方法

工资指导价位一般为高、中、低三个档次。其方法是将调查涉及的某一职位的工资水平数据,由高到低排列,该数列的中位数即为该职位的工资指导价位的中位数;该数列最高的5%的数据进行算术平均后得出的数据即为高位数,该数列中最低的5%的数据进行算术平均后得出的数据即为低位数。

3. 目前广东颁布工资指导价位的情况

(1) 目前全省普遍建了市场工资指导价位制度。

(2) 去年全省有18个地级以上市公布了本地区部分工种的劳动力市场工资指导价位,其中深圳公布的价位涉及15个行业21个工种,广州公布了386个工种的价位。

(3) 2006年省首次采集、整理并发布了珠三角地区部分工种劳动力市场工资指导价位。

4. 工资指导价位的作用

(1) 充分发挥劳动力市场价格信号对企业进行合理工资分配的指导作用。

(2) 引导企业合理确定工资水平、起点工资和各类人员的工资关系。

(3) 为劳资双方协商确定工资水平提供了客观依据。

(4) 引导劳动者合理、有序流动就业。

(四) 工资集体协商制度

1. 含义

工资集体协商制度是指由企业法人代表与职工(工会)代表,依据国家有关法律法规和政策,参照当地政府发布的工资指导线及其他相关的经济指标,通过定期进行平等协商决定本企业工资分配制度、工资水平、增长幅度和工资关系的一项制度。在市场经济国家又叫工资集体谈判,是市

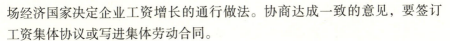

场经济国家决定企业工资增长的通行做法。协商达成一致的意见，要签订工资集体协议或写进集体劳动合同。

2．协商的法律依据

（1）《劳动法》第三十三条。

（2）《工资集体协商试行办法》（劳动和社会保障部9号令）、《关于进一步推进工资集体协商工作的通知》（劳社部发〔2005〕5号）。

（3）《关于开展工资集体协商试点工作的通知》（粤劳社〔2001〕150号）。

（4）《关于印发关于推进企业工资集体协商工作的意见的通知》（粤劳社〔2002〕193号）。

3．工资集体协商的内容

（1）工资协议的期限（一般一年一次）。

（2）工资分配制度、工资标准和分配形式。

（3）职工年度平均工资水平及其增长幅度。

（4）奖金、津贴、补贴等分配办法。

（5）工资支付办法。

（6）变更、解除工资协议的程序。

（7）工资协议的终止条件及违约的责任。

（8）其他事项。

4．协商确定工资水平的依据

除依据国家有关工资分配的宏观政策外，还应综合考虑以下因素：

（1）地区、行业、企业的人工成本水平。

（2）地区行业的职工平均工资水平。

（3）当地政府发布的工资指导线、市场工资价位。

（4）本地城镇居民消费价格指数。

（5）企业劳动生产率和经济效益。

（6）国有资产保值增值率。

（7）上年度企业职工工资总额及人均工资水平。

（8）其他。

5．协商的程序

（1）依法定程序产生协商代表。

（2）双方各确定一名首席代表，在协商期间轮流担任会议执行主席。

（3）提出要约。一般提出方向另一方提出书面要约书，另一方应在20天内给予书面答复。

（4）双方均应在协议开始前 5 日内提供与协商内容有关的真实材料。

（5）双方可书面委托本企业外的专业人员作为本方协商代表，但不得超过一方代表的 1/3。

（6）协商达成一致意见后，由企业行政方制作协议文本，双方协商代表签字后成立。

（7）协议签订后 7 日内报当地劳动部门备案，劳动部门在收到后 15 日内进行审查，无异议的即生效。

6. 当前开展工资集体协商存在的主要问题

（1）体制不顺。职工方代表与企业方的地位不平等，力量薄弱。

（2）认识不足。

（3）法律不健全。职工协商代表的合法权益难以得到保护。

（4）制度有缺陷。企业民主管理、企务公开进展缓慢。职工代表难以掌握企业经营业绩等方面的信息。

（5）协商能力欠缺。双方对国家有关工资宏观调控政策缺乏了解。

（五）国有企业工资分配监控制度

在市场经济条件下，国有企业是一种特殊类型的企业。任何国家对国企工资分配都实行宏观调控。我国加强国企工资分配的宏观调控，主要是建立了以下制度：①工资总量控制与工效挂钩制度；②经营者年薪制；③工资内外收入检查制度。

1. 加强国有企业工资调控的政策法律依据

（1）《劳动法》第四十六条"国家对工资总量实行宏观调控"。

（2）2001 年以来，劳动和社会保障部、财政部每年都发布关于做好工效挂钩工作的通知。

（3）1995 年劳动部、财政部、审计署联合发出《国有企业工资内外收入监督检查实施办法》的通知，建立了国企工资内外收入监督检查制度。

（4）国资委《关于印发中央企业负责人薪酬管理执行办法》（国资发分配〔2004〕22 号）等文件。

2. 企业工资总量决定与调控机制

目前企业工资总量决定机制主要有四种类型：

（1）工资总额与经济效益挂钩。这是 20 世纪 80 年代中期以来主要在国企实行的工资决定机制。

（2）计税工资调节办法。即人均工资按财税部门规定的标准列入成本，超标准发放部分视同计税所得额征收企业所得税。主要在未实行工效挂钩的部分国企、集体企业实行。如财政部规定2005年民生银行计税工资税前扣除额为24.50亿元。

（3）企业单方面决定工资水平及其增长，全部进入成本，主要在外资企业实行。

（4）工资集体协商决定工资总额、水平及其增长。协商达成的工资总额进入成本（一般仍受计税工资控制）。

3. 继续改进国企工资总额管理办法

目前，我国对国企工资总量的宏观调控，主要是根据其股权结构和参与市场竞争的程度，进行分类管理调控：

（1）对上市公司和国企参股公司，逐步放开管理，由企业根据经济效益、工资指导线和价位，自主确定工资水平。

（2）对国有独资和国企控股公司，仍继续实行工效挂钩办法，同时探索人工成本预警管理办法。

（3）对垄断性的国企，实行工资水平和工资总额双重控制，即主要通过控制工资水平调节其工资总额，防止过快增长。例如劳动和社会保障部、财政部发出《关于做好2006年企业工资总额同经济效益挂钩工作的通知》，要求对工资增长过快的企业，把挂钩浮动比例控制在0.6以内。

4. 关于经营者年薪制

（1）含义。

年薪制是以年度为单位，根据经营者的生产经营成果和所承担的责任、风险情况确定其工资收入的一种薪酬分配制度，一般以现金形式支付，是一种短期的激励计划。

其薪酬结构一般为"3+1"，即"基薪+绩效年薪+补贴+期权激励"。

（2）法律政策依据。

①《公司法》2006年1月1日企实施。

②《证券法》《上市公司建立独立董事的指导意见》。

③《中央企业负责人薪酬管理暂行办法》。

④《上市公司股权激励管理办法》等。

（3）目前进展情况。

据统计，至2006年我国实行年薪制的国有企业约占65%，上海市国资委监管的50多家企业全部实行经营者年薪制。

（4）存在的主要问题。

一是薪酬决定机制不健全。主要是公司治理结构不健全造成的。

二是少数业绩差的企业高管收入水平高,增长快,与其贡献极不相称。如科龙电器亏损15亿多,11名高管的薪酬共达2746.6万,前3名合计达1889万元。

三是一些垄断企业经营者过高薪酬与其劳动贡献不相符。

四是薪酬激励与约束的法律环境不完善。

五是职务消费不规范,有的职务消费额过大,灰色收入多。

(5) 对策。

① 建立科学的高管人员薪酬决定程序和机制。

② 建立薪酬与业绩紧密挂钩的机制。

③ 建立薪酬水平分类调控机制。

对竞争性企业,可根据市场工资价位,引导企业按程序确定高管人员薪酬及增长水平;对垄断行业,应由政府根据其经营性质、风险大小、市场价位等信息,合理确定其薪酬水平及增长幅度。建立健全工资内外收入检查制度,清理其工资外收入,规范职务消费等。

(六) 工资支付保障制度

第一,2005年1月19日,省人大颁布《广东省工资支付条例》,要求县以上劳动和社会保障部门负责对区域内用人单位的工资支付行为进行指导和监督检查。

第二,用人单位应当依法制定本单位的工资支付制度。

该制度包括以下内容:

① 工资分配的形式、项目、标准及其确定的调整办法。

② 工资支付的周期和日期。

③ 加班、延长工作时间和特殊情况下的工资支付办法。

④ 工资的代扣、代缴及扣除事项。

⑤ 其他有关事项

第三,监督检查制度。

劳动和社会保障部门应当建立健全对用人单位工资支付行为的监督检查制度,规范检查程序,依法对用人单位工资支付情况行监察,对违法行为进行处理。

第四,检查程序。

举报投诉→立案(劳动和社会保障部门在接到举报投诉后,在7个工作日内决定是否立案并告知举报投诉人)→查处→办结(立案对违法行为的查处,自立案之日起60日内办结;情况复杂经批准可延长30日)。

第五,当出现下列情况之一的可举报投诉。

(1) 拖欠或者克扣劳动者工资的。

(2) 支付劳动者工资低于当地最低工资标准的。

(3) 拒不支付或者不按规定支付劳动者加班或者延长劳动时间工资的。

(4) 其他侵害劳动者合法工资报酬权益的行为。

第六,违法行为的处理办法。

(1) 发出整改通知书,责令限期整改。

(2) 罚款。

(3) 赔偿:一般按应付工资余额的50%以上至1倍以下的标准计算,给予赔偿。

(4) 追究刑事责任。

三、关于工时制度的新规定

工时制度是国家为了合理安排职工的工作和休息时间,维护职工的休息休假权利,通过法律规定作出的制度性安排。我国的工时制度分为两种:标准工时制度和特殊工时制度,包括不定时工作制和综合计算工时工作制。

(一) 目前有关工时制度的法律依据

(1)《劳动法》第三十六条至第四十四条。

(2)《国务院关于职工工作时间的规定》(1995年3月修订)。

(3)《〈国务院关于职工工作时间的规定〉的实施办法》(1995年3月劳动部发)。

(4)《〈国务院关于职工工作时间的规定〉问题解答》(1995年4月劳动部发)。

(5) 劳动部《关于职工工作时间有关问题的复函》(1997年9月劳动部发)。

(6) 劳动部《关于实行不定时工作制和综合计算工时工作制的审批办法》(1995年劳动部发)。

（二）关于标准工作时间

标准工时制度，是指国家法律规定，国家机关、团体、事业单位和企业以及其他组织在正常情况下普遍实行的工作时间制度。

《劳动法》第三十六条对标准工时制度做出了规定。

1995年国务院第174号令对标准工时作出修订，改为"职工每日工作8小时，每周工作40小时"这一标准工时制度。

（三）实行标准工时制度应注意的问题

（1）任何单位和个人不得擅自延长职工工作时间。

（2）因特殊情况和紧急任务确需延长工时的，按国家有关规定（《劳动法》第四十一条、四十二条）及《〈国务院关于职工工作时间的规定〉的实施办法》第七条执行）。

（3）因工作性质或生产特点的限制，不能实行《劳动法》第三十六条和第三十八条规定的，经劳动行政部门审批，可实行其他工作和休息办法（《劳动法》第三十九条执行）。

（4）周六、周日为周休息日。企业可根据实际情况灵活安排周休息日，但应当保证劳动者每周工作时间不超过40小时，且至少休息一日（《劳动法》第三十八条执行）。

有条件的企业可以实行特殊工时制度，采取集中工作、集中休息或轮休调休办法等，以保证职工的休息权。

（四）关于不定时工作制

1. 定义

不定时工作制是针对因生产特点、工作特殊需要或职责范围的关系，无法按照标准工作时间衡量或需要机动作业的职工所采用的一种特殊工时制度。（见《劳动法》第三十九条）

2. 特点

（1）工作特殊需要。

（2）需要机动作业。

（3）特殊工作形式（个体工作岗位）。

经批准实行不定时工作制的职工，不受《劳动法》第四十一条规定的日延长工作时间标准和月延长工作时间标准的限制。

用人单位应采用弹性工作时间等适当的工作和休息方式，确保职工的休息休假权利和生产、工作任务完成（劳部发〔1995〕309号）。

（4）经批准实行不定时工作制的职工，休息日和法定节假日加班不支付加班费。

3．实施范围

（1）企业中的高管、外勤、推销、部分值班人员和其他因工作无法按标准工时衡量的职工。

（2）长途运输、押运、出租车司机和铁路、港口、仓库的部分装卸人员以及因工作特殊，需要机动作业的职工。

（3）非生产性值班和特殊工作形式的个体工作岗位的职工。

（五）关于综合计算工时工作制

1．定义

综合计算工时工作制是针对因工作性质特殊，需要连续作业或受季节及自然条件限制的企业的部分职工，采用以周、月、季、年等为周期综合计算工作时间的一种工时制度。实行这一制度的职工，在综合计算周期内，其平均日工作时间和平均周工作时间应与法定标准工作时间基本相同。

2．特点

（1）需连续作业的。

（2）受资源、自然条件限制，生产任务不均衡的。

（3）在一定的周期内综合计算工时与标准工时基本相同。

3．实施范围

（1）交通、铁路、邮电、水运、航空、渔业等行业中因工作性质特殊，需要连续作业的职工。

（2）地质、石油及资源勘探、建筑、制盐、制糖、旅游等受季节和自然条件限制的行业的部分职工。

（3）亦工亦农或由于能源、原材料供应等条件限制，难以均衡生产的乡镇企业职工。

（4）对于在市场竞争中，由于外界因素影响，生产任务不均衡的企业（如来料加工企业）的部分职工也可参照综合计算工时工作制的办法实施。

4．注意事项

（1）一定要坚持在一定周期内综合计算工作时间与法定标准工作时间基本相同。

(2) 在综合计算周期内，某一具体日（或周）的实际工作时间可超过 8 小时（或 40 小时），但综合计算周期内的总实际工作时间不应超过法定标准工时，超过部分应视为延长工作时间，并按照《劳动法》第四十四条第一款的规定支付加班工资。

(3) 周休息日安排工作的，属于正常工作，不计发加班工资；法定节假日安排工作的，不管在综合计算周期内实际工作时间是否超过法定标准工作时间，均按 300% 支付加班工资。且加班工时每月不得超过 36 小时。

(4) 经批准实行综合计算工时工作制的企业，采取何种工作方式，由企业与工会或劳动者商定。对于三级以上（含三级）体力劳动强度的工作岗位，日工作时间不得超过 11 小时，且每周至少休息 1 天。

5. 实行特殊工时应当遵循的原则

实行上述特殊工时的企业，应当遵循以下原则：

(1) 确保职工的休息休假权利和生产、工作任务的完成。

(2) 在保障职工身体健康并充分听取职工意见的基础上，采取集中工作、集中休息、轮休休息、弹性工作时间等适当方式。

(3) 依法保障职工合法权益。

(4) 须经劳动行政部门批准。

四、关于延长工时和加班工资的规定

（一）关于延长工时的规定

《劳动法》第四十一、四十二、四十三、四十四条对延长工时问题作出了明确规定。归纳起来，有以下几点：

(1) 延长工时须与工会和劳动者协商。

(2) 延长工作时间的概念及限制。

延长工作时间一般指正常工作日加点、休息日和法定休假日的加班。一般每日不得超过一小时；因工作特殊原因，每日不得超过三小时，每月不得超过三十六小时。

(3) 特殊或紧急情况不受《劳动法》第四十一条限制。

(4) 延长工时应当支付高于正常工作时间工资的工资报酬（《劳动法》第四十四条）。

（二）关于加班工资的规定

1. 法律依据

（1）《劳动法》第四十四条规定（略）。

（2）劳动部关于印发《工资支付暂行规定》的通知（劳部发〔1994〕489号，自1995年1月1日起执行）第十三条规定加班工资的计算基数为"劳动合同规定的劳动者本人日或小时工资标准"；实行计件工资的劳动者，加班工资的计算基数为其本人"法定工作时间计件单价"。

（3）劳动部《关于贯彻执行〈中华人民共和国劳动法〉若干问题的意见》第五十五条规定：劳动法第四十四条中的"劳动者正常工作时间工资"是指劳动合同规定的劳动者本人所在工作岗位（职位）相对应的工资。

（4）《广东省工资支付条例》第二十条规定：安排职工加班的，应分别按其本人日或小时正常工作时间工资的100%、200%、300%支付工资报酬。

2. 部分省市对加班工资计发基数的规定

（1）以劳动合同中确定的工资标准作为基数。

（2）以企业明确规定的岗位工资或岗位技能工资作为加班工资基数。

（3）以职工日或小时全部工资收入的70%作为加班工资基数，同时不得低于当地折算后的日或小时最低工资。

（4）通过协商，以企业内部工资制度中规定的加班工资标准作为基数。

（5）按照单位上年度职工平均工资或当地社会平均工资来核定加班工资计发基数。

（6）以职工本人上一年度的平均工资作为加班工资基数。

（7）以劳动者在正常工作时间的工资作为加班工资基数。实行这种计算方法，必须对正常工作时间的工资做出明确的界定。

（三）相关名词解释

《广东省工资支付条例》第五十四条规定，本条例中下列用语的含义是：

（1）工资，是指用人单位基于劳动关系，按照劳动者提供劳动的数量和质量，以货币形式支付给劳动者本人的全部劳动报酬。一般包括：各种形式的工资（计时工资、计件工资、岗位工资、职务工资、技能工资等）、奖金、津贴、补贴、延长工作时间及特殊情况下支付的属于劳动报酬性的工资收入等；但不包括用人单位按照规定负担的各项社会保险费、住房公积金，劳动保障和安全生产监察行政部门规定的劳动保护费用，按照规定标准支付的独生子女补贴、计划生育奖，丧葬费、抚恤金等国家规定的福利费用和属于非劳动报酬性的收入。

（2）正常工作时间工资，是指劳动者在法定工作时间内提供了正常劳动，用人单位依法应当支付的劳动报酬。正常工作时间工资不包括下列各项：①延长工作时间工资；②中班、夜班、高温、低温、井下、有毒有害等特殊工作环境、条件下的津贴；③法律、法规和国家规定的劳动者福利待遇等。

1990年国家统计局《关于工资总额组成的规定》：

（3）计时工资是指按计时工资标准（包括地区生活费补贴）和工作时间支付给个人的劳动报酬。包括：①对已做工作按计时工资标准支付的工资；②实行结构工资制的单位支付给职工的基础工资和职务（岗位）工资；③新参加工作职工的见习工资（学徒的生活费）；④运动员体育津贴。

（4）计件工资是指对已做工作按计件单价支付的劳动报酬。包括：①实行超额累进计件、直接无限计件、限额计件、超定额计件等工资制，按劳动部门或主管部门批准的定额和计件单价支付给个人的工资；②按工作任务包干方法支付给个人的工资；③按营业额提成或利润提成办法支付给个人的工资。奖金是指支付给职工的超额劳动报酬和增收节支的劳动报酬。包括：生产奖、节约奖、劳动竞赛奖、机关、事业单位的奖励工资、其他奖金。

（5）津贴和补贴是指为了补偿职工特殊或额外的劳动消耗和因其他特殊原因支付给职工的津贴，以及为了保证职工工资水平不受物价影响支付给职工的物价补贴。津贴包括：补偿职工特殊或额外劳动消耗的津贴，保健性津贴，技术性津贴，年功性津贴及其他津贴。物价补贴。包括：为保证职工工资水平不受物价上涨或变动影响而支付的各种补贴。

（6）特殊情况下支付的工资。包括：①根据国家法律、法规和政策规定，因病、工伤、产假、计划生育假、婚丧假、事假、探亲假、定期休假、停工学习、执行国家或社会义务等原因按计时工资标准或计时工资标准的一定比例支付的工资；②附加工资、保留工资。

（7）标准工资：指按法定工作时间规定的工资标准计算的工资，包括实行结构工资制的基础工资、职务工资和工龄津贴）。非标准工资是指标准工资以外的各种工资。

第九章 努力推进企业分配制度创新

(8) 基本工资：按照用人单位工资制度规定的工资标准计算的相对稳定的工资，是工资的主要组成部分。例如，部分企业实行岗位技能工资制中的岗位工资、技能工资、工龄工资亦为基本工资。

(9) 岗位（职务）工资：是根据劳动者所在岗位（职务）工资标准计算确定的工资收入。

(10) 工龄工资：指体现劳动者对社会、对本单位贡献的积累，根据劳动者的工龄和相应的标准确定的工资收入。

(11) 国家规定的带薪休假。

《广东省工资支付条例》第十九条规定：劳动者依法享受法定休假日、年休假、探亲假、婚假、丧假、产假、看护假、计划生育假等假期间，用人单位应当视其正常劳动并支付正常工作时间的工资。

五、关于全国法定节假日、带薪休假和探亲假问题的规定

(一) 全国法定节假日

2007年12月，国务院颁布《全国年节及纪念日放假办法》规定全体公民的节日假期由原来的每年10天增至11天（春节、国庆节分别为3天，新年、清明节、劳动节、端午节、中秋节各1天）。

1999年10月发布的关于年节及纪念日放假的文件废止。

法定节假日为带薪的公共假期。按《劳动法》第五十一条规定，用人单位应当依法支付工资。

(二) 职工带薪年休假的规定

1. 依据

2007年12月国务院颁布《职工带薪年休假条例》，从2008年1月1日起实施。规定"各单位（含个体户）职工连续工作满1年以上的，享受带薪年休假"。具体为：①满1年不满10年的，休5天；②满10年不满20年的，休10天；③满20年以上的，休15天。

同时规定："国家法定休息日、节假日不计入年休假的假期。"

2. 注意事项

(1) 应休未休的年休假，应按日工资收入的300%支付报酬。

(2) 有下列情况之一的，不享受带薪年休假：①依法享受寒暑假，其休假天数多于年休假天数的（如教师）；②请事假累计20天以上且单位按规定不扣工资的；③累计工作满1年不满10年的职工，请病假累计2个月以上的；④累计工作满10年不满20年的职工，请病假累计3个月以上的；⑤累计工作满20年以上的职工，请病假累计4个月以上的。

(3) 年休假一般不跨年度安排，特殊情况可以跨年度使用。

（三）关于制度工作时间和计薪天数问题

新的全国年节放假办法出台后，鉴于年带薪休假增加1天，工作日相应减少的情况，劳动部下发《关于职工全年平均工作时间和工资折算问题的通知》，对制度工作时间和计薪天数做出新规定：

1. 制度工作时间的计算方法

(1) 年工作日：365天 – 104天（休息日）– 11天（法定节假日）= 250天。

(2) 季工作日：250天 ÷ 4 = 62.5天。

(3) 月工作日：250天 ÷ 12 = 20.83天。

2. 计薪天数

按照《劳动法》第五十一条规定，法定节假日用人单位应当依法支付工资。因此，

(1) 年计薪天数 = 365天 – 104天 = 261天。

(2) 月计薪天数 = 261天 ÷ 12 = 21.75天。

(3) 日工资 = 月工资收入 ÷ 21.75天。

(4) 小时工资 = 日工资 ÷ 8小时。

（四）职工探亲假的规定

(1) 依据：《国务院关于职工探亲待遇的规定》（国发〔1981〕36号）

(2) 范围与条件：国有企事业单位工作满一年的固定职工与配偶或父母不住在一起的。

(3) 假期：①探配偶的，每年给假30天；②未婚职工探望父母的，每年给假20天；③已婚职工探望父母的，每四年给假20天。

(4) 凡实行休假制度的职工（如学校老师），应在休假期间探亲，如休假期不足的，可补足探亲假天数。

六、关于高温津贴的规定

（一）依据

（1）原卫生部、劳动部等四单位于 2007 年 6 月发出《关于进一步加强工作场所防暑降温工作的通知》，要求用人单位在高温条件下安排劳动者工作的，应支付在岗职工高温津贴。具体标准由省级政府或者省级劳动和社会保障部门制定。

（2）2007 年 9 月省劳动和社会保障厅会同省卫生厅等六单位发出《关于公布广东省高温津贴标准的通知》（粤劳社〔2007〕103 号）。此文经省政府同意，确定了高温津贴标准。

（二）标准（略）

（三）发放条件

（1）在高温天气下（日最高气温达到 35℃以上）露天作业以及不能采取措施将工作场所温度降低到 33℃以下的（不含 33℃），给予高温津贴（每人每月 150 元）。

（2）在高温季节期间，考虑到室内非高温作业人员上下班及上班期间外出洽谈业务等因素，也给予非高温作业津贴（每人每月 100 元）。

（四）发放办法

（1）按月发放。
（2）按日发放：月标准÷制度工作日×实际出勤天数。
（3）非在岗职工、非全日制职工、小时工不发放。
（4）应以货币形式发放。
（5）不能以发放清凉饮料等实物代替高温津贴。

（五）执行中应注意的问题

（1）高温天气，指日最高气温达到 35℃以上。
（2）高温季节：考虑到广东在一年当中，不少月份日最高气温达到 35℃及以上。为了便于执行，我省确定每年 6—10 月为高温季节，在此期间应发放高温津贴。

（3）高温津贴属于劳动报酬，可在企业成本费用中列支，不作为计发加班工资的基数。

（注：本文是笔者为企业所作的讲座提纲。2007年7月29日，应香港商会驻广州办事处的邀请，笔者在香港商会会长座谈会上介绍了当时企业界普遍关注的企业工资分配领域的最低工资保障、工时制度、加班工资和高温津贴四个热点问题以及广东省工资制度改革的有关政策。2008年，应企业要求，本文对当时的演讲提纲作了修改补充，形成这个讲座提纲，比较全面地梳理和介绍了企业工资分配领域几项基本的工资分配制度和特殊情况下工资支付的规定。本文写于2008年7月）

【参阅资料】党的十九大报告关于工资分配的论述

就业是最大的民生。要坚持就业优先战略和积极就业政策，实现更高质量和更充分就业。大规模开展职业技能培训，注重解决结构性就业矛盾，鼓励创业带动就业。提供全方位公共就业服务，促进高校毕业生等青年群体、农民工多渠道就业创业。破除妨碍劳动力、人才社会性流动的体制机制弊端，使人人都有通过辛勤劳动实现自身发展的机会。完善政府、工会、企业共同参与的协商协调机制，构建和谐劳动关系。坚持按劳分配原则，完善按要素分配的体制机制，促进收入分配更合理、更有序。鼓励勤劳守法致富，扩大中等收入群体，增加低收入者收入，调节过高收入，取缔非法收入。坚持在经济增长的同时实现居民收入同步增长、在劳动生产率提高的同时实现劳动报酬同步提高。拓宽居民劳动收入和财产性收入渠道。履行好政府再分配调节职能，加快推进基本公共服务均等化，缩小收入分配差距。（摘自党的十九大报告第八部分）

第四节 企业工资分配政策与规章制度设计

当前国际金融危机蔓延、《劳动合同法》实施和产业转型升级三重压力，给政府和企业带来了巨大的挑战，是救企业、保就业，还是保权益，这个命题再次摆在人们面前。2009年"两会"期间，代表们围绕这一命题展开了论战。"修订派"认为在危机面前，政府应当首先保企业，修改或暂停实行《劳动合同法》。"捍卫派"则认为，即使经济危机，企业也应无条件执行《劳动合同法》。全国人大法工委正面回应：《劳动合同法》不会因为金融危机而修改。权威部门的明确表态,给争论画上了一个句号。现在留给企业需要深入思考的一个问题是,在新法背景下,企业应对危机、防范用人风险、谋求发展的出路何在?在这里,笔者从工资分配制度设计角度提出一个新思路,期望能够对大家能够有所启发。

一、企业应对金融危机、防范工资分配风险的两大对策

(一) 当前企业发展面临的新问题

1. 金融危机对企业生产经营影响增大

2009年是全球性的经济寒冬期。企业需要面对的新问题主要是宏观经济充满不确定性,企业财务能力面临长久考验,市场需求普遍下降且竞争激烈,《劳动合同法》全面实施使企业增加了用人风险,人工成本上升,企业业绩增长乏力,裁员减薪现象增多,工资分配机制不健全、秩序不规范,由此引发的劳动争议呈上升趋势,从而进一步影响到企业的生存与发展。在这一背景下,企业人力资源管理部门的主要任务是什么?能否提供独特的解决方案,在帮助企业走出困境的同时,提升自身的地位?

2. 金融危机对企业工资分配的影响不容忽视

(1) 企业资金周转困难,未能及时足额发放工资。
(2) 业务收紧,需调岗调薪。
(3) 企业严重亏损,需降低工资、奖金等。
(4) 生产任务不足,需停工停产放假而停发工资。
(5) 有些企业老板欠薪逃匿,致使劳资矛盾激化。

(二) 解决问题的两大对策:更新管理理念,推进制度创新

第一,更新管理理念。即改变过去粗放式的人事管理理念,确立以人为本的精细化的人力资源管理理念。

第二,推进制度创新。重点是推动两项制度创新:一是全面实行工资集体协商制度;二是依法制定完善企业劳动工资规章制度。

（三）建立工资集体协商制度是深化企业工资改革的主攻方向，也是企业应对金融危机，防范用人风险的两大对策之一。要深刻理解工资集体协商的内容、程序和作用

（1）工资集体协商的法律依据。
（2）工资集体协商是社会主义市场经济条件下工资决定机制转换的主攻方向。
（3）工资集体协商的基本内容。
（4）工资集体协商的程序和要求。
（5）工资集体协商在应对危机中的重大作用。

（四）完善企业劳动工资规章制度对于应对金融危机、防范用人风险具有十分重要的地位和作用

（1）规章制度的含义。
（2）规章制度的分类。
（3）劳动规章制度涉及的内容（见《劳动合同法》第四条）。
（4）未制定的要依法制定；已制定的要依法修改完善。

◆案例实录

胡小姐是某公司广州分部的行政经理，负责广东省内所有销售网点的运营统计及工资工作。由于工作需要，每个月都有大量的超时工作，也就是有在正常8小时以外工作的情况发生。根据公司总部《员工手册》的规定，凡超时工作的，公司都将支付加班津贴。因此，每个月5日公司都统一在胡小姐的工资中支付一笔加班津贴，金额为以胡小姐的每小时平均工资为基数，乘以36小时。同时，公司还向每位员工发放工资条，让员工知道每个月的工资都有哪些。

公司的加班现象很正常，许多员工对此没有什么意见。胡小姐认为，在公司工作的5年来，这样的加班过于频繁，根本没有属于自己的时间，对她自己和家庭都有很大的伤害。于是便向公司的HR要求，按照她的打卡记录，根据国家规定的比例补发她一年多来的加班工资。而且在这一年多期间，胡小姐有很多次都是在周末出差，往返于省内各大城市之间。虽然没有打卡记录，但这也属于因工作占用其法定休息时间，因此也应支付加班工资。

HR觉得很不解，每个月公司都支付加班津贴，而且这一年多的时间胡小姐都没有提出异议，现在突然要求那么大一笔费用没有道理，因此向我们咨询：这钱到底该不该给？如果该给，那给多少合适？以后遇到类似问题公司该如何处理？

案例诊断分析：

（1）加班工资应该怎么支付。

（2）如何管理和控制加班。

（3）奖金或津贴能否替代加班费。

（4）出差属于加班吗？

解决方案：

（1）制定规章制度。

（2）明确员工加班的管理和加班工资支付办法。

◆ 启示——规章制度在企业管理中的地位与作用

（1）规章是企业"内部法律"。

企业规章制度是依据国家法律制定的。它不是法律的抄袭照搬，而是结合企业自身实际制定的。因而它是国家法律法规政策在企业的延伸、细化和补充，是企业内部的法律，劳资双方必须遵守。它对于引导、约束和规范劳动关系双方的行为，激励员工努力工作，具有重要作用。

（2）规章制度是企业加强用人管理，防范用人风险的主要依据。

企业用人管理的依据有四类：①国法法律法规政策；②集体合同；③规章制度；④劳动合同。

规章制度不仅可以明确劳资双方的权利和义务，还可以具体规定双方实行权利和义务的途径和方法。

（3）规章制度是劳动争议仲裁和法院判决的依据。

最高人民法院法释〔2001〕14号第十九条、《劳动合同法》第三十九条均明确企业制定的规定规章制度是劳动争议仲裁和法院判决的依据。

二、《劳动合同法》为制定完善企业规章制度提供了法律依据

实施《劳动合同法》对企业的深度影响，主要表现在两个方面：

一是强调维护劳动者合理权益，使企业用人成本上升和增加用人风险。

二是赋予了企业通过制定规章制度管人的权利，控制用人风险，降低

用人成本。

在新法背景下，我们应当充分注意到，《劳动合同法》从以下六个方面为企业制定和监督执行规章制度提供了法律依据。

1. 赋予企业制定规章制度的权力

《劳动合同法》第四条第一款规定："用人单位应当依法建立完善劳动规章制度，保障劳动者享受劳动权利、履行劳动义务。"

这一规定为用人单位制定规章制度提供了法律依据。同时也明确制定规章制度既是用人单位的一项管理权利，也是用人单位行使管理权力必须履行的一项义务。

2. 改变了规章制度的决定权

《劳动合同法》第四条第二款规定："用人单位在制定、修改或决定有关劳动报酬……等直接涉及劳动者权益的规章制度或重大事项时，应当平等协商确定。"

从这一规定可以看出，为了防止用人单位滥用制定规章制度的权利，侵犯劳动者的权益。因此，法律改变了过去规章制度由用人单位"单决"为与工会或职工代表"共决"，反映出企业规章制度制定权的重大变化。

3. 明确了制定的程序

《劳动合同法》第四条第二款至第四款的有关规定，实际上是从法律上明确了制定规章制度的法律程序，即：

（1）经职工代表大会或全体职工讨论。

（2）提出方案或意见。

（3）与工会或职工代表平等协商确定。

（4）工会或职工认为不适当的，可提出协商修改。

（5）公示或告知。

这个程序规定，意味着规章制度最后的决定权不在企业，而是由企业和工会或职工代表平等协商确定。

4. 赋予用人单位通过制定规章制度加强用人管理的权力和空间

尽管《劳动合同法》对用人单位的用人给予了很多规制，但同时也赋予了用人单位通过制定规章制度，加强用人管理的权力。用人单位应当充分利用，以防范风险。例如：

试用期间不符合录用条件的。有关"录用条件"可以在企业招聘录用的规章制度中予以明确。

总之，《劳动合同法》第三十九、四十条规定了用人单位可以解除劳动合同的情形。其中有关"录用条件、严重违反规章制度、重大损害、严重影响、胜任工作"等的表述,给企业制定规章制度留下了空间,用人单位均可在规章制度中做出明确、细化的界定,以约束员工行为,防范用人风险。

5. 增加了对企业实施规章制度的监督制约措施

主要措施有两个方面:

(1) 内部监督:《劳动合同法》第四条第二款。由企业工会或员工监督。

(2) 外部监督:《劳动合同法》第七十四条。县级以上地方政府劳动行政部门有权依法对企业制定及执行规章制度情况进行监督。

6. 加大了对违反规章制度的处罚力度

集中表现在:

(1) 赋予了劳动者"随时解除权"(《劳动合同法》第三十八条——增加了用人风险)。

(2) 明确了违法解除合同应当向劳动者支付经济补偿(《劳动合同法》第四十六条——增加了用人成本)。

(3) 规定了违反规章制度应当承担的赔偿责任(《劳动合同法》第八十条——增加了人工成本风险)。

三、制定规章制度的法律要求和程序步骤

(一) 法律要求

1. 主体适格

据《劳动合同法》第四条规定,规章制度制定的主体是用人单位。用人单位可授权人力部门或行政部门制定,但一定要以用人单位(且具法人资格)的名义发布。

2. 内容合法、合理

所谓合法,指符合所有的法律、法规和规章。不仅限于劳动方面的,如有企业规定职工试用期不能结婚,就侵犯了公民的基本权利,是违法的。

所谓合理,是个复杂问题。一般来说,被大多数人认同的,才是合理的。如《劳动合同法》中的"严重违法""重大损害",法律没做具体规定,需要规章制度中做出明确、合理的界定。

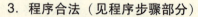

3. **程序合法**（见程序步骤部分）
4. **不与劳动合同、集体合同相冲突**

专家认为，规章制度与劳动合同、集体合同对同一问题或不同问题做出不同的规定时，三者具有同等的法律效力；当三者对同一问题做出相矛盾的规定时，劳动者有优先选择权。

但《劳动合同法》第五十五条规定："用人单位与劳动者订立的劳动合同中劳动报酬和劳动条件等标准不得低于集体合同规定的标准。"这表明，个人劳动中关于劳动者权益的规定，不得低于集体合同的标准，低于则无法律效力。

5. **不得违反公序良俗**

公序良俗，指的是公共秩序和善良风俗，是民法的一个基本原则。但法律没有规定怎么衡量是否违反了"公序良俗"，一般由裁判人员来制定。

规章制度也不得违反公序良俗，否则无效。

（二）程序步骤

（1）提出议案（可由人力或行政部门提出立、改、废议案）。
（2）审查立项（经企业主要负责人审核同意后立项）。
（3）起草草案（可授权委托起草）。
（4）征求意见（提交职代会或全体 职工讨论）。
（5）修改形成建议稿（可授权修改）。
（6）双方平等协商确定定稿。
（7）公示或告知。

四、企业工资政策与工资规章制度设计及风险防范

企业劳动规章制度一般包括招聘录用、合同管理、工资分配、工时考勤、休息休假、保险福利、职业培训、绩效考核、劳动纪律、离职管理10个方面的内容。

这里，着重讲工资分配制度的设计问题。

（一）工资政策与工资规章制度的联系

（1）对法律已有明确规定处理方式的行为，不必列入规章制度。
（2）把法律原有明确规定现由用人单位自行规定的内容，列入规章制度。

第九章　努力推进企业分配制度创新

(3) 对法律有提示的规定，应当在规章制度中予以细化。
(4) 根据自身实际和公序良俗进行规定，增强可操作性。

(二) 我国现行主要的工资法律制度

(1) 工资分配应遵循的原则。
(2) 最低工资保障制度。
(3) 工资集体协商制度。
(4) 工资指导线制度。
(5) 工资支付保障制度。
(6) 国企工资监控制度。
(7) 工资指导线制度。
(8) 特殊情况下工资支付制度。

(三) 企业工资报酬规章制度设计要点

根据规章制度设计内容与政策法律既相联系又各有侧重的特点，规章制度设计要抓住以下要点，并加以明确、细化。

(1) 试用期工资。
(2) 工资构成。
(3) 工资标准的确定。
(4) 工资分配形式。
(5) 工资的支付时间和方式。
(6) 工资调整机制。
(7) 工资扣发情形。
(8) 加班工资。
(9) 特殊情况下的工资支付。
(10) 其他规定。

(四) 在《劳动合同法》实施背景下制定规章制度应注意回避以下工资分配风险

应注意防范金融危机背景下，困难企业工资支付风险（粤劳社发〔2009〕9号）。

《劳动合同法》第四十、四十一条有关企业经营发生困难可以解除合同或裁员的规定，但没有工资支付的规定。在《广东省工资支付条例》第三十五条中对此有规定：

(1) 企业因订单等原因，开工不足、停工停产情况下的工资支付。

(2) 企业因资金周转困难情况下的工资支付。

(3) 企业因严重亏损情况下的工资支付。

(4) 企业关闭、破产或撤销情况下的工资支付。

（五）应注意防范危机背景下调岗调薪的风险

1．企业依法调岗的三种情形（《合同法》第四十条）

(1) 因劳动者不胜任工作而调岗。

(2) 劳动者因病或非因公负伤医疗期满后不能从事原工作而调岗。

(3) 因客观情况发生变化，原工作岗位不存在而调岗。

2．企业依法调薪的三种操作规则

(1) 通过劳动合同对工资问题做出明确约定。如约定实行"薪随岗变"原则。

(2) 通过制定工资制度或绩效考核制度，实行调薪降薪。

(3) 通过制定劳动纪律，将拒不服从正常调岗、调薪界定为严重违纪行为。

（注：2008年世界金融危机爆发后，当年9月，中共中央、国务院决定实行积极的财政政策和适度宽松的货币政策。11月5日，国务院召开常务会议，确定了进一步扩大内需促进经济平稳较快增长的10项措施，制订了两年投资4万亿元人民币的计划。劳动和社会保障部也发文对防范用人风险做出部署。本文为笔者在"企业修炼内功应对危机防范用人风险"系列讲座上所做的讲座提纲之一。本文写于2009年5月20日）

第五节　赢在协商

企业工资集体协商是市场经济条件下劳资双方依法自主调整劳资关系的一项基本制度，是建立和谐企业的重要途径。但是，当前开展工资集体协商遇到一些新情况新问题和新的障碍，要顺利开展此项工作，就应当深入了解掌握国家关于开展工资集体协商的有关法律政策规定，明确协商主体、内容、程序和步骤。

第九章 努力推进企业分配制度创新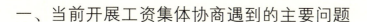

一、当前开展工资集体协商遇到的主要问题

(一) 广东企业工资集体协商进展情况

(1) 工资决定权的演变。
(2) 市场经济体制的确立——开展工资集体协商试点。
(3) 目前进展情况和成效。

(二) 存在的主要问题

(1) 认识不足——不愿谈。
(2) 体制不顺——不敢谈。
(3) 法律不健全——谁来谈。
(4) 政策不熟悉——不会谈。

二、赢在协商——充分认识建立工资集体协商制度的必要性

(一) 协商的内涵

工资集体协商是劳资双方依法平等协商、相互沟通谅解、实现利益共享、风险共担的一种灵活调节劳动关系的机制,是劳资双方对话的平台,是双方为了各自利益依法进行博弈的过程。

(二) 相关案例

案例一 沃尔玛通过平等协商平息集体劳动争议

2009年4月11日,沃尔玛总部向全国各分店推出人员优化分流方案。基本内容是取消经理级,合并部门,鼓励中低层管理人员到异地分店任职。此方案涉及全国各分店近2000名员工,各地均派出员工代表到深圳总部讨说法,从而引发重大集体争议案件。

深圳劳动、工会接到报告后,即分别约见员工代表与企业高层了解情况,稳定员工情绪,并提出两点意见:①推迟要求员工做出选择的期限;②启动集体协商机制。

上述意见得到劳资双方的认同,在劳动行政部门和市总工会的指导、监督下,沃尔玛公司劳资双方经过四轮协商,终于使企方对原人员分流方案做出了重大调整,并于4月17日公布了经双方协商同意的新方案。新方案以优惠措施鼓励员工到新店工作,达到了分流轮岗优化的目的,又维护了员工的合法权益,使沃尔玛"4·11集体争议"得到圆满解决。

案例二　顺德松下环境公司开展工资集体协商共渡危机

2008年突如其来的金融危机席卷全球,使世界经济继续下滑,松下环境公司2009年第一季度订单下降30%,面对困境,公司提出裁员减薪方案,该企业工会获悉后,在与公司充分协商下制定了应对危机的三项措施:一是开展节支增效提案活动,降低企业运营成本;二是合理安排休假,避免裁员;三是提出冻薪、延期提薪、延期加薪三个工资分配方案。由于工会引导员工体谅企业困难,维护企业方的利益,企业在困难情况下同意与工会通过协商,采纳了工会的合理建议,促使企业经营好转,在不裁员的情况下适度加薪,实现了劳资双赢。

案例三　东莞联志玩具礼品公司开展集体协商促进劳资和谐

东莞联志玩具礼品公司是一间劳动密集型港资企业,现有员工1500多人。2002年11月建成投产后,该企业面临工资水平低、员工流失多、劳动争议多等问题。为了稳定职工队伍,促进企业稳定发展,该企业2003年依法成立工会,并积极开展工资集体协商,坚持做到公开、公平、公正。即对涉及职工切身利益的工资福利、工时等事项,通过员工手册、厂刊和厂务公布栏,全面实行公开,不保密;工会根据员工意见,提出工资分配方案,与企方代表进行平等民主协商,并保证决定的公正透明。

特别是在亚洲金融危机情况下,公司积极听取员工意见,坚持做到"三不":不裁员、不降薪、不欠薪,保障了员工的合法权益。员工以厂为家,想方设法为企业排忧解难,为企业创造了更多的经济效益,实现了双赢。主要表现为员工流失率从原来的10%下降至5%。劳动生产率提高30%。职工每人日产量从原来的12000个上升为15000个,帮助企业走出了困境。

(三) 几点启示——必要性

从上述几个案例,我们可以从中得到以下启示:

(1) 实行工资集体协商,是从源头上化解劳资矛盾、建立和谐劳动关系的重要途径。

(2) 实行工资集体协商，是在市场经济条件下建立完善公平合理的工资决定机制的迫切需要。

(3) 建立工资集体协商，是实现分配公平，促进企业发展的重要条件。

(4) 开展工资集体协商，是实现厂务公开，依法管理的必然要求。

三、把握协商内容——从实操上解决不会谈的问题

（一）协商内容

根据《劳动合同法》和《工资集体协商试行办法》（劳动和社会保障部2000年9号令）规定，工资集体协商的主要内容是：

(1) 工资协议的期限。
(2) 工资分配制度、标准和形式。
(3) 职工年度平均工资水平及其调整幅度。
(4) 奖金、津贴、补贴等分配办法。
(5) 工资支付办法（包括工时和加班工资等）。
(6) 变更、解除工资集体协议的程序等。

（二）协商重点

根据集体合同的特征及内容的规定性，开展工资集体协商时，我们须全面把握相关法律政策，并按照先易后难、突出重点、循序渐进的要求，进一步明确协商的重点。

(1) 工资标准：即在法定工作时间内提供正常劳动的不同岗位劳动者的起点工资。

(2) 工资水平：本单位（行业）职工年度平均工资水平在本地区处于什么位置。

(3) 工资增长：如何依据政府公布的工资指导线决定本企业（行业）工资增长幅度。

(4) 工资分配制度和分配形式（工时和加班工资）。

(5) 实行计件工资制的企业，应当把劳动定额与计件单价列入协商内容。

（三）几点要求

(1) 突出重点，不强求面面俱到。

（2）先易后难，循序渐进。
（3）处理好集体合同与工资专项合同中有关工资内容的关系。

工资集体合同是集体合同的核心内容。如果集体合同中有关工资事项的内容有本年度量化的具体指标，可以不再单项订立工资专项合同；如集体合同期限1～3年，涉及工资的事项规定比较原则、不够具体的，应当结合本企业实际，单独开展工资集体协商并订立协议，作为集体合同的附件。

四、关于工资集体协商内容的政策解读

（一）关于劳动报酬和薪酬

1. 劳动报酬，指劳动者为用人单位提供劳动而获得的各种报酬

用人单位支付给劳动者的全部报酬包括三部分：

（1）货币工资：即用人单位以货币形式直接支付给劳动者的各种工资、奖金、津贴、补贴等。

（2）实物报酬：即用人单位的免费或低成本提供给劳动者的各种物品和服务等。

（3）社会保险：即用人单位为劳动者向政府和保险部门支付的失业、养老、医疗、工伤、生育等保险费用。

2. 薪酬

根据《企业会计准则》第九条规定，薪酬是指企业为获得职工提供的服务而给予的各种形式的报酬以及其他相关支出。包括：

（1）职工工资、奖金、津贴和补贴。

（2）职工福利（用于改善职工生活条件的内部设施，如医疗、饭堂、浴室等）。

（3）医疗、养老、失业、工伤和生育保险费用等社会保险费。

（4）住房公积金。

（5）工会经费和职工教育经费。

（6）非货币性福利（如实物、服务性福利、优惠性福利等）。

（7）因解除与职工的劳动关系而给予的补偿（辞退福利）。

（8）其他与获得职工提供的服务为基础的薪酬和企业年金。

3. 关于薪酬概念的进一步说明

（1）职工薪酬这一概念，是财政部2006年2月发布的《企业会计准

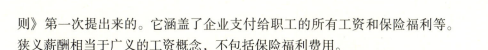

则》第一次提出来的。它涵盖了企业支付给职工的所有工资和保险福利等。狭义薪酬相当于广义的工资概念，不包括保险福利费用。

（2）新会计准则明确从2007年1月1日起在上市公司执行，其他企业鼓励执行。现在不少教科书中讲的"现代薪酬"概念与会计准则又不相同，要注意。

（3）会计上的"职工薪酬"相当于"人工成本"的概念，但尚未包括其他人工成本，如招聘费用等。外延上大大超过了广义的工资概念，也超过了通常讲的狭义薪酬，即劳动报酬概念。

（4）"职工薪酬"与国际会计准则中的"雇员福利"概念的内涵基本一致，显示出与国际接轨的特点。

4. 国家规定准予税前扣除的薪酬项目

按照《企业所得税法实施条例》（国务院2007年512号令）规定，准予税前扣除的项目和标准：

（1）企业发生的合理的工资薪金支出（第三十四条）。

（2）按国家规定为职工缴纳的各项社保费和公积金（第三十五条）以及补充保险费用。

（3）职工福利费支出，不超过工资薪金总额的14%部分。

（4）工会经费，不超过工资薪金总额2%部分。

（5）职工教育经费支出，不超过工资薪金总额2.5%部分。

（6）合理的劳动保护支出。

（二）关于工资和工资总额

1. 工资有广义与狭义之分

广义工资：《劳动法》中的"工资"，一般为广义工资。即指用人单位依据国家规定或劳动合同约定，以货币形式支付给本单位劳动者的工资报酬。一般包括计时工资、计件工资、奖金、津贴、补贴、延长工作时间以及特殊情况下的工资支付等。（见309号文及工资支付条例第五十四条）

狭义工资：一般指劳动者基于劳动关系按期合法取得的直接货币报酬。

2. 工资总额

国家统计局1990年颁布的《关于工资总额组成的规定》明确"工资总额是指各单位在一定时期内直接支付给本单位全部职工的劳动报酬总额"。

工资总额由下列六部分组成：

（1）计时工资（含地区生活补贴）。

(2) 计件工资。

(3) 奖金（生产奖、节约奖、劳动竞赛奖、奖励工资、其他奖金）。

(4) 津贴和补贴。

(5) 加班工资。

(6) 特殊情况下支付的工资。

（三）关于标准工资和非标准工资

1. 标准工资与非标准工资

标准工资，即基本工资，指按规定的工资标准计算的工资［包括实行结构工资制的基础工资、岗位（职务）工资和工龄津贴等］。

非标准工资，即辅助工资，指标准工资以外的各种工资（包括奖金、津贴补贴和福利）。（见《关于工资总额组成的规定》若干具体范围的解释）

2. 基本工资与正常工作时间工资

劳动部《关于劳动法若干条文的说明》（劳部发〔1994〕289号）文解释："《劳动法》第四十四条中的正常工作时间的工资，实行计时工资的用人单位，指的是用人单位规定的其本人的基本工资。"

《广东省工资支付条例》规定："正常工作时间的工资，是指劳动者在法定工作时间内提供了正常劳动，用人单位应当支付的劳动报酬。"

由此可见，基本工资，相当于正常工作时间的工资或标准工资，指按照用人单位工资制度规定的工资标准计算的相对稳定的工资，是工资的主要组成部分。例如实行岗位技能工资制中的岗位工资、技能工资、工龄工资亦须称为基本工资。

3. 基本工资的构成

关于基本工资的构成问题，实行不同工资制度的企业有不同的理解和不同的做法。

(1) 合同中只约定一个基本的工资额（目前劳动合同文本中多采取此法）。

(2) 实行结构工资制时，基本工资一般包括基础工资、岗位工资、技能工资、年功工资、地区津贴、综合补贴等。

(3) 有些企业确定的基本工资，除第二项内容外，还包括相对固定的奖金，如全勤奖、计生奖、节约奖等。

基本工资是个重要概念，在操作中往往相当于标准工资，作为计发加班工资的基数。

4. 明确基本工资的定义

（1）是法定工作时间内劳方提供正常劳动应当获得的劳动报酬。

（2）是计发加班工资基数。

（3）此基数一般占职工工资收入的 50%～60%。

（4）这个基数要适当调整，不能多年不变。

（四）关于最低工资

在集体协商中会涉及最低工资的概念，即集体合同规定的工资标准不得低于国家规定的最低工资标准。

最低工资就是"劳动者维持生存和延续后代费用的价格"（马克思语）。

《最低工资规定》规定"最低工资标准是指劳动者在法定工作时间或依法签订的劳动合同约定的工作时间内提供了正常劳动的前提下，用人单位依法应当支付的最低劳动报酬"。

最低工资应包括哪些收入项目法律无详细规定。

但上述规定明确：用人单位支付给劳动者的工资剔除以下各项后，不得低于最低工资标准：①加班工资；②特殊工作环境下的津贴；③国家规定的福利待遇；④住房补贴和伙食补贴（见劳动部309号文）。

最低工资标准对于开展工资集体协商的意义：

（1）最低工资标准制度是国家对工资分配的底线干预制度。在工资实行市场调节的条件下，用人单位出于人工成本控制考虑，存在将人工成本无限压低的倾向，而过低的工资水平将使劳动者基本生活难以保障，因此世界上许多国家都实行此项制度。

（2）《劳动合同法》第五十五条规定，集体合同中劳动报酬的标准应当不低于当地政府规定的最低标准。可见，集体合同所规定的标准应当高于法定标准。

注意：政府并未规定劳动报酬最低标准，只规定最低工资标准。

（五）关于工资制度和分配形式

1. 工资制度

一般包括国家管理企业工资的各种制度和企业内部的工资分配制度。

国家管理企业工资的主要制度有工资总额管理制度、最低工资保障制度、工资支付保障制度和工资水平增长调控制度等。

企业工资分配制度是工资政策的具体体现，它决定于企业生产经营特点与管理方式。一般来说,职工工资应主要根据其劳动技能、劳动强度、劳动条件、劳动贡献四个基本要素确定。

2. 工资分配形式

工资分配形式是劳动报酬的分配形式,常见的形式有三种:计时工资制、计件工资制、岗位技能工资制。

(六)关于职工工资水平

1. 职工工资水平

是指职工平均工资的高低程度。通常应用全部职工或部分职工的平均工资来表示。工资水平反映了社会生产水平和职工生活水平,反映了各部门职工的工资关系。平均工资是反映职工工资水平的主要指标。计算公式:职工平均工资=报告期实际支付的全部职工工资总额/报告期全部职工平均人数。

2. 影响协商确定职工年度工资水平的外部因素

(1) 当地政府发布的工资指导线。

(2) 劳动力市场工资指导价位。

(3) 本地同类行业同类企业职工平均工资水平。

(4) 本地区城镇居民消费价格指数。

(5) 利率、税率和汇率变动情况。

3. 影响协商确定职工年度工资水平的内部因素

(1) 企业效益。

(2) 企业劳动生产率。

(3) 企业人工成本。

(4) 企业工资总额和职工工资水平。

(5) 劳动者的劳动状况和工作岗位。

(6) 企业文化等。

(七)工资指导线

(1) 定义:工资指导线是市场经济条件下,政府依据社会经济发展水平和城镇居民消费价格指数等指标制定的以指导企业工资水平增长的一种制度。

(2) 制定工资指导线的相关因素:①在岗职工工资水平增长情况;②社会劳动生产率水平;③城镇居民消费价格指数。

(3) 工资指导线有三个档次：基准线、警戒线和下线。以 2007 年广东省公布的工资指导线为例，基准线为 10.3%，警戒线为 15%，下线为 2%。一般生产正常、生产效益达到同行业平均水平的企业工资增长，可取基准线；经济效益增长幅度较大，工资水平偏低的企业工资增长可选择警戒线；经济效益下降幅度大或亏损企业的工资可以不增长或略有下降，但支付给提供了正常劳动的职工的工资不得低于当地企业最低工资标准。

五、关于工资集体协商应遵循的原则和程序

（一）原则

（1）坚持合法原则。协商订立的集体合同，必须遵守国家法律、法规和政策；协商主体资格必须合法；合同的内容、形式和订立程序等方面都要符合法律、法规规定。

（2）坚持公开平等、协商一致、互利共赢原则。

（3）坚持"三兼顾"原则。通过集体协商，订立集体合同必须结合本单位的实际情况，兼顾国家、集体（企业）和个人三方利益，不能偏颇。

（4）坚持按劳分配为主原则。

（5）坚持实事求是原则。

（二）程序

（1）依法确定协商代表。

（2）任何一方均可发出要约。

（3）响应要约，并协商确定程序、内容和纪律。

（4）充分讨论，广泛征求意见。

（5）由首席代表归纳意见，并初步达成一致意见。

（6）形成合同草案，经职代会通过后双方首席代表签名。

（7）送当地劳动行政部门审核备案。

（8）正式生效。

六、工资增长幅度的六种测算办法

（一）劳动分配率法

指在一定时期内企业人工成本总额占同期工业增加值总额的比率。为了简化计算，一般把上年或生产比较稳定的年份作为基期，按照企业新增工业增加值乘以劳动生产率所得结果为工资协商增资目标。计算公式：

当年工资增加额 = 当年工业增加值增长额 × 基期工资总额 / 基期工业增加值总额

这种测算方法比较适用于产量或销售收入稳定增长，但利润增幅不大的企业。

（二）劳动效率法

即用一定的系数测算职工劳动生产率的提高，从而测算出职工工资合理增长的方法。计算公式：

职工工资水平（工资总额）增长目标 = 基期职工工资增长水平（总额）× 劳动生产率增长率 × 浮动系数（浮动系数为职工活劳动对劳动生产率提高的贡献率）

例如：某企业2008年劳动生产率比上年增长35%，经分析，职工活劳动对劳动生产率提高的贡献占40%。2007年该企业职工工资总额180万元，每人年平均工资为1.2万元。那么，测算2008年增资目标，可按以下方式计算：

职工工资增长额 = 180万（1.2万）× 35% × 40% = 25.2万元（1680元）

两头在外企业，工会不易掌握企业产值、利润数据，可用此方法测算增资目标。

（三）风险分担法

职工工资增长来源于企业效益的提高。由于市场变化快，可能会出现企业经营收入与增加值、利润增长不同步的情况。为减低风险，双方在协商时要综合考虑企业人均销售收入增长率、人均工业增加值增长率和利润增长率等因素，以合理确定工资调整目标。

工资增加额 = 基期工资总额 × （销售率增长 + 利润率增长 + 工业增加值率增长）/ 3

此计算方法主要适用于市场变化快、经营风险大的企业。

（四）物价指数法

即根据政府发布的城镇居民消费价格指数进行调整。一般工资增长应当高于价格指数。计算公式：

职工平均工资水平 = 上年度职工平均工资水平 × 居民生活费用指数

例如：2008年某市居民生活费用价格指数为109%，某企业职工年度人均工资水平为6万，那么下年职工人均工资水平的测算值为：

$$6 万 \times 109\% = 6.54 万元$$

（五）工资指导线法

即参照政府当年发布的工资指导线，结合本企业当年度生产经营状况，提出本企业年度工资增长幅度。

工资总量增加法 = 上年度工资总额 × 指导线（结合本企业效益等情况在三条线中进行合理选择）

（六）工资水平比较法

即把本企业平均工资水平与本地区、本行业职工工资水平进行比较，结合本企业发展战略目标，确定本企业工资增长幅度。

对照的目标，可以是本地区（或全国）职工平均工资，也可以是行业竞争对手中条件相近的某几个企业职工的平均工资水平。

（注：本文是笔者2009年开设的"企业应对金融危机 建立和谐劳动关系"系列讲座之二的提纲。本文写于2009年11月）

参考文献

[1] 邓小平. 邓小平文选：2、3卷［M］. 北京：人民出版社，1983.

[2] 中共中央宣传部编. 习近平新时代中国特色社会主义思想三十讲［M］. 北京：学习出版社，2018.

[3] 习近平. 在庆祝改革开放40周年大会上的讲话［N］. 人民日报，2018-12-19.

[4] 人民出版社编. 中共中央关于全面深化改革若干重大问题的决定［M］. 北京：人民出版社，2013.

[5] 本书编写组. 党的十九大报告辅导读本［M］. 北京：人民出版社，2017.

[6] 林若，等. 改革开放在广东——先走一步的实践与思考［M］. 广州：广东高等教育出版社，1992.

[7] 王琢，文武汉，等. 广东改革开放评说［M］. 广州：广东人民出版社，1992.

[8] 本书编委会. 1978—2018年广东改革开放史［M］. 北京：社会科学文献出版社，2018.

[9] 劳动和社会保障部，中共中央文献研究室编. 新时期劳动和社会保障重要文献选编［M］. 北京：中国劳动社会保障出版社；中央文献出版社，2002.

[10] 全国人大常委会法制工作委员会行政法室. 中华人民共和国劳动合同法解读［M］. 北京：中国法制出版社出版，2007.

[11] 高书生. 中国收入分配体制改革20年［M］. 郑州：中州古籍出版社，1998.

[12] 杨宜勇，等. 收入分配体制改革攻坚［M］. 北京：中国水利水电出版社，2005.

[13] 刘学民主编. 中国薪酬发展报告2011年［M］. 北京：中国劳动社会保障出版社，2012.

[14] 宋晓梧，等. 我国收入分配体制研究［M］. 北京：中国劳动社会保障出版社，2005.

[15] 苏海南，刘秉泉. 我国工资分配制度改革30年回顾与展望［N］. 工人日报，2008-10-28.

[16] 广东省社会保障事业发展"十一五"规划（粤府办〔2006〕90号）.

[17] 广东省人力资源和社会保障事业发展"十二五"规划（粤府办〔2011〕77号）.

[18] 中共中央整党工作指导委员会编. 十一届三中全会以来重要文献简编［M］. 北京：人民出版社，1983.

[19] 国家经济体制改革委员会综合规划和试点司编. 中国改革开放事典［M］. 广州：广东人民出版社，1993.

[20] 陈斯毅. 广东劳动就业体制改革与创新［M］. 广州：中山大学出版社，2017.

[21] 人力资源和社会保障部组织编写. 增进人民福祉 促进人的全面发展：党的十八大以来人力资源社会保障事业改革与发展［M］. 北京：中国劳动社会保障出版社；中国人事出版社，2017.

后 记

习近平总书记在2016年新年贺词中说"只要坚持,梦想总是可以实现的",在2018年新年贺词中强调"幸福是奋斗出来的"。可以说,实现梦想需要艰苦奋斗,在奋斗过程中实现梦想、分享幸福。多年来,我心里一直有个梦,就是把自己撰写的文章汇编成书,作为自己在劳动就业战线工作30多年的纪念。但退休3年多,这个梦想一直没有实现。现在,经过一年多的努力,"广东劳动体制改革四十年丛书"前三本已出版,作为丛书之四《广东企业工资制度改革探索与创新》一书又即将付梓了,我梦想成真,如释重负,倍感欣慰。

这套丛书是本人亲身参与和亲眼见证广东以及全国劳动体制改革40年过程中撰写的书稿。在收集和整理过程中,多年来一次次攻坚克难的改革情景展现眼前,难以忘怀;一项项改革举措实施后取得的成效,令人振奋;一幕幕与同事们加班起草改革文件的场景再现眼帘,终生难忘。本人一生的工作与成长,都与劳动领域各项制度改革结下不解之缘,在多年工作与成长过程中,得到了有关领导、同事、朋友和亲人的关心和帮助,为社会、为人民做了一点有益的事情。对此,我感到问心无愧与自豪。

回顾40年来本人的职业生涯发展历程,特别难忘的是,自1995年本人被任命为广东省劳动厅综合规划处处长后,负责全厅劳动工资保险制度综合改革、综合性政策研究、制定中长期规划以及起草综合报告、工作总结等工作,有机会比较多地接触省部级领导,学会站在比较高的位置上,开阔视野、思考问题,全面了解我国经济体制改革动向,学会从全局的角度把握劳动领域各项改革节点和重点,努力按照市场导向,大力推进劳动领域综合改革,撰写了不少有关劳动制度改革的文章。2000年至2013年,本人先后转任培训就业处、劳动工资处、职业能力建设处处长和厅副巡视员,负责或分管相关业务工作。这期间,刚好是劳动保障制度深化改革、攻坚克难,推动体制转轨的关键时期,在方潮贵、欧真志、林王平、林应武等厅长的领导下,本人有幸参与了对下岗职工从保生活到再就业的转轨、并轨全过程,成为改革就业制度、开放劳动力市场、建立市场就业机制的重要参与者;有幸成为扩大技工教育规模、加强职业培训、加快培养技能人

后 记

才的组织者；有幸成为进一步深化企业工资分配制度改革，健全协调劳动关系制度的推动者。对这些工作，本人都能够兢兢业业，亲力亲为，积极投身于政策调研制定和具体组织实施过程中，成为这个阶段广东劳动就业、职业培训、工资分配、劳动关系调整、劳动力市场建设等工作的重要见证者。从中央的决策部署到省级的具体指导和贯彻落实，我们承上启下，付出了心血，也取得了显著成绩，受到国务院以及部省领导的表彰，多次被评为先进工作者或先进单位，因而深感欣慰。在波澜壮阔的改革年代，我还深刻体会到，个人的成长与同事们的关心帮助和社会发展环境是分不开的。本人在成长过程中，曾得到单位领导的关心指导和同事们的大力支持与帮助，在此，我要衷心感谢40年来人力资源和社会保障部张小建副部长以及相关部门的各位领导和朋友们的长期以来的支持和鼓励！衷心感谢广东省各级劳动和社会保障部门历届领导和同事们长期以来的关心和支持！

本人出身于农民家庭，父母一生勤勉，诚实正直，经常告诫说："做人以诚实为本""业精于勤荒于嬉""满招损，谦受益""勤俭持家，莫生贪念"等。父母的训示常萦绕于耳，从而使自己能够在几十年的职业生涯中，不断警示自己，遵循父母之命，不忘初心，正直做人，爱岗敬业，勤奋钻研，积极奉献。今天谨以多年积累的文稿汇编成书，报答父母养育之恩。在此，我还要感谢勤劳贤惠的妻子云文娟，是她一力承担起繁重的家务，养育儿子和照顾好双方父母，使我能集中精力做好工作。对她的无私奉献，谨表示衷心的感谢！

本书的编写，得到人力资源和社会保障原副部长张小建同志、广东省政协原副主席唐豪同志、省人力资源和社会保障厅原厅长欧真志、孔令渊、林王平等同志的支持和指导，在百忙中为本书写序，在此谨表示衷心感谢！本书在编写出版过程中，还得到于法鸣、郑东亮、莫荣、毕结礼、苏海南、阙广长、周林生、吴志清、肖晓宇、莫秀全、张天培、胡效雷、王铁霖、翁荣彬以及刘强、霍立国、黎明、林曙光、万桂菊等同事、朋友的热情帮助，得到儿子陈悦、儿媳王文熙等的大力支持和帮助，得到中山大学王尔新处长、华南农业大学经管学院罗明忠教授、广州大学张仁寿教授和中山大学出版社王天琪社长、徐劲总编，以及吕肖剑、廉锋、王延红、高洵等编辑的大力支持，在此谨一并表示衷心感谢！

陈斯毅

2019年6月28日